Hajo Schumacher
Solange du deine Füße auf meinen Tisch legst …

Weiterer Titel des Autors:

Restlaufzeit

Hajo Schumacher

SOLANGE DU DEINE FÜSSE AUF MEINEN TISCH LEGST ...

Mein schrecklich lustiges Leben als Vater

Hajo Schumacher schreibt für die Berliner Morgenpost und das Hamburger Abendblatt regelmäßig über seine Erziehungsversuche. Diese Kolumnen sind in Teilen in dieses Buch eingeflossen.

Dieser Titel ist auch als E-Book erschienen.

Eichborn Verlag in der Bastei Lübbe AG

Originalausgabe

Copyright © 2017 by Bastei Lübbe AG, Köln

Textredaktion: Carla Mönig, Berlin
Umschlaggestaltung: ZERO Werbeagentur, München
Einband-/Umschlagmotiv: © Annette Hauschild/OSTKREUZ
Satz: hanseatenSatz-bremen, Bremen
Gesetzt aus der Weiss STD
Druck und Einband: GGP Media GmbH, Pößneck

Printed in Germany
ISBN 978-3-8479-0629-2

5   4   3   2   1

Sie finden uns im Internet unter www.eichborn.de
Bitte beachten Sie auch www.luebbe.de

Ein verlagsneues Buch kostet in Deutschland und Österreich jeweils überall dasselbe. Damit die kulturelle Vielfalt erhalten und für die Leser bezahlbar bleibt, gibt es die gesetzliche Buchpreisbindung. Ob im Internet, in der Großbuchhandlung, beim lokalen Buchhändler, im Dorf oder in der Großstadt – überall bekommen Sie Ihre verlagsneuen Bücher zum selben Preis.

Für meinen Vater Herbert.

Papa, manchmal bist du doch gar nicht so peinlich.

Hans, 11, und Karl, 22, Söhne

Inhalt

1. Das Papadox 11
2. Gut gemeint vs Gut gemacht 17
3. Kontrolle vs Vertrauen 30
4. Früher vs Heutzutage 42
5. Mann vs Maus 54
6. Wir vs Die anderen 66
7. Ich vs Wir 80
8. Mädchen vs Jungs 87
9. Gewinnen vs Dabeisein 95
10. Regeln vs Intuition 102
11. Ferien vs Alltag 108
12. Privat vs Öffentlich 124
13. Spießer vs Hippies 132
14. Computer vs Buch 145
15. Weihnachten vs Ich 161
16. Scham vs Aufklärung 170
17. Großzügigkeit vs Strenge 174
18. Schule vs Leben 180
19. Lecker vs Gesund 195
20. Trend vs Verstand 207
21. Wunsch vs Wirklichkeit 220
22. Loslassen vs Festhalten 226

1. Das Papadox

Vorbild, Freund, konsequenter Erzieher – Vatersein ist ganz einfach. Leider kommt immer was dazwischen.

Wir haben eine kleine Holzhütte vor den Toren der Stadt gepachtet, um uns gelegentlich die Illusion von Natur zu schenken. Der Fuchs hilft uns dabei. In der Abenddämmerung kommt das Tier oft angeschlichen, scheu, neugierig, hungrig, frech. Ist er noch ein wildes Tier oder schon hundegleich handzahm?

An manchen Tagen bin ich freundlich und spendiere dem Fuchs ein Stück Grillwurst, denke aber gleichzeitig die Kritik der Chefin mit: »Nicht anfüttern. Nachher gewöhnt er sich noch daran.« In diesem Zwiespalt gedeiht mein schizophrenes Verhalten. Erst werfe ich dem Tier ein Stück Wurst hin. Hat er es geschnappt, verscheuche ich ihn. So geht konsistente Erziehung.

Wenn wir Besuch mit kleinen Kindern haben, der in der Zeitung vom gemeingefährlichen Fuchsbandwurm gelesen hat, kreische ich vorausschauend, wenn der rotfellige Todesbote hinter der Hütte aufkreuzt. Der Fuchs guckt verwirrt und trollt sich. Auf nichts ist Verlass.

Manchmal erwacht der Forscher in mir. Dann locke ich den Fuchs mit kleinen Schmatz- und Schnalzgeräuschen. Er soll näher kommen. Ich will ihn beobachten, sein Fell, die Augen, die Pfoten. Ich verfolge seine Laufwege und google hinterher noch ein wenig.

Und schließlich gibt es Tage, an denen meine Laune mies ist, weil schon wieder Sonntagnachmittag ist und der nächste Elternabend schrecklich nah. Dann brülle ich den Fuchs an, einfach so: »Hau ab!« Ich mache einen großen, forschen

Schritt in seine Richtung, weil sinnlose Machtdemonstration manchmal guttut. Der Fuchs guckt irritiert und fragt sich, was denn jetzt schon wieder los sei. Dann tut er so, als fliehe er, weil er mir eine Freude machen will, wartet aber unter einem Busch, in der Hoffnung, womöglich doch noch einen Wurstrest abzubekommen, als Wiedergutmachung. Füchse haben ein sehr feines Gespür für rote Linien. Außerdem können sie schlechtes Gewissen riechen.

Kinder sind wie Füchse: scheu, neugierig, hungrig, frech. Sie können schlechtes Gewissen riechen. Und davon haben wir Väter reichlich. Wir genügen nie, nicht als Vorbild, nicht als Freund, nicht als konsequenter Erzieher. Und genug Geld für ein feines Internat schaffen wir auch nicht ran. Immer kommt was dazwischen bei unserem felsenfesten Vorhaben, dieses Wochenende wirklich mal die Quality Time zu leben.

Wir Erwachsene halten unsere Kinder für launisch; dabei spiegelt der Nachwuchs uns einfach, unsere Stimmungen, Macken, Prägungen, all die wirre Liebe und die pochende Panik, was aus unserem Nachwuchs wohl mal werden wird.

Wir Väter sehnen uns nach Eindeutigkeit, nach Verlässlichkeit und klarer Kante. Dagegen steht ein emotional und ethisch widersprüchliches pädagogisches Sammelsurium, das je nach Lage neu kompiliert wird. Das ganze Erziehungsding gerät allen Ratgebern zum Trotz zu einem permanenten Zufalls-Management, die Familie zum Experimentierfeld für Eltern und Kinder. Und je älter die Kinder werden, desto deutlicher spüren sie, dass ihre Eltern keinesfalls Felsen in der Brandung sind, sondern Blätter im Wind.

Seit fast einem Vierteljahrhundert doktern wir nun an unseren beiden Söhnen herum, an uns selbst und den ständig wechselnden Konstellationen und Koalitionen. Das Einzige, worauf ich mich verlassen kann, ist der Widerspruch: Je perfekter ich als Vater sein will, desto krachender scheitere ich. Je weniger ich will und plane und erwarte, desto schöner wird es – das Papadox.

Wir retten uns gern in die Ironie, weil wir nicht mehr brüllen wie unsere Vorfahren. Das Ziel bleibt dasselbe: Wir suchen unsere Rolle. Wie einfach war doch die Patriarchenfamilie zu kommandieren, aus Männersicht. Der Katalog war kurz und klar: gehorchen, anpassen, keine Kosten oder andere Belastungen erzeugen, möglichst bald aus dem Haus, auf eigene Füße, Ausbildung, Auto, Familie, Haus, Tod.

Das Mantra lautete früher: »Solange du die Füße unter meinen Tisch stellst ...« Damit war die Machtfrage furchtbar deutlich geklärt. Vater ist Chef und Bezahler, Kinder haben zu gehorchen, weil sie nichts zum Wohlstand beitragen, im Gegenteil: Sie kosten. Als halbwegs vernunftbegabte Kinder haben wir die Botschaft umgehend kapiert: Verdien´ dein eigenes Geld, zieh´ aus, dann kannst du tun und lassen, was du willst. Haben wir dann auch gemacht.

So brutal wollen wir zu unseren Kindern nicht sein, wir sind ja vielleicht doch anders als unsere Eltern. Zumindest ist unser Wertekatalog umfangreicher und widersprüchlicher. So wächst das Elend moderner Erziehung: Unklarheit. Was erwarten wir von den Kindern? Können, wollen wir das formulieren? Hotel Mama bis 30? Welche Haltung nehmen wir ein, nicht nur für die nächste halbe Stunde, sondern als verlässliche moralische Säule? Finde ich die Vier in Mathe besorgniserregend oder denke ich voller Gelassenheit an meine eigenen Mathestunden? Loslassen oder antreiben? Bin ich für Bildungsoffensive oder Stressminimierung? Tja, wenn ich das wüsste.

Wir wollen unseren Kindern Werte mitgeben, Stabilität in den vielen heiklen Entscheidungssituationen, die das Leben bereithält: Unsere Kinder sollen mitfühlend sein, aber auch ihre Interessen vertreten, sie sollen sich auf dem Schulhof durchsetzen, aber keine Gewalt ausüben, sie sollen sich gesund, aber lecker ernähren, sie sollen Hochleister sein, aber kooperativ, die Welt retten, aber auch sich selbst. Standorte, Standpunkte, Standpauken – täglich werden Kriterien, Bedingungen, Haltungen neu verhandelt.

Das Mantra unserer Tage lautet: »Solange du die Füße auf meinen Tisch legst ...« – so lange ist alles in Ordnung, so lange ist der Ton erträglich kumpelhaft, das Kind kontrolliert respektlos, worauf wir ja stolz sind, so lange herrscht heitere Gelassenheit. Machtfragen wollen wir nicht klären, weil wir es nicht können.

»Solange du die …« ist pädagogische Kapitulation, aber auch der ideale Start für einen Neuanfang, sagt die Hauspsychologin, die zufällig meine Ehefrau ist. Das »Solange du …« bekommen wir nicht raus aus unserem unbewussten Wortschatz, aber wenigstens die zweite Hälfte kann man neu formatieren: »… die Füße auf meinen Tisch legst.« Das ist cool, das ist lässig und weltläufig, selbstironisch bis sympathisch verzweifelt, das klingt exakt so, wie ich als Vater gern wäre, aber leider zu selten bin. Ist halt alles so unklar heute.

Früher war die Wertewelt in »falsch/richtig« unterteilt, heute regiert ein uferloses Kommt-drauf-an. Wenn ein Schulhof-Flegel unseren Prinzen ins Dornengestrüpp geschubst hat, hätten damals zwei Lösungspfade genügt: War man stärker, bekam der Missetäter eine geschallert. War man schwächer, folgte subtilere Rache wie: Luft aus dem Radreifen lassen. Heute regiert der Zweifel: Eigentlich sind wir ja Pazifisten. Mailen wir mit den Mediatoren? Was schreibt Jesper Juul dazu? Vielleicht haben wir auch was falsch gemacht? Sollen wir die gegnerischen Eltern einschalten? Die Klassenlehrerin? Wir fragen mal im Waldorf-Chat. Man muss ja auch den sozialen Hintergrund mitdenken. Wir oszillieren zwischen ehrlich und höflich, zwischen Kontrolle und Vertrauen, zwischen »Ich« und »die anderen«, zwischen Rücksicht und Selbstbestimmung. Was ist wann richtig oder gar moralisch oder einfach nur schlechtes Benehmen? Einzige immer gültige Antwort: kommt drauf an.

So besteht die moderne Erziehung unserer Kinder zu den guten Menschen, die wir nie waren, heutzutage nicht mehr im Vermitteln unverrückbarer Positionen. Es geht vielmehr darum, die Kunst des Kontextnavigierens zu lehren: Wann ist ein Friedensgespräch angezeigt, wann der Tritt in den Hintern? Wo zeigen wir Mitgefühl, warum ein andermal Strenge?

Wieso lachen wir heute über einen billigen Scherz auf Kosten anderer, warum tadeln wir dasselbe einen Tag später? Warum erfordert der Elternabend einen anderen Ton als der Restaurantbesuch? Warum darf Papa im Auto und beim Fußball schlimme Worte sagen? Werte waren noch nie so situationsabhängig wie heute. Manchmal geht es ums Überleben, ein andermal einfach nur um angenehme Stimmung, bisweilen ums Prinzip. Und je mehr merkwürdige Situationen uns das beschleunigte Leben auferlegt, desto schneller wechseln die Werte.

Seit über 20 Jahren versuchen wir in unserer Familie vergeblich, das volatile Biest namens Alltagsethik in beständige Regelwerke zu zwingen – vergeblich. Rigorose Zeitgenossen könnten behaupten, wir hätten unsere Erziehungsziele verfehlt. Dabei haben wir sie nur angepasst. Weg von unerreichbaren Humboldt'schen Fantasien einer ganzheitlichen, universellen, immerwährenden Haltung; hin zu einem modernen Moralmix, der garantiert nicht das ganze Leben übersteht, aber womöglich einen Schultag.

Ja, Erziehen ist und bleibt Wertevermittlung, klar. Aber wer sagt, dass es immer dieselben sein müssen? Werte haben zur Situation zu passen, zu den Eltern, zu den Kindern, zu allen, die zugucken und deren Tagesform. Moralisten mögen sich über diese situative Ethik aufregen. Aber uns Erziehungsverdammten, Vätern zumal, hilft sie gewaltig. Warum beschwor denn jeder US-Präsident, egal, wie verkommen er gewesen sein mag, die »family values«? Weil man darunter alles verstehen kann. Herrlich: im richtigen Moment den richtigen Wert, immer frisch und überraschend, damit sich die kleinen, schlauen Biester nicht auf Argumentationsmuster einstellen können. Und was bleibt dem Vater? Dieses ständige Gefühl, an den eigenen Werten, Ansprüchen und gut gemeinten Vorhaben von einst einfach nur krachend zu scheitern.

Immerhin: Wir lachen ziemlich viel. Vieles haben wir gut gemeint. Gut gemacht haben wir es deswegen noch lange nicht. Aber: Wir haben uns immer bemüht, also fast immer.

So geht es nun los, liebe Miteltern, zu einer heiteren Reise durch die Spannungsfelder unserer Werte, gelegen zwischen Kontrolle und Vertrauen, zwischen Ich und Wir, zwischen gedünstetem Fenchel und weißer Crunchy-Schokolade, erprobt und verfeinert im täglichen erzieherischen Wettstreit. Alle moralischen Konflikte des Elternalltags werden in diesem Buch mitfühlend abgebildet, immer mit dem Ziel, Gewissen und Realität in Einklang zu bringen. Ob die Kinder damit bessere Menschen werden? Keine Ahnung. Aber wir Eltern kommen besser über den Tag. Das ist ja auch schon was.

2. Gut gemeint vs Gut gemacht

Das Scheitern an den eigenen hohen Ansprüchen quält mindestens so heftig wie die Erinnerung an das eigene Sohnsein. Warum jeder Vater verzweifeln muss.

Wir sind eine stabile Familie. Also »stabil« jetzt nicht im Sinne von jeden Sommer Wangerooge oder seit 23 Jahren mittags immer mit Lehmann und Schultze an Tisch 16 und Gericht II (»das Leichte«) mit Nachschlag. Nein, nicht trist oder verzweifelt. Eher »stabil« im Sinne von verlässlich. Wir vier treffen uns zum Beispiel jeden, also wirklich jeden Sonntagabend Punkt 18 Uhr an diesem Küchentisch, an dem ich jetzt gerade zufällig allein sitze. Es ist 18:15 Uhr. Und, ja, es ist Sonntag.

»Stabil« schließt ja individuell und veränderungsbereit und spontan nicht aus, was wir manchmal innerhalb von Sekunden sind, ohne dass wir selbst überhaupt damit rechnen. Mathematisch gesehen ergeben die Macken von zwei Erwachsenen aus den geburtenstarken Jahrgängen und ihren beiden Söhnen, die elf Jahre auseinanderliegen, eine unendliche Zahl emotionaler Konstellationen. Wie beim Schach. Eigentlich alles wie immer: Dame, Läufer, Bauern. Und doch jedes Mal anders.

Um ehrlich zu sein: Fast alle Familienmitglieder sind ziemliche Chaoten, bei denen man froh ist, wenn mal eine Waschmaschinenladung farblich so rausfällt, wie sie eingefüllt wurde. Es gilt das Prinzip Rockband: Alle sind verrückt, aber in der Gruppe ist unser Irrsinn durchaus berechenbar. Manchmal sogar sympathisch. Ich bin natürlich anders, ein gelassener Vater und Ernährer, Verantwortungsträger, Ruhepol und Stabilitätsanker, moralische Autorität, eben derjenige, der die

Wäsche schließlich aufhängt, nicht ohne ironische Hinweise auf mein unermüdliches Engagement im Haushalt.

Über Jahre hat sich unser alltägliches Durcheinander zu einer Art Kontinuität gefügt, weil da etwas Festes in der Mitte steht, ein Stamm, um den sich die bunten Bänder der Emotion wickeln können, unser ethisches Zentrum – der Küchentisch, eine massive Baumscheibe. Was der Rockband die Bühne, wo man Zusammenhalt manchmal auch widerwillig zelebriert, ist uns dieses geduldige Stück Holz, immer Sonntagabend, immer Punkt 18 Uhr. Außer heute. Ausnahme.

Die Mahlzeit, eher deftig, aber immer auf Sonderwünsche abgestimmt, wird traditionell zubereitet vom Mann, der auch die Wäsche aufhängt. Dazu heiteres Stimmengewirr der Jungs, gelegentliche Sorgenfalten bei der Chefin, weil Sorgenmachen nun mal ihre Lieblingsbeschäftigung ist, bei mir leichter Neid auf unbeschwertes Jungsein: Wir reden über Fußball, Kybernetik, Trend-Allergien, Doofköppe, Skateboards, die Musiklehrerin, Mädchen insgesamt und die kommende Woche, im Ton eher freundschaftlich, selten zu zweit, oft zu dritt, manchmal zu viert oder mit Gästen, die sich dazugesellen: Freunde der Kinder, Freunde von uns, am liebsten alleinstehende Kinderlose, die viele gute Erziehungshinweise parat haben, und gelegentlich auch Opa, der letzte Repräsentant aus der Großeltern-Generation. Sonntagabend am Küchentisch, das ist UNO-Vollversammlung, Stuhlkreis, Gericht, Zusammenfinden, Basisdemokratie, Erden, Vermittlungsausschuss, Camp David. Hauptsache hinterher Frieden.

Diese wunderschöne Tradition würden wir niemals unterbrechen. Bis auf heute Abend. Da sitzt der Mann, der westfälisch zuverlässig fast immer am Sonntagabend zur Familienkonferenz erscheint, allein um den Tisch und wundert sich, dass eine Flasche Nero d´Avola nicht nur für zwei nicht reicht, sondern auch für einen nicht. Die Chefin baumelt noch beim Intensiv-Yoga-Wochenende an der Müritz. Schüler Hans, elf, ist auf einen Kindergeburtstag mit Paintball eingeladen, was man auf gar keinen Fall ausfallen lassen kann. Und Student Karl, 22, murmelte beim überstürzten Abschied vor einer knappen halben Stunde was von »Klausurlerngruppe«. Übersetzung: »Keinen Bock, mit Papa allein am Küchentisch zu sitzen. Brauche weder seine Monologe, wie geil früher alles war, noch Zurechtweisungen irgendwelcher Art.«

Einsamkeit, dein Name ist Vater. Tapfer rede ich mir ein, dass unser Sonntagsritual die Familie zusammenhält, dass Konfliktfähigkeit geschult, aber auch Verzeihen, Resilienz, Miteinander eingeübt wird. Manchmal sind die Chefin und ich einer Meinung, weil wir die Erwachsenen sind, manchmal aber auch sie und Karl, weil die Mutter findet, dass der große Sohn mehr nach ihr komme und insofern eine übersinnliche Verbindung zwischen beiden bestehe. Der kleine Hans und ich fühlen uns auch verbunden, sind aber chancenlos gegen eine starke Frau und einen großen Bruder, der bereits ein zweites Studium aufgenommen hat. Karl, der Große, liebt seinen kleinen Bruder von ganzem Herzen, betrachtet dessen Vorliebe für Latein und lange Schwimmstrecken aber als Provokation. Weltschmerzgequälte 22-Jährige, die auf dem Weg zu sich selbst mäandern, lassen sich ungern von halb so alten Knirpsen vorführen, wie Ausdauer, Begeisterung und Leichtigkeit gehen.

Von uns vieren ist die Chefin am souveränsten, weil sie in den vergangenen fünf Jahren mit erschreckender Konsequenz das lebenslange Lernen wahr gemacht und ein komplettes Studium durchgezogen hat, Bachelor und Master, in Psychologie, mit Kommilitonen, die unsere Kinder sein könnten. Ich war das Forschungsobjekt. Nun ist sie die Einzige von uns, die einen richtigen Beruf hat. Sie hält ihre Bestimmerinnenrolle für völlig selbstverständlich. Wir inzwischen auch.

Als Psychologin schaut sie auf uns drei, als seien wir nicht nur ihre Beschützer und Verehrer, was stimmt, sondern vor allem Patienten. Was leider auch stimmt. Im Alter von elf, 22 und 52 sind Männer in besonders kritischen Lebensphasen, vor allem Väter, deren zuverlässigstes Merkmal die Verhaltensunsicherheit ist: Ja, wir wollen cool sein, aber nicht Laissez-faire, wir wollen Traditionslinien fortleben und Familienwerte weitergeben, wissen aber gar nicht, welche, mal abgesehen von Opas alter Uhr mit Handaufzug, aber auf keinen Fall den Eigenheimfimmel, weil ja wieder Krieg kommen könnte. Wir wollen Stärke und Beharrlichkeit zeigen, aber auch Mut zur Sanftheit und Lässigkeit. Und dann noch dieses elende Männerding. Nicht aus jedem Sohn wird ein Vater, aber jeder Vater war mal Sohn und weiß: Normales Mannsein war schon komplex, als die Rollen noch traditionell verteilt waren. Heute ist entspanntes Mannsein unmöglich.

Will ich darüber schon wieder nachdenken? Nein. Ich hätte mit Thorsten Bier trinken sollen, statt hier allein zu hocken. Thorsten hat zwei Töchter. Wir überbieten uns mit unseren Horror- und Stolz-Storys. Für alle, die gern über die Vorzüge von Jungs oder Mädchen philosophieren, hier die finale Exklusivinfo: Es ist egal.

Eigentlich ist eine Solo-Familienkonferenz ganz schön. Da muss ich endlich mal nicht Erwartungen erfüllen, sondern kann ganz so sein, wie ich wirklich bin, ganz ohne Rollendruck. Aber da geht's schon los. Wie bin ich eigentlich? Ist es normal, dass ich zuerst daran denke, was die Nachbarn wohl tuscheln, wenn die Küche sonntags plötzlich ruhig und dunkel bleibt? In unserer Berliner Altbauwohnung liegt das Küchenfenster zum Hof, weshalb unsere Familientreffen quasi öffentlich sind, bei Bedarf sogar mit Ton, wenn wir das Fenster kippen, was sehr themenabhängig ist. Die Fenster müssten auch mal wieder geputzt werden, denkt mein wahres Ich gerade. Ich habe meine eigenen Eltern verachtet für ihre extreme Nachbarschaftsfixierung – jetzt bin ich selbst so.

Wegen der Nachbarn brauchen unsere Küchentisch-Rituale nicht zwingend einen Sinn, aber unbedingt Kontinuität und zugleich genügend Pufferzeit bis zum *Tatort*, wo man nebenbei Mails erledigen und Zeitung lesen kann. Meine Mutter hat früher beim Fernsehen gehandarbeitet: Motivsticken, Schalstricken, Hosenflicken. Schon wieder so eine Vererbungsgeschichte: Ich muss vorm Fernseher auch immer was zu fummeln haben. Nie wollte ich so werden wie meine Eltern. Längst bin ich schlimmer.

Elternsein bedeutet ja nicht nur, experimentell an kleinen Seelen herumzuschrauben, sondern auch, eine Expedition zu den eigenen Meisen zu unternehmen, sich mit den eigenen Eltern auseinanderzusetzen und täglich die bange Frage zu stellen: Rede ich jetzt schon wie meine Mutter, wie mein Vater? War das, was ich für jahrelangen Abgrenzungskrieg hielt, lediglich ein Tarngefecht, hinter dem in Wirklichkeit Gewohnheiten weitergegeben wurden? Wie konnte es geschehen, dass ich plötzlich Sätze sage, die ich seit 40 Jahren vergessen wollte?

Es ist so schrecklich paradox. Vatersein heißt ja zunächst mal Vater-Nichtsein, weil man ganz anders sein will als der eigene Erzeuger, den man liebevoll abwertend den »Alten« nennt oder mit heuchlerischem Respekt den »alten Herrn«. Aber wie ist man anders Vater? Bringt einem ja keiner bei. Im Kino oder in Erziehungsratgebern sind Väter Til-Schweiger-haft, verständnisvoll, offen, verletzlich. Nicht so emotional verkarstet wie die Kriegsgeneration, nicht so spießig wie die Wirtschaftswundereltern, aber auch nicht so hilflos kumpelig wie die Achtundsechziger. Erst recht nicht so luschig wie diese Transportradpiloten mit Helm und Grünkohl-Smoothie. Wie aber ist der moderne Vater, der seine Führungsrolle ebenso ernst nimmt wie die Pflicht zur Empathie, damit die Kinder keine Terroristen oder Investmentbanker werden? Moderne Väter wissen sehr genau, wie sie nicht sein sollen, aber ahnen bestenfalls wolkig, wie sie sein wollen.

Warum bleibt dieser zähe Eindruck, dass unsere eigenen Väter womöglich moderner, konsequenter, zugewandter waren als wir? Wir haben Internet, Fleischthermometer und zwei Billys voller Lebenshilfeliteratur, aber leider wenig Zeit. Wir machen im Urlaub unter Anleitung von Verhaltenstherapeuten ein Familienseminar »SmallGardening« oder üben achtsames Essen ohne Handy. Neulich habe ich von einem Vater-Sohn-Kurs für »Creative Boardgames« gelesen, wo dieses Malefiz gelernt wurde, was dann alle gleichzeitig fotografiert und gepostet und online bestellt haben. Toll, was man alles zusammen machen kann, ohne viel miteinander zu reden. Sind das die modernen, neuen Väter?

Mein »alter Herr« hat nie auf ein Smartphone gestarrt, sondern darüber gewacht, dass beim Telefonieren der Acht-Minuten-Takt eingehalten wurde. Er hat mir wortlos den Sportteil der Zeitung gegeben, damit ich lesen lernte. Ein SUV wäre ihm irre peinlich gewesen, wegen der Nachbarn. Dafür ist er mit dem Rad zum Mittagessen nach Hause gekommen. Manchmal war er »abgespannt« und hat sich auf dem Sofa zusammengerollt, aber Burn-out hatte er nicht. Wir haben alles Mögliche repariert, nicht selten ohne Erfolg, wobei man dennoch eine Menge lernt. Mitunter durfte ich fernsehen, zum Spielen wurde ich ohne Anleitungen oder Helm an die frische Luft gejagt. Wir hatten einen Kleingarten, wo ich den Unterschied zwischen Erd-, Him- und Stachelbeeren lernte, durch, Achtung: Touching, Smelling, Tasting, Picking. Und beim alljährlichen Gartenfest habe ich kapiert, dass Alkohol mein Freund ist, weil mein Vater nach drei Bier unerwartet großzügig wurde und mir eine zweite Fanta und einen zweiten Satz Lose spendierte. Dafür hat er beim Malefiz immer gewonnen.

Eigentlich war damals alles so, wie es aktuelle Erziehungsratgeber verlangen – eine gute Mischung aus Behütetsein, Selbstverantwortung und viel Zeit. Und heute? Laufen angeblich Millionen neuer Väter durchs Land, die Elternzeit nehmen, aber womöglich nur, um das Baby bei den Großeltern zu parken, damit endlich Zeit zum Surfen ist. Der moderne Vater arbeitet Teilzeit, trägt das Baby vorm Bauch, isst solidarisch vegan, ist total präsent und managt sein Start-up von der Bank am Spielplatz, bevor er mit dem Lastenrad zurück in die lichtdurchflutete Altbauwohnung rollt. Gibt's diese Typen wirklich? Oder sind sie eine Erfindung der Reklame-Industrie? Und wie geht es den Kindern?

Mir würde es schon genügen, ein ganz normaler Vater zu sein, der nicht dauernd drei Sachen gleichzeitig macht, der nicht unentwegt eine Sozial- oder Gefühlsshow abzieht, weil er sich von der Gesellschaft unentwegt beobachtet und bewertet fühlt. Seit Adam, Kain und Abel geht es beim Vatersein um dieselben Punkte: da sein, zuhören, Zeit nehmen, Mut zu pädagogisch unwertvollen Maßnahmen haben, die Bauch oder Herz gerade befehlen. Wie sehr habe ich als Kind gerade die sinnarmen, uneffektiven, ziellosen Momente genossen, das tagelange Hämmern im Bastelkeller, das Wälzen im Dreck, die Kartoffelschleuder; bestimmt keine Quality Time, aber toll.

Diese Jungenmomente sind so tief in mir verwurzelt, dass ich sie an meine eigenen Söhne weitergeben und sie zugleich vor diesem ganzen Perfektionsdruck bewahren möchte. Manchmal fühle ich mich weniger als Vater, sondern eher als Medium, das die Weisheit oder Eigenartigkeit der Alten einfach durch- und weiterleitet.

Ja, ich gestehe: Früher als Jungvater war es mir irre peinlich, dass all diese Sätze meiner Eltern, die ich nie wieder hören wollte, plötzlich unkontrolliert, unzensiert, unreflektiert durch meinen Mund flossen.

»Solange du die Füße ...«

»Wenn das alle machen ...«

»Guck dich doch mal an ...«

»Willst du, dass ich böse werde?«

Karl war maximal drei Jahre alt, als so ein Satz zum ersten Mal aus mir herausbrach, wofür ich mich heute immer weniger schäme. Die bange Frage »Sind wir vielleicht so schlimm wie unsere eigenen Eltern?« muss mit einem deutlichen »schlimmer« beantwortet werden. Und zugleich mit der Einsicht: Macht aber nichts.

Die Kunst fortgeschrittenen Vaterseins besteht darin, zunächst einmal Frieden zu schließen mit den eigenen Erzeugern. Wer ein dramatisch verspanntes Verhältnis zu den eigenen Eltern hat, wird kaum ein fröhlicher Erziehungsberechtigter sein – zu viel von früher schwingt mit. Zum Friedensschluss mit seinem Leben als Sohn gehören einige womöglich schmerzhafte Einsichten, vor allem die, dass die Eltern nicht an allem schuld sind.

Erstens Scham: Was für ein unerträglicher Stinkstiefel war ich eigentlich damals?

Zweitens Respekt: Verdammt noch mal, ihr habt das damals eigentlich ganz gut hinbekommen.

Drittens Verständnis: Das Scheitern, das ich damals an meinen Eltern zu beobachten glaubte, war nicht das individuelle Scheitern zweier Menschen, sondern das Scheitern, das Elternsein zwangsläufig mit sich bringt.

Und viertens Dank: War nicht alles dufte, aber ganz schön viel.

Fazit: Vatersein ist ein Job, den du nie optimal erledigen kannst. In jeder Sekunde werden Rolle, Blicke, Aufgaben, Leistungen und die Richtigkeit jeder Tat neu verhandelt und bewertet, von den Kindern, der Gattin, aber vor allem von dir selbst. Warst du soeben ein guter Vater, als der Junge nach Hause kam und von seiner Zwei in Mathe berichtete, während du mit dem Blätterteig aus Dinkel kämpftest? Fehlte nicht wieder Anerkennung? Wird das Kind genügend emotional gefördert?

Das Verhältnis von Scheitern und Richtigmachen liegt an guten Tagen bei einem Unentschieden. Weil man statistisch nie gegen die eigenen Perfektionsansprüche gewinnt, sammelt sich so über die Jahre automatisch Schuld an. Erziehen heißt, dass nur auf einem Konto dauerhaft Plus herrscht, dem Konto mit dem schlechten Gewissen.

Welcher moderne Vater kann schon ehrlich von sich sagen: Ich bin stolz auf meine moderne Vaterschaft. Ich habe alles richtig gemacht. Meine Methoden waren wirkungsvoll, ohne zu verletzen. Ich habe mein eigenes hochproblematisches Ego rausgehalten, habe immer nur bedingungslos geliebt, nie erwartet, erst recht nie projiziert, war immer locker, voller Vertrauen. Und niemals habe ich das Kind manipuliert, erpresst oder beflunkert. Ich habe ein großartiges Geschöpf in die Welt entlassen, das Beste, was mir möglich war. Ein vergebliches Unterfangen. Entweder werden sie mir ähnlich, was man den Kindern nicht wünschen mag. Oder sie werden völlig anders, was auch nicht schön ist.

Früher war die Sache klarer. Es gab weniger Debatten, erst recht keine Mitbestimmung bei sonntäglichen Familienkonferenzen. Da wurde gegessen, was auf den Tisch kam, die Kinder hatten den Schnabel zu halten und dankbar zu sein. Elterliche Dauerprüfblicke checkten Messer- und Gabelhaltung. Die Unterhaltung bestand aus launigen Merksätzen wie »Der Löffel geht zum Mund, nicht umgekehrt«. Heute wird alles partnerschaftlich entschieden, also von Karl und Hans. Dazu kommt der aktuelle Ernährungsfimmel der Chefin, mal Chia, mal Macha, aber immer aus der Region.

Früher war Vater der Bestimmer, heute ist er Dienstleister, der Angebote macht. »Wie wär´s denn mit einem provenzalischen Fisch-Nudel-Auflauf?«, frage ich samstags in die Runde, nachdem ich empathisch ein Rezept gesucht habe, das überraschend gewürzt ist, leicht, sättigend und nicht so nach Fisch schmeckt. »Kein Fisch«, sagt Karl dann, weil ihm noch schlecht ist vom letzten Klausurlernabend. »Kein Auflauf«, sagt Hans, weil der innen zu heiß ist und insofern schlecht zu schlingen. »Keine Nudeln«, sagt die Chefin, wegen low-carb. »Kein Mitspracherecht«, denke ich und atme in mein drittes Chakra, das für Macht und Durchsetzungskraft steht.

Anbieten ist ein modernes, aber gefährliches Erziehungskonzept. Denn Angebote kann man ablehnen, nicht nur wegen des Inhalts, sondern auch aus Bosheit, als perfide Strafe, weil Papa gemein war. Hans lehnt alle meine Essensvorschläge ab, wenn er nicht an den Computer darf, zum Minecraft-Spielen. Lasse ich ihn an den Rechner, damit er meine Menüvorschläge akzeptiert, kontert wiederum die Chefin mit Menü-Mäkeln, weil das Kind nicht so viel daddeln soll. Ich versuche, auf keinen Fall schuldhaltige Sätze zu denken wie: »So viele Kinder haben Hunger auf dieser Welt. Und wir debattieren, ob schottischen Lachs oder irischen oder ob nicht mal wieder Zeit sei für Borlotti-Bohnen.« Am Ende steht immer die Frage: Bereite ich mir selbst Schuldgefühle oder delegiere ich sie an die Kinder? Anbieten heißt einfach nur: schlechtes Gewissen diversifizieren.

Zum Beispiel jetzt: Wer ist schuld, dass unser Familienritual nicht stattfindet, an diesem Sonntag? Warum sitze ich hier alleine? Was habe ich falsch gemacht? Wir wollten doch demokratische Verhaltensweisen einüben, achtsamen Austausch und das Formulieren von Bedürfnissen. Wie sollen wir respektvolles Miteinander leben, wenn keiner da ist?

Ach, egal. Ist doch schön, mal nur mit mir hier zu sitzen, an diesem wunderbaren Tisch, massive Platte, dezente Maserung, reichlich Platz darunter, damit sich unsere vielen Beine nicht ins Gehege kommen. Hätte dieser Tisch Ohren, würde er vermutlich anmerken, dass er die meisten Dialoge schon tausendfach gehört hat. Ich bin mir sicher, dass sich der alte, weise Tisch auf meine Seite schlagen würde. Weil er in mir einen Kombattanten erkennt, der weiß, dass man leiden kann, ohne es dauernd zu zelebrieren. Vatersein ist wie Tischsein – stummer Diener, stabil, mit leichten Macken.

Für die Familie hätte ich natürlich groß gekocht. Für mich allein brate ich Spiegeleier, deren Öl den trockenen Kanten Brot aufweicht, den ich aus pädagogischen Gründen nicht wegwerfe. Achtsamer Umgang mit Brot ist Kernerziehung, gebackene Weltgeschichte, von Jesus über Marie Antoinette bis Heiner Kamps; flankierend dazu Wanderurlaube in Gegenden mit niedriger Gastronomiedichte. Wer seine Kinder dazu bringt, Brot zu ehren und zu wandern, hat pädagogisch nicht ganz versagt.

Demonstrativ esse ich immer die trockenen Brotreste, vor allem, wenn die Kinder zugucken. Protestantismus ist eine erzieherische Waffe, da lag meine Mutter ganz richtig. Sätze wie: »Ich brauche nichts«, hervorgepresst zwischen zähen Brotrinden, erzeugen bei Kindern schlechtes Gewissen wegen der eigenen Völlerei und Tugendlosigkeit. Es folgt betretenes Schweigen. In Gedanken büßen die Söhne jetzt ein wenig, während der Kantenkauer den Wärmestrom seiner Hypermoral genießt und sich genau deswegen auch gleich schuldig fühlt.

Dummerweise sitze ich allein am Tisch und niemand guckt zu, wie ich mit einiger Sorge um meine Inlays Fetzen aus dem Ökobrotrest reiße. Vorbild und Idiot, das liegt nah beisammen.

Nach Papst und Bundestrainer ist Vatersein der drittschwerste Beruf der Welt. Soll ich rustikaler Outdoor-Profi sein oder Kuschelkater, strenger Ablativ-Vorbeter oder Achtsamkeits-Kaninchen, kann ich Testosteron zeigen oder bin ich dann schon Domplatten-Antänzer? Wo darf ich spürbar werden, wo nicht auffallen? Wo lasse ich Platz für die Mutter, wo besetze ich selbstbewusst mein eigenes Spielfeld? Und wo zum Teufel soll ich überhaupt Vorbild sein? Moral? Gesundheitsbewusstsein? Brasilianische Lebensfreude? Ist wohl kein Zufall, dass ich mir trockenes Brot zum Vorbildsein ausgesucht habe.

Ich will ja keine Wettbewerbe ausfechten, schon gar nicht mit der Chefin, die es nahezu über die Silberhochzeitsdistanz mit mir aushält. Aber es ist schon so, dass mir die Familie von uns allen am wichtigsten ist. Die Chefin achtet viel auf Selbstverwirklichung, man hat ja auch einiges um die Ohren als Superfrau. Den Jungs dagegen ist Familie – sagen wir es, wie es ist – genauso scheißegal, wie sie uns früher war, solange sie kein Geld brauchen oder Trost oder irgendeine Dienstleistung. Vielleicht erwähnen sie in 30 Jahren beim Therapeuten mal, dass diese Sonntagabende eigentlich ganz schön waren.

Ich dagegen lebe die Selbstaufopferung, die einzige Rolle, die der moderne Vater über die Jahre durchhalten kann. Frauen haben viele Vorbilder, Mütter zumal. Wir Männer haben nur Ryan Gosling oder George Clooney und ansonsten viele Figuren, die wir nicht sein sollen: Macho, Arbeitssüchtiger, Patriarch. Früher war »Tyrann« kein Schimpfwort, sondern eine Rollenbeschreibung. Doch aus dem Alphatier-Vater ist eine Omega-Amöbe geworden, Spielball kindlichen Spotts und Dressurobjekt der Chefin, wovon sie ihren Freundinnen gern erzählt: Meiner kocht. Meiner putzt. Meiner malt jetzt Mandalas. Haben wir in einer Entschleunigungszeitschrift gesehen.

In Wirklichkeit bin ich der Kettensägentyp. Meine Jungs sollen mit 18 nicht nur Abitur haben, sondern auch Schwielen an ihren Händen. Eines Tages machen wir doch noch diesen Vater-Sohn-Kurs im Wald, der ja durchaus auf einer Linie liegt mit meiner bisherigen körperorientierten Erziehungsarbeit: erst kooperatives Pressatmen, dann Baby vorm Bauch tragen, Radfahren, Wandern. Gemeinsames Werken fördert das Einbilden, dass man nicht nur Ernährer, sondern auch handfester Kumpel sei, gerade bei Söhnen. Die Jungs wiederum hoffen wahrscheinlich, dass es bald vorbei ist.

Aber nein, nichts ist vorbei. Ich harre treu am Tisch aus, ich halte das Ritual wach, ich bin der Familienschamane. Um ehrlich zu sein, hocke ich vor allem hier, um den andern dreien eben dies mitzuteilen: Ich war da. Haltung ist nicht nur ein Wort, sondern Handeln: Ich trete an, egal, welche Vergnügungen da draußen locken. Und ihr? Yoga, Paintball, Lerngruppen-Trallala. In der Kunst der vorwurfsvollen Anwesenheit macht mir keiner was vor. Nein, ich bin nicht sauer. Eher enttäuscht, dass so wenig hängen geblieben ist von den Werten, die ich seit Jahren zu vermitteln versuche. Auch das kenne ich bestens von meinem eigenen Vater. Das Spiel mit Schuldgefühlen ist Eltern-Einmaleins.

Ist ja auch so. Dieses gemeinsame Essen ist mir wichtig, weil es die Familie zusammenhält, ganz archaisch. Dafür koche ich gern, auch mal mit Kokosmilch und Ingwer, so 'n bisschen verrückt. Neulich gab es einen Nudeleintopf mit, genau: Borlotti-Bohnen. Ich finde, Hans und Karl können solche Worte ruhig lernen. Damit die Jungs später überall auf der Welt auch in Gourmetkreisen punkten.

»Damit die Kinder später ...« ist wahrscheinlich der von Eltern meistgedachte Satzteil von der Zeugung bis zum Auszug, womit man ein Vierteljahrhundert ja locker rumkriegt. Erziehen, das ist immer eine Leistung für später, eine Art Bausparvertrag, wo über die Jahre viele gute Eigenschaften angesammelt werden, sodass man später staunt, wie viele es geworden sind. Gibt es eigentlich einen erzieherischen Negativzins, wenn Eltern unentwegt gute Absichten in die Kinder stopfen, ohne dass was bleibt?

Deswegen Essen. Daran erinnert man sich immer gern, das warme Holz des Tisches, die MIR-hafte Enge in der Bank, dicke Oliven mit Sardellen drin, die Zeitungsausrisse des Wochenendes, die ich augenzwinkernd verteile, dazu Kerzen, wenn welche im Haus sind, der Essensduft und mittendrin in seiner Paraderolle als Besser-Mutti der gut gelaunte Vater, der seit 16 Uhr Wein trinkt, weil man das als Koch so tut, gerade wenn man das Mediterrane schätzt. Lebensfreude pur und so. Alle Sinne der Kinder werden hier angespielt, und so wird Sonntag für Sonntag weiter an einem Lebensanker aus biografischem Gold geschmiedet, besetzt mit Stabilitätsjuwelen. Die Kinder sollen sich später positiv an zu Hause erinnern. Ich zaubere Essensduft, um den Pesthauch unserer elterlichen Schuldgefühle zu überdecken.

Erzieherei soll vor allem verhindern, dass die Kinder später allzu viel Böses erzählen von zu Hause, so wie wir das lange Jahre gemacht haben. Die gute Mahlzeit von heute ist die gute Erinnerung von morgen, so wie das teure Geburtstagsgeschenk, das aufwendig inszenierte Weihnachten, der perfekte Urlaub. Wir basteln hektisch jeden Tag an den künftigen Erinnerungen unserer Kinder, damit sie als Erwachsene auf gar keinen Fall das hässliche »blame game« anfangen, das wir bis heute so hingebungsvoll betreiben. Zusammenfassung: Ich bin traumatisiert. Meine Eltern haben mich kaputt gemacht. Alles, was Mutti nicht verbockt hat, hat Vati zerstört. Nur mich trifft keine Schuld.

Nicht auszumalen, dass unsere Kinder im Jahre 2050 ihre Traumata aus diesen Sonntagabenden ableiten, als sie die Kochexperimente des Vaters über sich ergehen lassen und dabei noch so tun mussten, als redeten sie total offen. Ist doch klar, dass damals, also heute, mindestens eine Essstörung gezüchtet wurde. Und Bindungsunfähigkeit. Und Burn-out. Schuld? Ich!

3. Kontrolle vs Vertrauen

Klar, die Kinder müssen ihre eigenen Erfahrungen machen, sich auch mal wehtun oder einfach nur scheitern. Aber wann? Und wie viel? Kann ein Neunjähriger U-Bahn fahren? Ein Pubertierender anständig Hausaufgaben erledigen? Da gucken wir doch lieber mal nach.

Heute Abend kochen die Jungs. Sie haben sich Wiener Schnitzel gewünscht. Das machen sie selbst, hat die Chefin angeordnet, vom Einkauf bis zur panierten Schuhsohle. Theoretisch eine tolle Idee, weil die Kinder eigenverantwortliches Handeln lernen. Praktisch ein Inferno, weil sie die Küche abfackeln werden und wir hinterher Pizza bestellen, weil die Schnitzel verbraten sind.

Ausnahmsweise pünktlich haben wir uns um 18 Uhr getroffen. In wenigen Minuten verwandeln Mehl, Messer, Eier, rohes Fleisch, Brösel und heißes Fett eine einstmals schicke Einbauküche in ein Schlachtfeld, wie es nur zwei Jungs oder der IS anrichten können. Ich kämpfe innerlich wie ein Löwe, um zu lächeln und das Gemetzel in meiner Küche total okay zu finden. Loslassen, sagt mein Kopf, einfach loslassen. Natürlich könnte ich anmerken, dass aus Eierschalen oft Resteiweiß tropft, das auf dem Küchenboden wochenlang herumklebt. Ich könnte zum Fleischklopfen einen Messergriff empfehlen, weil die Faust oft, aber nicht immer das optimale Werkzeug ist.

Ich lächle also hoch konzentriert in das »Lass sie doch mal« der Chefin. Ich weiß schon, was sie denkt: vertrauen, mehr wagen, wird schon. Was soll denn schiefgehen? Na, alles natürlich, wenn ich die Abläufe nicht minutiös kontrolliere. Loslassen ist gut, wenn man der Dalai Lama ist. Aber der muss ja hinterher auch nicht sauber machen.

Wir befinden uns auf dem schwankenden Boden zwischen Vertrauen und Kontrolle. Was traut man den Kindern zu? Was sollten sie schon können? Was nimmt man ihnen lieber ab, weil es nicht nur schiefgeht, sondern ihr Leben gefährdet? Natürlich müssen die Kleinen Eigenverantwortung lernen; in anderen Ländern der Welt sind sie mit zehn praktisch auf sich gestellt. Wir leben aber nicht in anderen Ländern. In Deutschland werden Studenten von Mutti vor den Hörsaal kutschiert. Nein, wir sind natürlich keine Helikopter-Eltern. Niemand ist das. Aber man wird sich ja noch mal Sorgen machen dürfen oder kümmern – oder beides. Vertrauen ist oft nur ein Mangel an Kontrollmöglichkeiten.

Nehmen wir das Radfahren. Fortbewegen auf dem Zweirad bedeutet für Heranwachsende in der Großstadt dasselbe wie Schnitzel-Frittieren: unmittelbare Lebensgefahr. Karl, der Große, zum Beispiel hat neulich seine Umhängetasche in den Speichen des Vorderrades zerhäckselt, um sich anmutig zu überschlagen, mitten auf der Kreuzung, und natürlich, Ehrensache, ohne Helm. Der Bierlaster kam wenige Zentimeter vor seinem Ohr zum Stehen.

Preisfrage: Soll man einen Volljährigen kontrollieren, indem man ihm den Helm an die Hirnschale tackert und mit Plomben sichert? Oder soll man auf die Überlebenskünste seines Sprosses vertrauen? Die immerhin sind bei uns genetisch stark ausgeprägt. Auch der Kleine verfügt über die Konstitution eines Stuntmans. Neulich ist er kopfüber aus seinem Hochbett geplumpst und hatte hinterher vergessen, wie es dazu gekommen war. Seinen Namen wusste er aber noch. Der dumpfe Aufprall hatte nicht nur sein Gedächtnis erschüttert, sondern auch unser viergeschossiges Mietshaus. Ich hätte instinktiv auf Erdbeben getippt. Die Chefin wählte im Herbeieilen gleich die Notarztnummer. Unnötiger Aufwand: Der Junge schüttelte sich, torkelte ein wenig und reckte den Daumen. Mein Sohn, er hat die Mentalität eines Marines. Als der liebe Gott die Schmerzrezeptoren verteilte, waren unsere Söhne wahrscheinlich gerade nicht im Raum, sondern wieder mal heimlich am Kühlschrank. Insofern kann man darauf vertrauen, dass sie überleben, egal, welchen Blödsinn sie anstellen.

Mit dieser lockeren Haltung hatten wir uns schon in der Kita den Ruf der Rabeneltern eingehandelt. Wäre es nach den Sorgenprofis gegangen, hätte Hans einen Helm tragen müssen, sobald er aufs Hochbett kletterte. Ob denn alles auch TÜV-mäßig gesichert sei, fragten die Eltern, deren Kinder uns besuchen kamen. Nein, natürlich nicht. Man kann ein Hochbett ohne Vierpunktgurt bewohnen, sagten wir lässig. Mit dem Ergebnis, dass Hansens Besucher gar nicht erst hochkletterten.

Hans leidet übrigens an einer Helmallergie. Ich schwöre: Ich habe den Kleinen nicht aufgehetzt gegen seine Mutter, die ihm die bunte Plastikglocke jahrelang im zweiten Stock überstülpte, damit das Kind die Chance bekam, sich schon im Treppenhaus zu blamieren. In der Rangliste seltsamer Kopfbedeckungen führten lange jene Omis im Café, die den »bad hair day« mit lustigen Wollmützen camouflieren. Inzwischen sind die alten Damen von Männern abgelöst worden, die neongelbe Klettbänder an den Waden tragen, dazu die übertaillierte Plastikjacke mit Reflektor-Applikation aus dem Abenteuergeschäft und als Krönung Helm auf Resthaar. Sinnierend stehen sie vor dem Tofu-Regal und merken nicht, wie der Rest der Welt aus ästhetischen Gründen einen Bogen um sie schlägt. Ist es verwerflich, wenn ich meinem Sohn ein solches Schicksal ersparen will?

Früher, als wir nichts hatten, nicht mal Helme, haben wir es auch geschafft, Rad zu fahren, ohne gleich zu sterben. Unsere Eltern haben uns einfach gelassen, weil sie weise waren, vielleicht auch nur bequem. Britische Forscher haben herausgefunden, dass Menschen ohne Helm vorsichtiger radeln. Hans allerdings hat die Konfession wieder gewechselt, seit er den alten Skater-Helm seines Bruders im Keller gefunden hat. »Cool«, hat er gesagt, als ihm die Haube mit Wassermelonen-Design in die Hände fiel. Leider ist der Helm viel zu groß und rutscht ihm über die Augen, meist vor Ampeln. Wir warten auf den ersten helmbedingten Unfall.

Immerhin verläuft die Schnitzelbraterei bislang ohne Notarzteinsatz. Dafür ist die sündteure Arbeitsplatte aus Tropenholz unter dem Eibröselmehlbrei nicht mehr zu sehen. Gleich nebendran brutzelt das Fett auf einer Temperatur kurz vor der Selbstentzündung. Hinten im Auto muss noch ein Feuerlöscher liegen. Ob ich mal rasch runtergehe? Vor lauter Schnitzelwahn haben wir noch nicht einen einzigen konstruktiven oder wenigstens liebevollen Satz gewechselt: Wie war deine Woche? Was liegt an? Möchtest du noch was loswerden? Mir geht's auch nicht so toll. Sätze, die eine Familie zusammenhalten, die auch mal tiefer bohren, die werden systematisch von meiner kleinen Rasselbande umgangen.

Ich sitze am Küchentisch, konzentriere mich sehr darauf, den Wein langsam zu trinken, weil ich wahrheitswidrig Genießen und Entspanntheit verströmen will. Lächeln, Papa, lächeln. Die Chefin blättert im Kochbuch, ohne mahnend daraus vorzulesen. ich bete innerlich. Das erste Schnitzel gleitet in die Pfanne. Adieu, geliebte Küche. Gleich wirst du die Asche sein, mein einstmals heller Schein.

»Nimm doch mal die Falten von der Stirn«, sagt die Chefin aufmunternd. Meine Frau kann mich lesen. Sie riecht meine Nervosität. Jetzt wird sie gleich versuchen, mich abzulenken, mit einer Geschichte von früher, die beweisen soll, dass ich völlig zu Unrecht einem Kontrollwahn verfallen bin. »Weißt du noch, damals in der U-Bahn?« Die Chefin grinst, die Jungs drehen sich um und wiehern im Duett. Warum erzählt man sich in einer Familie eigentlich seit Jahrtausenden die immer gleichen Storys, obwohl alle sie kennen? Ist doch langweilig. »Schon gut«, sage ich. Die drei wiehern weiter. Das hat man nun davon, dass man seine Aufgabe als Beschützer ernst nimmt.

Hans war etwa neun Jahre alt, besuchte die dritte Klasse und eröffnete uns, dass er ab sofort allein von der Schule heimkehren wolle. Wir hatten ihn bislang klaglos abgeholt.

Man will den anderen Eltern ja zeigen, dass man sich kümmert. Und dann das: Alle Großen dürften allein gehen, meckerte Hans, nur er wieder nicht, obwohl er auch schon groß sei. Das Problem: Wir wohnen nicht auf dem Dorf, wo man die Schule vom Küchenfenster aus sieht, sondern sechs U-Bahn-Stationen entfernt. Sechs U-Bahn-Stationen, die wegen Bombendrohungen gesperrt, wegen Rauchentwicklung evakuiert, wegen Fußballfans unbegehbar sein können. Okay, Hans kann inzwischen die Stationsschilder lesen, er kennt jede Bahnschwelle auf der knapp zehn Minuten währenden Fahrt mit Vornamen, und eine Monatskarte besitzt er auch. Dennoch: Man liest so viel.

»Lass ihn doch mal«, forderte die Chefin, während ich weiter überlegte, was alles passieren könnte: Unser zartes Söhnchen könnte von Zehlendorfer Zahnarztkindern vermöbelt werden; die U-Bahn würde entführt; er könnte auf der falschen Bahnsteigseite einsteigen, an der Endhaltestelle ins Depot fahren und dort nachts verhungern und erfrieren; womöglich fällt er Mobilfunk-Hostessen in die Hand. Wir sollten noch warten mit diesem Schritt.

Doch in ihrem unerbittlichen Optimismus verkündete die Chefin eines Morgens: »Heute fährt Hans allein nach Hause.« Nur mein niedriger Morgenblutdruck verhinderte einen Infarkt. Hans guckte wie Django. Ich prägte mir sein aufgewecktes Gesicht ein, das engelsgleiche Haar, die Flecken auf dem Küchentisch infolge raschen Müsli-Verzehrs. Es würde das letzte Mal sein.

Für den Nachmittag sagte ich alle Termine ab. Ab sofort war ich Security, also einer der wahren Checker in dieser Stadt. Unauffällig postierte ich mich an einer Kaffeebude im U-Bahnhof nahe der Schule. Mit der Nagelschere behutsam ausgeschnitten, bieten die beiden »O« der *Berliner Morgenpost* perfekt getarnte Gucklöcher. Ich fühlte mich wie die NSA.

Horden von Schülern rannten vorbei, viele zugegebenermaßen kleiner als Hans. Aber wo war unser Sohn? Hätte ich schon die paar Hundert Meter von der Schule zur U-Bahn kontrollieren sollen? War dem nachlässigen Security-Dad bereits ein Gewaltverbrechen entgangen? Die Kaffeebudenfrau schaute skeptisch. Ein Becher auf 45 Minuten, damit hatte ich mich nicht gerade als Kunde des Monats qualifiziert.

Bevor eine Einheit des SEK meine Nase in die Kuchenkrümel auf dem Boden drückte, weil ich als potenzieller Kinderentführer verdächtig war, observierte ich die U-Bahn-Strecke. Unterm Schlapphut tropfte der Schweiß, der falsche Bart juckte. Wo war mein Kind?

Nachdem ich die Strecke zum dritten Mal abgefahren war, rief ich verzweifelt die Chefin an. »Hans ist verschwunden«, jammerte ich. »Unsinn«, entgegnete sie, »er ist schon ewig zu Hause.« Erleichterung. »Hatte er denn gar keine Angst?«, fragte ich. »Nur einmal«, sagte die Chefin, »weil so ein komischer Vogel mit falschem Bart die Kinder durch Löcher in seiner Zeitung beobachtet hat. An dem hat sich die ganze Klasse vorbeigeschlichen. Solche Kerle sollte man direkt einbuchten.«

Meine Familie amüsiert sich immer wieder köstlich, obwohl wir die Geschichte schon geschätzte achthundert Mal erzählt haben. Das hat man davon, wenn man Vertrauen und Kontrolle vereinen will. Ich klappere mit den Tellern, um mit Gegenlärm abzulenken. »Wer braucht ein Schälchen für den Gurkensalat?«, frage ich mit angestrengter Heiterkeit. Ich gehe davon aus, dass niemand eine Schale fordert, aus Rücksicht, um dem Saubermachkommando das Spülen zu ersparen. Alle drei wollen ein Schälchen. Ich verzichte. Es ist wie mit dem trockenen Brot. Bescheidenheit muss man vorleben, in jeder Sekunde. Ich habe den Gurkensalat gemacht, weil niemand sonst Lust hatte, sich die Finger in der Reibe zu verkürzen. Zum Glück haben die Gurken so viel Wasser, dass das Blut bis zur Unkenntlichkeit verdünnt wird.

Karl, der Große, hat das erste Schnitzel aus dem siedenden Öl gefischt, nicht schwarz, nicht bleich, sondern genau richtig. Die Panade klebt vorschriftsmäßig am Fleisch. Perfekt. Hätte von mir sein können. Nur dieses klebrige Chaos dazu –

warum können die Jungs nicht eine logistisch ausgefeilte Produktionsstrecke entwerfen, vom ersten Mehl bis zum Teller für die fertigen Schnitzel? Das ist doch wohl nicht so schwer, vor allem, weil der Vater organisatorische Perfektion von Geburt an vorlebt. An meinem Sarg sollen meine beiden Söhne in ihren tränenerstickten Trauerreden betonen, wie schlau ich stets Werkzeuge, Teller und Schüsseln anordnete, um Kleckereien zu vermeiden.

Wann genau im Leben kommt eigentlich dieser Moment, wo sich der Dreckspatz in einen struktureffizienten, ordnungsliebenden, frisch geföhnten Mann verwandelt? Die erste Stufe wird durch die Entdeckung des Deodorants markiert. Nein, stopp, Moment, noch davor mopst der Teenager dem Vater das teure Rasierwasser, um es sich viertelliterweise über den Kopf zu schütten. Jeder Shot entspricht etwa den Kosten für ein dreigängiges Menü beim Szene-Italiener.

Der Kleine glaubt noch fest daran, dass Dreck abfällt. Weil unsere Erziehung ja auf dem Prinzip der Eigenverantwortung beruht, lassen wir die Jungs ihre eigenen Erfahrungen im Bereich der Hygiene machen. Die Chefin sagt, dass nichts mehr erzieherischen Wert habe, als die gerümpfte Nase einer jungen Dame. Deswegen bieten wir zum Beispiel in Wäschefragen keinen Full Service an, sondern platzieren frisch Gewaschenes allenfalls vorwurfsvoll an ungewöhnlichen Orten, etwa der Schreibtischlampe, an Türklinken, auf Küchenstühlen oder über Computerbildschirmen drapiert. Das subtile Signal: Achtung, junger Mann, nach Meinung deiner Erzeuger ist es Zeit für einen textilen Neuanfang, oft an den Füßen, gelegentlich aber auch bei der Bettwäsche. Wir müssen das nicht kontrollieren. Ihr könnt das selbst. Wir vertrauen. Was bleibt uns auch sonst übrig.

Die Botschaft allerdings kommt nicht immer an. Der Stapel frischen Bettzeugs wandert wochenlang vom Schreibtisch auf den Schrank auf den Boden zurück auf den Schreibtisch. Eines Tages ist der Stapel erstens von anderen Wanderdünen überlagert und zweitens nicht mehr frisch. Die Archäologen der Zukunft werden unsere Kinderzimmer unter einem gigantischen Haufen Müll freilegen und sich wundern, warum rings um ein ziemlich verkeimtes Bett zahllose Stapel halbwegs frischer Bettbezüge liegen.

Eigenverantwortung ist eine nette Idee, die in der Praxis leider nie funktioniert. Erst die Androhung von Einkaufsboykott mit nachfolgender Lebensmittelknappheit kann den Großen bewegen, sein Bett zu beziehen. Der Kleine wiederum bricht in Tränen aus, weil er sich in den viel zu großen Laken verheddert. Nach fachkundigem Blick aufs alte Laken konstatiert der große Bruder fachmännisch: »Geht noch 'n halbes Jahr.« Der Kleine sitzt inzwischen auf dem Klo und schreit noch lauter, weil er sich bettwäschemäßig diskriminiert fühlt. Mein Hinweis, dass Kleinkindjahre keine Herrenjahre sind, beruhigt ihn nicht.

Klositzen gehört derzeit zu Hansens Lieblingsbeschäftigungen. Halleluja. Wie alle Eltern haben auch wir jenen Tag als Gottesgeschenk empfunden, als Hans erstmals die Toilette ohne Hilfeschreie benutzte. Wir haben da total vertraut. Es ist doch entwürdigend, wenn man das Kind beim Umgang mit Vierlagigem kontrolliert. Den Gebrauch von Klopapier hat er ganz allein gelernt. Dummerweise ist er bis heute davon überzeugt, dass man pro Sitzung eine Rolle verbrauchen muss. Bis spätestens nächstes Jahr wollen wir den Verbrauch um die Hälfte gedrosselt haben, da sind wir ambitionierter als die Automobilindustrie. Der großzügige Papiereinsatz hat vermutlich psychische Ursachen: Es geht weniger um Reinigung als vielmehr um den optischen Effekt, wenn die Schüssel nach dem Prinzip »Neuschnee« randvoll mit weißem Material gefüllt wird, um ganz viel gefühlte Sauberkeit zu erzeugen. Der Klempner ist inzwischen ein Freund der Familie, der nur unsere Rufnummer auf dem Display sehen muss, um das schwere Gerät einzupacken und loszufahren.

»Habt ihr euch eigentlich die Hände gewaschen?«, frage ich, weniger im Kontroll-, eher im Kumpelton. Hans hat seine Pfoten bis zum Knöchel in den Semmelbröseln, Karl zieht mit den Fingern ein fertiges Schnitzel von der Gabel. »Das heiße Fett tötet alle Bakterien«, erklärt Karl. Hans nickt und grinst. Die Chefin, immerhin oberste Hygienebeauftragte, kann ein Lächeln ebenfalls nicht unterdrücken. Ich fühle mich mal wieder in meiner Autorität untergraben. Keiner nimmt mich ernst. Stehe ich aber drüber.

»Was wollt ihr trinken?«, frage ich demonstrativ aufgekratzt, verteile die Gläser und kippe mir Wein nach. »Was gibt's denn?«, fragt Karl zurück. Tja, wie immer eigentlich, denke ich: naturtrüben Apfelsaft der Marke »achtsame Streuobstwiese« und Mineralwasser aus der Glasflasche, weil von Plastik Wale sterben. Neulich merkte Hans an, dass die Getränkeauswahl für die Erwachsenen deutlich breiter sei. Hat er recht. Aber deswegen werden wir trotzdem keine Cola kaufen oder irgendein anderes Zuckerwasser, das unsere Kinder dick macht und US-Konzerne reich. »Streuobst« klingt nun mal deutlich gesünder als »Weihnachts-Truck«. Karl würde gern ein Bier trinken. Kein Problem, er ist volljährig. Es scheitert nur am Bier. Wir haben nämlich keins im Haus.

Nun folgt einer dieser spontanen Momente, die ich an meiner Familie so liebe. »Komm, wir gehen schnell zum Späti«, sage ich. Die Chefin nickt und übernimmt gemeinsam mit dem Kleinen die Schlussoffensive an der Schnitzelfront. Karl nickt ebenfalls und hat schon die Jacke übergeworfen. Hans nickt auch, weil er nun der Chefkoch ist und sich seine ersten Heldenverbrennungen per Fettspritzer zuziehen darf.

Es sind nur wenige Hundert Meter bis zum Spätkauf. Aber genau diese kleinen gemeinsamen Wege sind immens wichtig für unser familiäres Mikroklima. Warum? Weil wir reden. Einfach nur reden, egal worüber, ungeplant, ohne Agenda oder Erziehungsziel. Karl erzählt über eine Professorin mit lustiger Stimme, die er erst für ziemlich dämlich hielt und inzwischen schätzt. Ich höre einfach nur zu und freue mich. Der Junge kann sprechen. Das war nicht immer so. Jahrelang verkroch er sich in einem Reich der Abgeschiedenheit, die ein Vater, der Kumpel sein will, natürlich als Affront gegen sich versteht.

Genauso war dieses Schweigen wohl auch gemeint. Ich sollte draußen bleiben aus seinem Leben, er würde das allein hinbekommen. Immer wenn ich dem Großen damals ganz beiläufig über die Schulter schaute, was er da am Computer trieb, konnte ich mich des Eindrucks nicht erwehren, es schieße ganz plötzlich eine Wikipedia-Seite auf den Bildschirm, wie eine Jalousie. Garantiert nur eine Tarnung. »Ähm, also, was …?«, fragte ich unsicher, weil ich mein Kind ja nicht kontrollieren, sondern ehrliches Interesse bekunden wollte. Ich erntete einen mitleidigen Blick. »Was guckste denn schon wieder so?«, fragte ich jugendlich-lässig. »Ooch, nichts.« Meine Lieblingsantwort.

Inzwischen habe ich vollstes Verständnis für meine eigenen Eltern, die mir für jedes »Ooch, nichts« eine Backpfeife gegeben hätten, wenn ich dank meiner legendären Grundschnelligkeit nicht blitzartig abgetaucht wäre. Die Übersetzung von »Ooch, nichts« heißt exakt: »Ey Alter, nerv nicht rum. Du kapierst sowieso nicht, was hier abgeht. Am besten verkrümelst du dich einfach mal ganz hurtig.« Diese Oberstufenzeit war die Hölle.

Die pädagogisch korrekte Antwort auf »Ooch, nichts« hätte lauten müssen: »Okay, mein Freund, dann eben anders: Kann ich mal deine Hausaufgaben sehen, also jetzt sofort?« Na gut, es ist nicht sehr cool, einem jungen Mann mit Kontrollen zu kommen. Mangelndes Vertrauen ist ja immer auch das Eingeständnis von Erziehungsversagen: Ich traue ihm nicht, ich traue mir nicht. Andererseits muss auch mal klargemacht werden, wer das Sagen hat, solange der Bengel seine Füße auf meinen Tisch legt und noch nicht volljährig ist. »Haben nichts auf«, erklärte Karl in solchen Situationen. Ach nee, die Geschichte habe ich zufällig schon mal gehört. »Nichts auf« hatte ich auch, 13 Schuljahre lang. Stimmte nur nie.

Und jetzt? Sollte ich bei anderen Eltern anrufen, um die Aussage zu kontrollieren? Dann würden alle erfahren, dass ich als Pädagoge mal wieder gescheitert war. Andererseits waren wir gerade in der Arena der Macht angekommen. Für Vertrauenskitsch war kein Spielraum mehr. Jetzt Stärke zeigen. Also gut, Sportsfreund, dann eben die letzte, alles entscheidende Kugel. »Zeig mir doch mal deine Hefte.« Genervtes Stöhnen. Ha, jetzt hatte ich ihn. Einziges Problem: Ich durfte kein allzu dummes Gesicht machen, wenn es wieder um »Mitose« ging. Was war das noch gleich? Zitronensäurezyklus, oder? Und ich sollte diesmal »Infinitesimalrechnung« flüssiger aussprechen.

In demonstrativer Zeitlupe schaufelte der Lümmel den Inhalt seiner besorgniserregend schmalen Schultasche auf den Schreibtisch. Zwischen Kekspapieren und Club-Flyern tauchten tatsächlich Fragmente von Schulheften auf. Mathe legte ich erst mal zur Seite, den naturwissenschaftlichen Kram auch; das ist ja alles sehr komplex. Aha, Geschichte. Da fühlte ich mich immer halbwegs sicher. Mmm, Römische Verträge, klar, Europa und so. Wichtig. »Letzte Hausaufgabe«, erklärte der Nachwuchs. Überraschend sauber die Handschrift. Zahlen, Daten, Fakten offenbar mit Verstand niedergeschrieben. Von mir hat er das nicht. In roter Lehrerkrakelschrift war darunter geschrieben: »Eine sehr stringente Analyse. Weiter so.« Solch ein Satz hatte bei mir niemals unter einer Hausaufgabe gestanden.

Ich lasse Karl längst freie Hand. Der Junge kriegt das hin. Pädagogenmodus ausgeschaltet. Kontrollieren, das war unser Alesia, wobei ich Vercingetorix war und er Cäsar. Ich habe kapituliert. Seitdem können wir immerhin wie zwei Erwachsene abends zum Späti gehen.

Karl angelt zwei Flaschen einer bayerischen Privatbrauerei aus dem Kühlschrank, ich zahle, wir gehen heim. Der Abend hüllt uns in eine Dämmerdecke. »Was liegt nächste Woche an?«, frage ich in diesem raren Moment vatersohnlicher Vertrautheit. »Ooch, nichts«, antwortet Karl, »Uni, normal.« Ich grinse. Wer vertrauen will, muss die Codes der Jungs kennen. »Ooch, nichts«, heißt heute so viel wie: Kriege ich hin. »Fast« bedeutet: großer Mist, Probleme im Anmarsch. »Ja« ist: knapp unter 50 Prozent, »Ich schwöre« knapp über 50 Prozent. Ich spare mir weitere Fragen. Vatersein heißt oft einfach: da sein. Aber Klappe halten.

Die Chefin und Hans haben einen großartigen Schnitzeltisch gedeckt. Es schmeckt wunderbar, bis auf den wässrigen Gurkensalat. Eigentlich wäre jetzt noch die Familienkonferenz an der Reihe, mit den Problem- und Klärungsgesprächen. Doch die Chefin winkt ab. Karl verzieht sich in sein Zimmer. Hans hat wie jeden Sonntagabend den Auftrag, seinen Ranzen zu packen. »Hast du deine Hausaufgaben gemacht?«, frage ich. »Ich schwöre!«, ruft der Kleine zurück. Übersetzung: mehr als 50 Prozent Wahrheitsgehalt. Das reicht allemal für Vertrauen.

4. Früher vs Heutzutage

Dieses Papadox ist ein besonders tückisches: Eigentlich war früher alles besser, bis auf die Väter. Die sind heutzutage, ja, was eigentlich? Zumindest anders. Aber besser?

Wir sind eine traditionsbewusste Familie. Wir halten das Gedenken hoch, an unsere wunderbaren Vorfahren, die wir gar nicht kannten, an die Zeiten, in denen noch Ordnung und Anstand zählten, an den SC Preußen Münster, an Mutters Kohlrouladen, eben an früher, als vieles besser war. Deswegen legt die Chefin manchmal ein altes Fotoalbum auf den Küchentisch, wenn wir am Sonntagabend zum Essen zusammenkommen. Oder eine Konzertkarte von »The Cure« aus den Achtzigerjahren, um unser lebenslanges Angesagtsein zu dokumentieren. Die Chefin wirft nichts weg, schon gar keine Beweise dafür, wie super wir früher waren. Heute wird sie unsere Abendrunde mit einem Jugendfoto von sich bereichern. Hat sie beim Aufräumen gefunden. In Wirklichkeit hat sie natürlich danach gesucht, weil sie wusste, dass Hans mit einem dieser neuartigen Freundschaftsalben zum Essen kommen würde. Das Vergleichen von früher und heutzutage ist eine unserer liebsten Elternbeschäftigungen. Denn: Früher war alles besser. Und wir Eltern sind Experten für früher.

Früher gab es klare Pole: Cola gegen Pepsi, Adidas gegen Puma, Beatles gegen Stones. Heute gibt es Unüberschaubarkeit.

Früher hieß es: Gegessen wird, was auf den Tisch kommt und lange satt hält. Heute irren wir durch ein mindestens vierdimensionales Koordinatensystem aus lecker, gesund, regional, nicht in Plastik verpackt.

Früher war klar: Wir sind nicht zum Spaß hier. Heute reichern wir den Ernst des Lebens pausenlos mit Spaß an und umgekehrt, damit es den Kleinen und uns auch ja nie langweilig wird.

Früher lautete die zentrale Ferienplanungsfrage: Wo ist Vollpension dabei? Heute designen wir Urlaube mit pädagogisch-ganzheitlichem Erlebnis-Mehrwert, die vier hochindividualisierte Bedürfnisse bedienen und zugleich mächtig Eindruck im Kollegenkreis, bei den Nachbarn und in der Schule hinterlassen sollen.

Früher wurde ein Kratzer am Knie ignoriert. Heute folgt bei Kleinstverletzungen eine mehrwöchige Therapietournee, die mit Desinfizieren beginnt, mit drei Schüssen Tetanus fortgesetzt wird, sofern man nicht gerade zur Impfgegnersekte gehört. Dann homöopathisch weiterbehandeln, schließlich viel reden, damit keine psychischen Verletzungen bleiben, dann Finish mit kosmetischer Narbenkorrektur. Und viel trinken.

Fielen früher die Wunschlisten zu Weihnachten oder Geburtstag etwas üppig aus, lautete die Ansage: Kinder, die was wollen, bekommen was auf die Bollen. Heute sind selbst lange Listen zu kurz, weil in der Patchworkfamilie Legionen von Großeltern ihre Zuneigung materialisieren wollen und Kinder spätestens mit fünf Jahren auf einer Halde Pädo- und Elektroschrott wohnen.

Früher war klar: Elternkrisen waren Erwachsenensache: Das überblickt ihr noch gar nicht. Das geht euch nichts an. Heute nehmen schon Dreijährige an den verwinkeltsten Problemgesprächen ihrer austherapierten Erzeuger teil.

Früher war das vermutete Urteil der Nachbarn das Motiv allen öffentlichen Handelns. Heute präsentieren die Kids auf Facebook, was unsere Eltern nicht mal im Schlafzimmer taten.

Früher war klar, dass die Welt untergeht, »wenn das alle machen«. Heute sollen die Kinder von Geburt an superindividuell sein und auf keinen Fall das machen, was alle anderen machen, ohne aber die Erfordernisse des globalisierten Arbeitsmarkts aus dem Blick zu verlieren.

Wenn Eltern alte Sachen präsentieren, wollen sie beweisen, dass früher alles besser war, auch Schwarz-Weiß-Fotos, vor allem die mit Pony. Hans wünscht sich seit Jahren einen Hund.

»Guck mal, Mama auf einem Pony«, sagt die Chefin.

Hans guckt gelangweilt und entgegnet: »Toll. Ich will einen Hund.«

»Besser ein Pferdefoto als kein Hund«, werfe ich heiter ein.

Die Jungs lachen nicht, bewundern uns aber insgeheim, weil wir früher Kontakt zu echten Tieren hatten.

Gleichwohl finden sie unsere Vergangenheit längst nicht so beeindruckend wie wir. Zu den großen Missverständnissen von Eltern gehört die Annahme, dass Kinder sich für früher interessieren, also für unser Früher. Stimmt leider nicht. Was damals bei Star Wars war? Spannend. Was einst bei den Dinosauriern geschah? Faszinierend. Was die Eltern früher so trieben? Grottenlangweilig. Gerichte von früher gehen noch halbwegs, vor allem, wenn es sich nicht um Kohlrouladen handelt, sondern um Königsberger Klopse, was auch daran liegt, dass Hans die Kaper nicht für eine pflanzliche Zutat, sondern für eine Art Gotcha-Kugel hält, die mit Essig gefüllt ist.

Es ist stets das Narrativ, das entscheidet, ob man mit den Kindern überhaupt ins Gespräch kommt. Kurz vor dem Essen, als Hans mir zusah, wie ich sein Zimmer aufräumte, hatte ich es mit dem Zauberwort »Lego« versucht, um diese Früher-Sache mental bei ihm vorzubereiten. Die Brücke: Bei Lego gibt es auch ein Früher. Und wie.

Früher, als Momper oder Bismarck regierten, existierte nur ein gutes Dutzend verschiedener Steine: Zweier, Vierer, Achter, Dachzweier und -vierer, ein paar Platten, Fliesen, Tür, Fenster, Zaun, fertig. Nie hatte man genug Baumaterial für ein repräsentatives Haus, weshalb merkwürdige Dachterrassen entstanden, an denen sich Berliner Altbausanierer bis heute orientieren. Ein paar Schuhkartons reichten früher, um alle Steine kleinwohnungsgerecht unterm Bett zu verstecken.

Früher brauchten Deutsche pro Kopf 25 Quadratmeter zum Wohnen, heute 40. Warum? Wegen Lego. Denn heute können wir das Bett unter den Legokisten verstecken. Die Artenvielfalt der Steine übertrifft den tropischen Regenwald. Früher war Improvisation gefragt, weil Lego kalkulierter Mangel war. Heute, im Perfektionswahn, sieht zwar alles total echt aus, aber man findet nichts wieder, weil es jeden Stein nur einmal gibt. An Lego lässt sich viel erklären, zum Beispiel eine zunehmend granulare Welt, in der alles vereinzelt. Ich sage das nicht ohne kulturkritischen Unterton.

Vielfalt ist nicht immer ein Gewinn, sondern gerade in Kinderzimmern ein Problem. Zu den tückischsten Verletzungen im Haushalt gehören Legospitzen im Fußgewölbe, vor allem, wenn man keine Socken trägt, weil man keine identischen gefunden hat. Socken und Lego teilen ein Problem: Es gibt nur Einzelstücke. Immerhin finde ich unter den Legohalden eines dieser Poesiealben von Klassenkameraden, das Hans vor vier Wochen ausgefüllt und mit Foto versehen hätte zurückgeben sollen. Machen wir später, beim Essen.

Jetzt erst mal Lego. Eins zur Zeit und nicht ablenken lassen; das sind die kleinen wertvollen Lektionen von früher, die man im Alltag vorleben muss. Hans blättert im Poesiealbum. Ich räume weiter. Nach welchem Prinzip sollen wir die Klötze diesmal sortieren? Wie soll man Kinder überhaupt Ordnung lehren, wenn nur Chaos möglich ist? Da lobe ich mir die Ordnung der Königsberger Klopse. Kartoffel, Bulette, Kapern, fertig.

Lego und Ordnung? Unmöglich. Ich hab´s versucht. Aus dem Baumarkt drei regalgroße Schubfachwände aus formschönem Hartplastik erworben und ein Wochenende lang alle Steinchen nach einem ausgefeilten Größeformfarbefunktions-Schlüssel eingelegt. Hans guckte Fernsehen derweil und kam alle zwei Stunden schauen, ob ich meinen Job ordentlich erledigte. Knapp 48 Stunden später waren die Schubfächer leer, und der Boden war wie gewohnt übersät.

»Kleinere Kästen«, empfahl die Chefin. Also gut, Systemwechsel: Wir stellen die Boxen vom Format A0 auf A7 um. Aus einem skandinavischen Möbelhaus, das mit der Illusion von Ordnung täglich Millionen macht, viele stapelbare Kisten nach Hause geschafft. Den Plastikkram streng nach Farben sortiert. Das Regal sah aus wie bei Suhrkamps. Aber nur bis zum nächsten Morgen. Wir hätten den Regenbogen im Kinderzimmer fotografieren sollen. Seither das bewährte Chaos. Riesige Kisten, überwiegend leer, weil die Kleinteile, die nicht in meinem Fußgewölbe stecken, wegen der Physik immer auf den Boden sinken, weshalb etwa vier Festmeter Lego ausgekippt werden müssen, um den Steuerknüppel für einen Untersee-Rasenmäher zu finden, der wahrscheinlich längst in den spreebreiten Ritzen unseres Parketts verschwunden ist.

Inzwischen schließt die Tür zu Hansens Zimmer nicht mehr, obwohl ich die Legos mit Kehrblech und Besen bis aufs Bett befördert habe. Warum schaffen es andere Familien (vgl. Kapitel Wir vs Die anderen), jedes zusammengebaute Objekt in Glasvitrinen mit Punktstrahlern auszustellen und vor allem mit einem strengen Spielverbot zu belegen? Wenn sich unsere geschätzte Familienministerin endlich mal um die wesentlichen Probleme von uns Erziehungsberechtigten kümmern würde, dann gäbe es im neuen Jahr psychologische Betreuung für Lego-Opfer, eine Lego-Abwrackprämie, Mietzuschuss für Wohnungen mit Legozimmer, vor allem aber eine Sofortrettung für Väter, die in Legomassen ersticken. Und eine Klinik, die sich auf Fußgewölbe-Verletzungen spezialisiert hat.

Da lobe ich mir meine Küche. Töpfe mit Nahrung sind deutlich übersichtlicher als Kinderkram. Während ich in die Kartoffeln pike, die nie synchron zu den Klopsen fertig sein wollen, fächert die Chefin eine Auswahl historischer Dokumente auf den Küchentisch. War klar, dass sie sich nicht auf das Pony-Bild beschränken würde. Karl sitzt am Tisch und trägt Kopfhörer, hält die Augen geschlossen und lauscht nach innen. Hans malt hingebungsvoll auf den handgeschöpften Designer-Servietten, die die Chefin vom Wochenmarkt mitgebracht hat und die mehr kosten als die gesamte Mahlzeit. Nun liegen also die Seiten eines Poesiealbums aus Monas Grundschultagen vor uns. »Toll«, sage ich prophylaktisch, während Karl eine Augenbraue lupft, aber sofort wieder fallen lässt.

Was die Chefin nie kapiert: Jungs sind nicht interessiert an Poesiealben. Eher an Fußball. Gern erzähle ich die Geschichte von 1975, als Preußen Münster die Borussia aus Dortmund in strömendem Regen mit 4:1 aus dem Stadion gefegt hatte. Damals haben wir die Dortmunder jene Demut gelehrt, die ihren späteren Siegeszug überhaupt erst möglich gemacht hat. Ohne die Preußen hätte es den BVB nie gegeben. Kann man diese Story zu oft erzählen? Nein, natürlich nicht. Doch, finden meine Söhne. Sie wollen bei Vatis Fußball-Anekdoten nicht richtig mitgehen. »Der Alte erzählt wieder vom Krieg«, meinte ich neulich gehört zu haben, als ich rein zufällig an Karls Zimmer vorbeischnürte, während er mit einem Kumpel am Telefon wisperte.

Na, mal sehen, wie die Operation »Poesiealbum von früher« verläuft. »Toll«, sage ich also noch einmal und spähe in das Büchlein, wo deutlich zu erkennen ist, dass damals mit dem Füller auf der Linealkante geschrieben worden war. Die Texte sind nicht zu entziffern und doch altbekannt. Waren ja nur drei zur Auswahl.

Variante eins: »Mach es wie die Sonnenuhr, zähl die heiteren Stunden nur.«

Variante zwei: »Rosen, Tulpen, Nelken, alle drei verwelken. Aber wie das Immergrün soll stets unsere Freundschaft blüh'n.«

Variante drei: »Wenn der Kindheit frohe Tage hinter uns einst liegen weit, dieses Blättchen soll dir sagen: Schön war unsere Jugendzeit.«

Karl gähnt.

Kunst ist das nicht, eher Zeichen eisernen Gestaltungswillens. Ich habe die Sonne früher immer oben links in die Ecke gemalt, als optimistische Kernbotschaft, rechts unten dann etwas Blumenartiges, grüner Innenkreis, vier, fünf Flügel dran, fertig. Dass sich Sprüche und Ecksonnen wiederholen, gehörte früher zum Prinzip Poesiealbum. Die Varianz lag in der Herstellungssorgfalt, bei der sich Jungs und Mädchen deutlich unterschieden. Nur wenige Jungen klebten zum Beispiel Glanzbilder ein, über die wir uns heute freuen, auch deswegen, weil Hans gerade interessiert über den Glitzerrand reibt und Karl immerhin die Augen öffnet. In Wirklichkeit wollen sie eben doch wissen, wie das früher so war.

Leider versaut die Chefin die gute Stimmung, weil sie sofort wieder eine pädagogische Botschaft unterbringen muss. »Guckt mal, wie sauber wir früher geschrieben haben«, gurrt sie in einer Tonlage, die camouflieren soll, dass sie unterschwellig die Sauklaue unserer Kinder kritisiert. Keiner guckt, außer mir. »Toll«, sage ich sicherheitshalber.

»Sind die Kartoffeln fertig?«, fragt Hans und bekritzelt die dritte Serviette. Karl gähnt noch mal. Schön, so eine Familienkonferenz, ein Fest der anteilnehmenden Herzlichkeit.

Wir entführen das neumodische Poesiealbum aus Karls Hand, das er mit höhnischem Grinsen und Klopsnasch-Fingern begutachtet hat. Was ist an einem abwaschbaren Plastikumschlag mit FC-Bayern-Logo eigentlich Poesie? Platz für Ecksonnen ist auch keiner. Statt besinnlicher Sprüche ist heutzutage eine Liste mit 20 Fragen abzuarbeiten, statt Glanzbildern wird ein Foto eingeklebt. Und weil wir alle so furchtbar individuell sind, sollte sich natürlich keine Antwort wiederholen. Wenn also jemand vor uns »Sloterdijk« als Lieblingsautoren angegeben hat, müssen wir uns was Neues ausdenken. Gar nicht so leicht. Hegel, Kant und Campino sind auch schon weg. »Lothar Matthäus« sei doch lustig, schlage ich vor. Verhaltene Begeisterung.

Beim Stöbern durch die bisherigen Einträge wird mir schwummerig. Unter »Lieblingsfilm« hat Jean-Luc aus Steglitz lässig »Fahrenheit 451 von Truffaut« notiert, fehlerfrei. Ein Wunderkind offenbar, cineastisch hochbegabt, und mit Geduld für fast zwei Stunden am Stück gesegnet. Hans kennt weder Fahrenheit noch Truffaut. Warum haben alle anderen Eltern solche Kinder, nur wir nicht?

Ich halte die Seite gegen das Licht. Aha. Erwischt. Man muss nicht bei der NSA sein, um zu entdecken, dass da eine Mutter offenbar versucht hat, Kinderschrift zu imitieren. Womit Tolstois »Krieg und Frieden« bei »Lieblingsbuch« erklärt wäre und Mark Twains Spruchklassiker »Trenne dich nicht von deinen Illusionen. Wenn sie verschwunden sind, wirst du weiter existieren, aber aufgehört haben zu leben«.

Hektisches Blättern. Fast überall waren Erwachsene am Werk gewesen und hatten ihre Wunschvorstellung vom idealen Kind niedergeschrieben. Und was sollen wir machen? Die Chefin tendiert zu Marie Curie und Hans Fallada, ich zu Rostropowitsch. Ich gehe rasch mal googeln, wegen des Vornamens. Die Kartoffeln brauchen eh noch. Während die Chefin was von »Effi Briest« und »Platon« murmelt, besteht Hans auf einem Spruch von Darth Vader.

Revolutionäre Idee: Wir lassen unser Kind den Fragebogen selbst ausfüllen, so wie früher. Aber erst mal nur mit Bleistift. Und nicht so fest aufdrücken. Vielleicht müssen die Eltern ja doch noch korrigierend eingreifen. Während ich erst die Leiter und damit dann die guten Schüsseln mit Goldrand ganz oben aus dem Schrank hole, die ich von meiner Mutter geerbt habe, hat die Chefin eine weitere Nostalgieattacke vorbereitet. Wie zufällig hält sie einen Stapel CDs in der Hand. Am liebsten hätte sie wohl die Vinylscheiben geholt, aber dafür braucht man einen Plattenspieler. Und der steht im Keller, in einem der hinteren Quadranten, ungefähr dort, wo auch die anderen Poesiealben lagern, etwa zwei Umzugskartons voll.

Immerhin: Karl hat das linke Ohr aus der Kopfhörermuschel gezogen. Musik geht immer. Das Problem: Die wirklich guten Sachen sind auf Vinyl. Auf CD befinden sich eher mittelgute Bands, zwischen früher Madonna bis zu mittelaltem Coldplay. Schätze wie Kruder & Dorfmeister, Primal Scream oder Nirvana sind im Keller und brauchen 33 Umdrehungen. Hans will Jam FM hören, weil er zu Recht vermutet, dass sein

Musikgeschmack nicht getroffen wird, wenn die Chefin zum CD-Player schreitet.

Rettung: Die Klopse sind fertig. Alle essen außer der Chefin, die uns ausgerechnet jetzt von ihrem erlesenen Musikgeschmack überzeugen will. Sie spielt eine Chansonnière aus Mali. Die Jungs essen schweigend. »Toll«, sage ich und mansche eine Kartoffel mit der Gabel in die Kapernsoße. Dieses kleine Glück könnte mir nicht mal Musik von Florian Silbereisen versauen.

Die Chefin dreht die Mali-Musik lauter. Ich ahne, wie die Botschaft lautet: Musik ist die Sprache der Welt. Schmatzen aber auch. Später in Harvard lernen die Kinder viel eher Kommilitonen kennen, wenn sie in einer Band spielen. Zur Not können sie immer noch Popstars werden, das ist nicht intellektuell, aber einträglich. Also Jungs, lernt gefälligst ein Instrument! Das hat uns früher auch nicht geschadet. Die Jungs riechen die Absicht und drücken die Nasen noch tiefer in die Klopse.

Eigentlich sind wir ja eine sehr musikalische Familie, haben aber unsere endgültige Ausdrucksform noch nicht gefunden. Wir glauben an RTL-Versprechen wie: Jeder kann singen, tanzen, hat den Rhythmus im Blut. Stimmt. Als Kind habe ich früher mit dem Mikrofon die Hitparade aus dem Radio aufgenommen, »Dual« und »Nordmende« sind Musik in meinen Ohren, auch »Hilversum« und »Beromünster«. Die Chefin singt zudem sehr schön, nach ein paar Gläsern Schaumwein jedenfalls. Nur zu einem Instrument haben wir es nie gebracht. Wir hätten gern, aber es war halt nicht die Zeit damals, wir mussten ja am Wirtschaftswunder basteln und gegen Atomkraft demonstrieren. Da reichte eine Trillerpfeife. Auf dem Weg zur perfekten Familie müssen jetzt halt die Jungs für den musikalischen Teil sorgen. Weil wir früher nicht dazu gekommen sind.

Der Große hat ein paar Jahre Schlagzeug gespielt, zur Freude der Nachbarn. Laut falsch trommeln ist allemal erträglicher als leise falsch geigen, klimpern oder trompeten. An die Ohrstöpsel gewöhnt man sich rasch. Nun arbeiten wir am musikalischen Feinschliff des Jüngsten – an der Gitarre. Andere Kinder treten schon mit sieben Jahren in der Met auf; bei uns sollte es so langsam wenigstens für ein kleines Konzert unterm Weihnachtsbaum reichen oder ein Ständchen zum Geburtstag.

Gestern hat Hans wirklich geübt, wieder mal ein Weihnachtslied, das sehr schön klang, wobei wir nicht ganz sicher waren, ob es sich um »Schneeflöckchen« oder »Last Christmas« handelte. Es muss da wohl einen schwierigen Wechsel von Dur nach Moll geben oder umgekehrt. Ich bin kein Notenexperte, weshalb wir das Training an den Großen delegiert haben, der feststellte: »Die Gitarre ist verstimmt.«

Wie konnte ich überprüfen, ob er recht hatte oder sich vor seinen großbrüderlichen Pflichten drücken wollte? Ich zupfte an einer Saite. Klang wie immer. Ich zupfte noch mal. »Eindeutig verstimmt«, wiederholte Karl. Ich entschied mich für einen skeptischen Blick, der zwischen Söhnen und Instrument hin- und herwanderte, fühlte mich solidarisch mit der Gitarre, war auch verstimmt und befahl: »Dann stimmt das Ding halt.« Karl setzte sein Schlaumeier-Gesicht auf und entgegnete: »Dafür braucht man ein Stimmgerät. Haben wir aber nicht.« Ach nee, und was haben die Menschen früher gemacht, als es schon Gitarren gab, aber keine Stimmgeräte? Kann ja wohl nicht so schwer sein, ein bisschen an den Knöpfen da oben am Stiel herumzudrehen. Wollen doch mal sehen.

Während die Kartoffeln kalt werden, konsultiere ich Youtube. Da lernt auch der letzte Trottel Atomphysik. Tatsächlich gibt es zahllose Videos zum Gitarrenstimmen. Leider verstehe ich kein einziges. Auf einer Website werden immerhin die richtigen Töne vorgespielt. Zuerst das »A«. Ich zupfe und drehe und lausche. Schon sehr ähnlich, vielleicht noch ein wenig C-lastig. Kaum eine Viertelstunde später habe ich die Gitarre gestimmt. Bruce Springsteen wäre stolz auf mich. Hans hat derweil im Fernsehen gesehen, wie Kater Tom versucht, der Maus Jerry mit einer Gitarre einen Scheitel zu ziehen.

Stolz halte ich Karl das perfekt klingende Instrument hin.

Der Bengel lacht frech: »Da stimmt ja gar nichts mehr.« Aber ich habe alles genau so gemacht, wie's im Internet gezeigt wurde. Hat mein Sohn einen Knick im Gehörgang? Üben fällt jedenfalls aus, bis zur nächsten Stunde, wenn der Lehrer stimmt. Wer ist schuld? Ich natürlich, der Stimmer der Herzen. Egal. Kommt das Weihnachtskonzert eben von der CD.

Ich räume den Tisch ab, vorwurfsvoll schweigend, weil ich erwarte, dass mir jemand zu Hilfe eilt, ohne dass ich extra darauf hinweisen muss, so wie früher, während die Chefin die musikalische Ausbildung der Jungs rekapituliert. Es begann damit, dass Mona den Kindern freie Instrumentenwahl verordnete. Das war schon mal großer Unsinn. Gerade hier wäre Führen durch Befehlen angebracht gewesen. Wie früher. Andererseits hätte uns das Schlagzeug dann nicht so viele Bekanntschaften mit Menschen eingebracht, die sieben Häuser die Straße hinab wohnten. Karl hat am liebsten im Hochsommer geübt, wenn das Fenster bei allen weit offen stand, wodurch der Schall ungehindert ein- und austreten kann. Und immer fühlen sich Menschen provoziert, die von unserer Jugend zwar Weltmeister-Fußball und ESC-Siege fordern, aber nicht kapieren, dass vor jedem Triumph Jahre des Lärms stehen.

Hansens Gitarre schallte etwas leiser als die Drums, dafür unrhythmischer und mithin schwerer zu ertragen. Weil es auf der akustischen Klampfe eher eckte als perlte, entschied die Chefin, das Kind mit einer coolen E-Gitarre zu motivieren. Endlich würde das Wunderkind ans Licht kommen. Außerdem lässt sich die elektrische Klampfe über Kopfhörer spielen. Soli für Deutschland.

Früher fand ich »Smoke on the Water« toll, ideal für Luftgitarre und Mähneschütteln. Seit das Kind die charakteristischen drei Auftakttöne zum dreimillionsten Mal, aber immer noch nicht ganz rund zupft, verfluche ich Deep Purple dafür, nicht das Concierto de Aranjuez komponiert zu haben. Sollte jemand zufällig eine E-Gitarre unter einem Schöneberger Balkon finden – bitte trotz der Sturzspuren mitnehmen.

Ich blinzle lächelnd zur Chefin. Wir sollten das Instrumententhema beenden, überhaupt die ganze Früher-Nostalgie. Wenn die Jungs das Gefühl haben, dass die Sonntagabende von uns nur zu weiteren Erziehungsversuchen gebraucht werden, werden sie den Termin künftig boykottieren.

Plötzlich hebt Karl den Kopf und fragt: »Habt ihr früher in euren Familien eigentlich auch immer sonntags zusammen gegessen?« – »Klar«, antworten wir, »aber immer mittags«, erläutert die Chefin: »Eure Oma hat gekocht, euer Opa hat geredet, und wir Kinder mussten die Klappe halten.« Hans und Karl gucken sich an. Nein, Jungs, ihr werdet jetzt nicht sagen, was ihr denkt. Manches ist eben doch noch so wie früher.

5. Mann vs Maus

Wie erzieht man einen Knaben zu einem echten Kerl? Wie lehrt man die heikle Balance zwischen Härte und Empathie, zwischen Ausdauer und Einsicht, zwischen Baumarkt und Handwerkskunst? Einfach vormachen und selbst als Erster bluten.

Wir sind eine eiserne Familie, zumindest die Männer. Wann immer sich eine Gefahr bietet – wir sind bereit für schmerzvolle Erfahrungen. Die Chefin ist etwas zögerlich, sie bringt es bestenfalls auf Schnittwunden beim Tomatenvierteln. Aber wir Jungs kennen keine Gnade. Der Kleine trifft mit dem Hammer zuverlässig den Daumen. Karl tanzt im Klub bis zur Bänderdehnung. Und erst der Vater. Der knockt sich gleich komplett aus. Gerade erst bin ich aus dem Hospital zurückgekehrt.

Natürlich sind die Jungs und ich überzeugte Feministen; das lässt sich überhaupt nicht vermeiden, wenn von der Kindergärtnerin bis zur Kanzlerin, von der Pop-Diva bis zur Chefin alle wesentlichen Entscheider im Leben Frauen sind. Aber im Herzen sind wir doch echte Kerle, weil Gene und Hormone es so befehlen. Mann oder Maus, das ist eine rein rhetorische Frage für uns.

Das Kerlsein bringt leider bisweilen Kollateralereignisse mit sich, die unsere gewohnte Sonntagsrunde durcheinanderwirbeln. An diesem Abend wollte ich wieder kochen, musste den Löffel aber an die Chefin abgeben. Ich liege auf dem Sofa und tue, was Kerle am besten können: jammern. Während die Chefin die Augen himmelwärts dreht, starren Hans und Karl bewundernd auf die lange, frische Narbe an meiner Schulter. Sie schütteln sich, als ich lässig eine Büroklammer durch die Schlaufe am Fadenende ziehe. Immer wieder wollen sie die Heldengeschichte hören, wie Doktor Kowalski im DRK-

Klinikum Westend die Knochentrümmer zusammenpuzzelte. Bruderstreit, wer die Titanplatte, die seit ein paar Stunden meine Schlüsselbeinkrümel beisammenhält, nächstes Jahr an der Halskette tragen darf. »Genug für alle da«, sage ich. Schön, so ein plötzlicher Rohstoffreichtum.

Düster berichte ich von der meterlangen Spritze, die mich betäubte, vom rostigen Messer, das die väterliche Schulterhaut durchtrennte, der Axt, die den Weg zum geborstenen Knochen freischlug, den Blutfontänen, die den Operationssaal fluteten, um schließlich das verzweifelte Quieken des Bohrers zu imitieren und das Ächzen des Akkuschraubers, die sich in Papas Knochen senkten. Manchmal baue ich Blutkonserven in meine Erzählung ein, die Herzlungenmaschine natürlich, die mich knapp vor dem Ableben bewahrte, und den Defibrillator, der mich zurück ins Leben schockte.

Ich muss allerdings aufpassen, dass die Chefin nichts mitbekommt, die sofort einwerfen würde, dass ich vor lauter Narkose gar nichts hatte bemerken können vom Eingriff. Immerhin ist das Röntgenbild kindgerecht gruselig. Die Platte sieht aus wie ein Tausendfüßler, der in meiner Schulter wohnt. Netterweise hat Chirurg Kowalski die Schrauben so gesetzt, dass sie gut zu ertasten sind. Hans überlegt, von seinen Klassenkameraden eine Fühlgebühr zu kassieren. Tja, der Papa: Legt sich mit dem Mountainbike im vereisten Winterwald so kunstvoll auf die Nase, dass der Knochen gleich in sechs Teile birst. Schmerzpillenvernebelt genieße ich meinen Verwundetenstolz. Seit klar ist, dass ich durchkomme, ist die Familie allerdings deutlich weniger empathisch.

»Essen ist fertig«, ruft Hans aus der Küche. Frechheit. Ich bin verwundet. Hilf deinem Vater gefälligst, stütze ihn, bereite ihm ein angemessenes Lager am Essenstisch. Wann ich denn in der Lage wäre, mal wieder leichtere Hausarbeiten zu verrichten, fragt die Chefin spitz. Ich stöhne dramatisch. Aber keiner hört mehr hin. Gefühlskalte Bande. Mein Unfall ist noch nicht mal zwei Tage her, aber alle Empathie ist schon aufgebraucht.

Verletzungen sind die Grundmelodie, die sich durch unsere Familienjahre ziehen. Gut so. Schmerzausdauer ist nicht nur beim Sport ein wesentlicher Wettbewerbsvorteil, sondern auch bei der Schulhofschlägerei oder bei Klassenarbeiten, wenn das Thema leider nichts mit dem zu tun hat, was man gelernt hätte, wäre Zeit gewesen.

Ich lege großen Wert darauf, dass meine Jungs abgehärtet werden, dass sie furchtlos mit Werkzeug umgehen oder sich vom Wetter nicht irritieren lassen. Wie albern sind doch diese verwöhnten Bälger, die beim ersten Frost in Raumfahreranzüge gesteckt werden. Hans zum Beispiel kann sich einen Winter ohne Frieren gar nicht vorstellen. Die Freude am Schnee ist allemal stärker als sein Wärmebedürfnis. Kaum fallen die ersten Flusen, die bestenfalls unter einem Elektronenrastermikroskop als Schnee zu erkennen sind, rennt er auch schon im T-Shirt nach draußen, um den Flaum millimeterweise von den Windschutzscheiben der Nachbarn zu schaben, die hinter der Gardine lauern, um den kindlichen Übergriff mit dem Smartphone zu filmen: Beweismaterial wegen KFZ-Sachbeschädigung. »Guck mal, ein Schneeball«, triumphiert der Kleine, wenn ich bibbernd vom Balkon schaue, ob das SEK schon eingetroffen ist. »Toll«, sage ich. Vom Klumpen grauer Matsche läuft das Schmelzwasser seinen nackten Arm entlang. Schnee gehört zu den Dingen, die die Menschheit maximal zweimal im Jahr braucht: am Heiligen Abend zwischen 15 und 23 Uhr und bei den Olympischen Spielen, aber bitte nur am Austragungsort. Oder aber als Nachweis, dass mein Sohn ein harter Knochen ist.

Auf zur Schlacht der Frostbeulen und Winterdarsteller, die bei der allerersten Flocke, und stamme sie nur aus dem Haupthaar des Kollegen, ihre Langlaufski aus dem Keller zerren, um die Parkplätze im Grunewald knirschend zu umkreisen. Wintersport existiert ohnehin nur dadurch, dass einem andere Menschen dabei zugucken. Sonst würde kaum jemand seine Carving-Ski auf den Teufelsberg schleppen. Alle tragen Cortina-Schick. Wir Hoodie. Hans schnattert. Mich wärmt das Hochtragen des Schlittens. Abhärten ist halt nichts für Thermounterwäscheträger. Hansens Winterklamotten aus dem letzten Jahr sind ein wenig zu klein. Neue Ware lohnt sich nicht, wir haben ja schon fast Frühling. Drei T-Shirts übereinander sind so gut wie ein Skianzug.

Modisch waren wir mit dem Zwiebel-Style ziemlich weit hinten auf jenem Hügel, wo die Fashion Week in die Verlängerung ging. Alle zeigten ihre glänzenden Daunenwurstjacken in Grellfarbe vor, wir dagegen klassische Baumwolle, die Schmelzwasser bereitwillig aufsaugte. Leider war der mobile Glühweinverkäufer schon abgezogen. Ich hatte Hunger, Durst und eine Nierenentzündung. Hans erzählte auf der Heimfahrt, wie toll das Schlittenfahren erst geworden wäre, wenn noch Schnee auf der Piste gelegen hätte. Und wir die richtigen Klamotten besessen hätten. Egal. Mann statt Maus.

Leidenschaft ist es, was Vater und Söhne zusammenhält. Und regnet es noch so eklig, gemeinsames Zeltaufbauen schweißt zusammen. So wie lauwarme Dosensuppe. Survivaltraining halt. Unser fast schönstes Ferienerlebnis war das Picknick auf einem Ameisenhaufen. Wir haben sehr gelacht, als das Brennen nachgelassen hat. Für die Schmerzausdauer war es eben doch hilfreich, dass Hans und Karl sich seit dem Vorschulalter mit Brennnesseln abgehärtet haben. Unsere Naturburschen wissen, dass da draußen, wo die Stadt zu Ende ist, nicht nur Sonnenaufgang und anderer Romantikschnickschnack regiert, sondern Darwin pur. Wir haben sogar ein Taschenmesser mit Datenstick. Werbegeschenk.

Geht noch mehr Naturverbundenheit? Nein, dachte ich. Aber ja, entgegnete die Chefin. Sie hatte in einer Fachzeitschrift gelesen, dass ein Wochenende in der Natur die emotionalen Bande zwischen Vater und Söhnen lebenslang stabilisieren würde. Wir sollten gemeinsam Kanu fahren, riet sie, das fördere Zusammenhalt und gegenseitiges Verständnis: Balance halten, gemeinsam vorwärtskommen, alle in einem Boot – es lebe der unterkomplexe Symbolismus. Nebenbei würde ich mein schlechtes Gewissen für all jene pädagogisch vergeudeten Stunden abarbeiten können, als ich mit den Jungs nichts gelernt hatte, sie weder kreativ noch emotional angeregt hatte, sondern wir einfach nur rumgehangen hatten. Damit war jetzt Schluss. Das Kanu rief.

Vorsichtshalber ging ich in den Keller und untersuchte unsere Campingausrüstung, die ich als komplett und unverwüstlich in Erinnerung hatte. Mir bröckelte ein halbes Zelt entgegen. Immerhin: Aus den Schlafsäcken rieselte kein Mäusekot, nur ein paar tote Insekten. Beim Kochset fehlte der Anfasser; ein Bein des Campingstuhls war abgeknickt. Hilft nichts, wir mussten ins Spezialgeschäft, wo rosige Menschen in atmungsaktiven Karohemden neben ihren Erfahrungsberichten von der Kap-Hoorn-Umpaddlung überteuerten Plastik-Klimbim verkauften.

Outdoor-Ausrüster sind ganzjährige Karnevalsbedarfsgeschäfte für Stadtmenschen. Hier kann der adipöse Bürohengst mit Frischluftallergie in die Rollen seines Lebens schlüpfen: Holzfäller, Wolfsflüsterer oder Goldsucher. Hier findet die schwermütige Lehrerin endlich jenes vierlagige Goretex in Lachs, in dem sie sich bäuchlings mit Mutter Erde verbinden und kleine ekstatische Landlustschreie ausstoßen kann. Kinder werden je nach Alter und Kulturkreis als Siedler, Angler oder Heidi ausstaffiert. Hans und Karl hatten eher Mad Max als Leitbild und suchten nach Armbrust, Drohnen und Torpedos. Meine unromantische Priorität: wasserdicht.

Ich hätte die Jungs nicht mitnehmen sollen. Sie wehrten sich gegen die zeitlos schönen Regenpelerinen in Leberwurstfarbe, wollten jeder eine Taschenlampe, ließen sich von Wurfstern und Machete immerhin auf Fahrtenmesser runterhandeln, weil ich lustige Spielereien wie Trockenfleisch, Wasseraufbereitungstabletten und eine Signalpistole drauflegte. Hatte es früher in *Yps* umsonst gegeben.

Sollte ich die Watstiefel auch noch mitnehmen? Die Dinger wären wasserdicht, würden allerdings im Zelt ein unverwechselbares Aroma entfalten. Seit Robert Redfords Flussfilm hegte ich gelegentlich Fliegenfischerfantasien. Leider ist nichts peinlicher, als von seiner eigenen Leine gefesselt in einem Bach zu stehen. Ich verzichtete. Ein Kathedralenzelt würde sich gut machen, und auf jeden Fall die selbstaufblasende Bequemmatratze »Sultan« für den »best-age-camper«. Anderes Wort für Weichei mit Gleitwirbeltendenz. Für die Gesamtinvestition hätten wir eine dreiwöchige Kreuzfahrt machen können (Außenkabine!) oder das Kanu erwerben samt Flusskilometer.

Leider kam der Freitag ohne jeden Zwischenfall. Die Jungs waren topfit, mein Rücken nicht so. Aus lauter Panik vor den Zeltnächten hatte ich kaum geschlafen. Die Chefin hatte sich schick gemacht und umarmte uns zum Abschied herzenswarm. »Meine Männer«, sagte sie stolz und entschwebte ins Yoga-Wochenende mit ihrer Cabrio-Freundin. Oder umgekehrt. Drei Trottel in albernen Funktionsjacken standen an der Straße und winkten neidisch hinterher. Früher hätte sie sich noch mal umgedreht.

»Auf geht´s, Männer!«, rief ich und simulierte unbändige Vorfreude. Die Jungs murrten. Irgendwo in Mecklenburg-Vorpommern lag ein Kanu, auf einem Wasserwanderplatz, wahrscheinlich in Sicht-, Hör- und Riechweite eines Romantikhotels mit Wellness und guter Küche. Bei uns würde es zünftige Dosensuppe geben und nächtelang Familienwärme. Unbezahlbar. Mitten in der Nacht irrten wir durch eine Gegend Europas, die ich grob zwischen Hamburg und Stettin ansiedeln würde. Männer-Autos haben natürlich kein Navi. Irgendwo in diesem ziemlich leeren, dunklen Mecklenburg musste jener naturbelassene Wasserwanderplatz sein, wo unser »Sternenzerstörer« liegen würde, wie Hans das Boot getauft hatte. Mein Vorschlag »Nscho-Tschi« war von beiden abgelehnt worden. Literaturwissenschaftliche Anmerkung: Bei Karl May scheint es sich um ein Generationenphänomen zu handeln, nicht um einen Klassiker wie Goethe oder Star Wars.

Karl, der Große, lag auf der Rückbank zwischen den Dosensuppen und schlief. So sieht Euphorie aus. Wasserwanderplätze sind vom Fluss aus gut zu erkennen, nachts und von der Straße aus eher weniger. Kurz vor Mitternacht hatten wir unseren Lagerplatz tatsächlich gefunden. Danke, Tanke.

Wir lernten sehr rasch, dass »Wasserwanderplatz« eine Chiffre ist für – nichts, außer matschige Wiese am Fluss, nasse Feuerstelle, Maulwurfshügel und Steg. Manchmal steht ein Klo da und eine Münzdusche. Außer uns ein VW-Bus mit Hamburger Kennzeichen. Wir hätten im Wohnzimmer das Aufbauen unseres neuen Großraumzeltes üben sollen. »Mit wenigen Handgriffen« gehört zu den größten Lügen des 21. Jahrhunderts. Während Karl in der Zeltwurst strampelte, schob ich acht Meter lange Karbonstangen dorthin, wo ich die prachtvollen Bögen unserer Camping-Kathedrale vermutete. Hans heulte, weil er nass, müde und hungrig war, ein Zustand, den ich erst für den nächsten Tag eingeplant hatte. Wir stopften die Komfortluftmatratze »Sultan« in die Zelthülle, Hans inspizierte das Klohäuschen und gab bekannt, er wollte darin lieber im Stehen schlafen als mumifiziert in einer nassen Plane.

Da reckte sich ein Kopf aus dem VW-Bus. »Braucht ihr Hilfe?«, fragte eine sonore Frauenstimme. »Eigentlich nicht ...«, begann ich, während Karl »auf jeden Fall« aus der Zeltwurst rief. Die Dame war offenbar Campingprofi und zeigte uns, dass die »wenigen Handgriffe« tatsächlich stimmen, wenn es die richtigen sind. Ich hatte meine Autorität als Outdoor-Papa verloren, dafür lagen wir nun zu dritt in unserem Topzelt; Hans ganz, Karl halb auf Sultan, ich balancierte dank Körperspannung fakirmäßig auf drei Maulwurfshügeln unter Nacken, Steiß und Wade. Strammer Nordnordost zerrte an unserem Zelt.

Kurz vor fünf. Ich will diesen Specht erdrosseln, der eine Mehrfamilienhöhle in den Stamm hackt. Unscharfer Blick. Jetzt wusste ich, was Karl mit »Tortellini-Augen« meinte. Hansens Knie ruhte in meinen Rippen. Karl schnarchte. Altersbedingter Blasendruck. Ich lugte aus dem Zelt. Am Steg lag eine verbeulte Badewanne mit der Aufschrift »Sparwasser«. Das würde doch nicht ... Doch, das würde ... Unser Boot. Schande des Torfkanals. Erst mal Kaffee kochen und Natur genießen. Hätte wärmer sein können. Trockener. Spechtfreier. Sonniger. Natur ist nie wie im Katalog.

Drei Stunden später war »Sparwasser« vollgestopft. Wir würden die kommende Nacht in der Wildnis campen, wahrscheinlich Spechtland. Sonntags weitere 30 Kilometer zurück in die Zivilisation, also zu irgendeiner Tankstelle paddeln, wo uns der Bootsverleiher aufsammeln und zurück zum Auto bringen würde.

Wir sollten alles Gepäck dabeihaben, inklusive Verpflegung und Wasser. Tatsächlich alles im Boot. Nur wir nicht. Also wieder was raus. Sultan zum Beispiel, auf der ich eh nicht liegen würde. Oder das dämliche Zelt, das wir ohne unsere Mitcamperin eh nicht aufgebaut bekämen. Klappspaten? Raus. 20 Liter Trinkwasser? Raus. Im Fluss war Wasser genug. Auf den Kasten Bier würden wir auf keinen Fall verzichten.

Immer noch kein Platz. Am Himmel ballte sich eine düstere Front zusammen. Okay, Regensachen wieder rein. »Zieht vorbei«, sagte ich, ohne es zu glauben. Vielleicht sollten wir hier zelten und Bier-Yoga machen, pro Übung eine Flasche, ich und die VW-Bus-Frau. Die Jungs könnten angeln. Mittags hätte ich Sultan eine halbe Stunde lang für mich gehabt. Karl hatte das Boot neu gepackt. Ich saß vorn und musste die Beine ins Wasser hängen lassen. Ganz schön wackelig, diese Kisten. Die VW-Bus-Frau winkte und rief, dass es schlauer wäre, wenn der Schwerste hinten säße und seine Beine ins Boot nähme. Ich winkte. Hans saß hinten und versuchte zu lenken. Der erste Rammstoß in die Uferböschung war lustig. Der zwanzigste nicht mehr so. Nur noch 36 Stunden. Es war so toll. Zu Hause aber ist es noch toller.

Die Chefin hat heute Spinat mit Spiegelei und Kartoffeln gezaubert. Nicht originell, aber lecker. Als Rekonvaleszent halte ich mal lieber die Klappe. »Der Frühling kommt«, sagt sie. Die Übersetzung lautet: Generalreinigung der Wohnung, Ausmisten der Schränke, Lüften, allerlei Frauensachen, die uns eisernen Helden eher überflüssig erscheinen. Aber es kommt noch schlimmer. »Hans hat kurz vor Ostern Radprüfung«, erklärt die Chefin. Der Kleine nickt bedeutungsvoll. Karl grinst. Ich stöhne. Das Problem an Radprüfungen besteht darin, dass ein Rad benötigt wird, idealerweise verkehrssicher. »Mein Rücklicht ist kaputt«, klagt Hans. »Mein Hinterreifen ist platt«, sagt Karl. »Meine Kette quietscht«, fügt Mona hinzu. Ich betrachte die Krise als Chance: Komplexe Radreparaturen machen Mäuse zu Männern.

Für autophile Menschen mag es unglaublich klingen, aber: Das Fahrrad ist für uns kein Trendgerät, sondern ein Verkehrsmittel: schneller als die Öffentlichen, einfach zu parken, günstig im Unterhalt, gut fürs Bindegewebe und nach aushäusigem Biergenuss durch die nächtliche Frischluftdröhnung prophylaktisch regenerativ, sofern man keine Poller übersieht.

Hans und Karl betrachten das Rad dagegen als Foltergerät, vor allem mental. Nur murrend rollen sie vom Schulhof im Nieselregen an den Geländewagen der Klassenkameraden vorbei, um gegen das Röhren von 300 sinnlosen PS die Umweltverträglichkeit des zweirädrigen Vollcabrios zu preisen. Egal: Wir werden auch dieses Jahr wieder Radferien machen, mit Satteltaschen, Zelt und Mücken. Bis Weihnachten sind die Schürfwunden weg. Männer bewegen sich mit Muskelkraft.

Unsere Kinder können jedenfalls Rad. Deswegen haben wir uns die Verkehrsschule auch gespart, die von der Schule an acht Wochenenden verordnet worden war. Was sollen wir auf dem Übungsplatz? Wie will man dem Kind in einem polizeilich kontrollierten Disneyland die Härte des großstädtischen Straßenverkehrs nahebringen? Wo sind die mit Scherben gepflasterten Radwege, die im Nichts enden, wo Zweite-Reihe-Parker, Brachial-Abbieger mit Stinkefinger, Beifahrertüraufreißer? Berlin Suicide Biking lernt man nicht im eingezäunten Streichelzoo, sondern auf der Busspur. Kein Platz für Mäuse.

Voraussetzung ist allerdings ein verkehrssicheres Fahrzeug. Bremsen sind ebenso lebensverlängernd wie ein grelles Rücklicht. Männer können so ein Rad im Havariefall mit verbundenen Augen wieder instand setzen. Reparieren geht vor Konsumieren. Früher haben Männer alles heil gemacht, auch elektrisches Kleingerät, weswegen Vorhofflimmern zu den bleibenden Kindheitserinnerungen aus jenem schummrigen Loch gehört, das wir beschönigend »Hobbykeller« nannten. Unser Vater machte vor, wie man mit einem Minimum an Werkzeug ein Maximum an Verwüstung erzeugt. Es genügt, mit einem unpassenden Schraubenzieher eine zu weiche Schraube auszufransen, bevor ein garantiert ausgeschalteter Toaster Volt, Ampere und Watt durch den Kreislauf jagt. Die Höhepunkte des Heimwerkens fanden auf der obersten Stufe einer sehr alten Trittleiter statt, wenn derselbe unisolierte Schraubenzieher an der Lüsterklemme der Deckenleuchte eine Direktverbindung zwischen braunem und blauem Kabel herstellte. Aber: Wir haben überlebt. Heimwerken ist die Initiation, die Männer von Mäusen unterscheidet und sie für ihren weiteren Lebensweg mit tiefen Erkenntnissen über den Zusammenhalt von Dingen versorgt, zum Beispiel: Am Ende wird immer irgendwie mit Klebeband improvisiert, und dann folgt schon bald die Neuanschaffung.

Wir machen das natürlich besser heute, nachhaltiger eben. Dummerweise kann man kaum noch was reparieren, seit China beschlossen hat, die Schraube durch Nieten oder Klebe zu ersetzen, womit immerhin bewiesen wäre, dass sich die Lassobandstrategie seit Hobbykellertagen global durchgesetzt hat. Andererseits müssen unsere Jungs in die geheime Kunst des Heimwerkens eingeweiht werden, letzte Bastion des ungezähmten Mannes, dessen wahres Zuhause der Baumarkt ist.

Spätestens wenn mein Schlüsselbein wieder das Heben eines Schraubenziehers erlaubt, werde ich mich an die Räder machen, schon wegen der Radprüfung. Der Ablauf ist in jedem Frühjahr derselbe. Irgendein Rad ist immer platt. Kein Problem, erkläre ich dem Jungen, den ich in die Kunst des Radreparierens einzuweisen gedenke, jene geheimnisvolle Kombination aus Systematik, Nachdenken, routinierten Handgriffen, und, ja, auch Talent und Intuition. Radflicken hat was durchaus Schamanisches: Eines Tages sollen meine Jungs den Umgang mit Schlauch und Mantel ähnlich virtuos beherrschen wie ihr Vater und dieses geheime Wissen des echten Kerls an ihre Söhne weitergeben.

Erste Regel: Wir müssen uns nicht umziehen; so ein Reifen ist ratzfatz klargemacht, da wird sich die Chefin wundern. »Ihr seid doch gerade erst runtergegangen...?« – so klingt ein echtes Kompliment.

Zweite Regel: Werkzeug wird überbewertet. Wenn sich die Muttern nicht lockern lassen, hilft das coole Multifunctional Tool, jedenfalls so lange, bis die Mutterkanten rund gehobelt sind und die Finger bluten.

Egal, jetzt hilft Regel drei: Den Schlauch unterm Reifen hervorpulen, indem man in Ermangelung eines Hebers den Schraubenzieher vorsichtig zwischen Felge und Decke einführt. Hans fügt sich maulig in seine Rolle als Werkzeugreicher. Ich ziehe den Schlauch wie eine Kreuzotter hervor (»Magic!«), wofür mich der Junge zu Recht bewundert.

Regel vier: Aufpumpen, Loch finden, zukleben. Fertig.

Regel fünf: Entweicht die Luft durch ein halbes Dutzend sichtbarer Löcher, wurde der Schraubenzieher wohl doch nicht so zartfühlend eingesetzt.

Regel sechs: Möglichst vor Reparaturbeginn prüfen, ob die Gummilösung frisch ist und Flicken in der richtigen Größe bereitliegen.

Regel sieben: Nicht die Wut anmerken lassen, weil die Gummilösung bröckelt und der Schlauch, mit reichlich Kettendreck beschmiert, mehrfach an der ehemals frühlingsfrisch hellen Hose entlangscheuert.

Regel acht: Immer gute Ausreden parat haben. »Das Rad muss sowieso in die Inspektion«, erkläre ich dem skeptisch dreinblickenden Hans, »und wir haben gute Vorarbeit geleistet.« Die Chefin hat bereits mehrfach angerufen, wo wir denn blieben.

Regel neun: Das Halbwrack mit dem gummischlauchblockierten Hinterrad möglichst ohne Zeugen in den Kofferraum schaffen und mit einer Decke verhüllen, um den Spott zu minimieren. Nicht irritieren lassen von Nachbarn, die johlend aus den Fenstern kommentieren und Handy-Fotos machen.

Regel zehn: Auf dem Rückweg vom Radladen erst mal in den Baumarkt und Werkzeug kaufen. Das kriegen die Jungs vererbt.

Zunächst muss ich allerdings erst mal wieder essen lernen. Spinat mit der Linken ist für einen Rechtshänder eine echte Aufgabe. Die Chefin guckt angewidert, die Jungs kapieren dagegen sofort, dass Männer sich um grüne Flecken auf heller Hemdenbrust nicht scheren. Wer kleckert, der lebt noch, wild und ungezähmt.

P.S. Neulich war Radprüfung. Manche Klassenkameraden sind vorher doch tatsächlich mit Vati und dem Panzerwagen zum Rad-Discounter gedüst, um eine nagelneue Rennmaschine, ein Dopingsünder-Trikot, Trinkflasche, GPS-System, Dachgepäckträger, Helm (farblich passend zum Smartphone) plus einen Karton Energieriegel zu erwerben. Trotzdem durchgefallen. Hans hat natürlich bestanden, mit einem halb platten Reifen und einem Rücklicht, dessen Stromkreislauf nicht wirklich rundlief. Der Kleine hat das dann mal eben auf dem Verkehrsübungsplatz repariert, mit Klebeband, während die Styler staunend um ihn herumstanden. Das ist eben der Unterschied zwischen Männern und Mäusen.

6. Wir vs Die anderen

Ob das edelste Smartphone, jeden Tag acht Stunden am Computer oder dauernd koffeinhaltige Zuckerbrause – »dürfen die anderen auch«, so lautet das gängigste aller Begründungsmuster. »Wir aber nicht«, entgegnet der Vater und zweifelt. Hält man das Kind zu kurz? Oder sind »die anderen« gar nicht so?

Heute Abend isst Jürgen mit uns, der auch hier übernachten wird. Vielleicht. Es wäre das erste Mal. Bei den vergangenen drei Versuchen mussten die Eltern das Kind abholen, einmal um 23 Uhr und zweimal gegen drei Uhr morgens. Es war weniger das Hochbett, sondern eher eine generelle Dressurnummer, die Kinder mit ihren Eltern probieren: Welche Hürde gehen die Erwachsenen noch mit?

Der Junge ist in Hansens Klasse und hat Eltern mit Sinn für Humor. Ich meine: »Jürgen« – das muss man erst mal bringen im Geburtsjahr 2005. Welcher Jürgen überhaupt? Klinsmann, Trittin, Drews? Na gut, »Hans« ist jetzt auch nicht gerade kevinesk, aber birgt auf jeden Fall mehr Tiefe als »Jürgen«: Hans Bötticher, Hans im Glück, Hans Sarpei. Auf den Färöer-Inseln ist »Hans« der geläufigste Vorname, auf Punjabi steht Hans für »Schwan«. Das macht ja wohl ein klares 3:0 für Hans vs Jürgen und weist nebenbei auf eine meiner elterlichen Zwangsstörungen hin – das Vergleichen. Ein »anderes« Kind wird von mir mit geradezu dämonischer Akribie gescannt, ob es womöglich besser erzogen, besser entwickelt sei, in irgendwas besser als »unseres«, was wiederum auf Schwächen der eigenen Familie hinweise, vom Genpool bis zum Trainingsprogramm. Ein »anderes« Kind, das wiederum deutlich mehr Rückstände aufweist als »wir«, wird mit entspannter Gelassenheit toleriert. Aber nie wieder eingeladen. Unsere Jungs müssen mit Fortgeschrittenen zusammengebracht werden, damit sie von »den anderen« profitieren. Dranbleiben. Das Leben ist eine Aufholjagd und kein Ponyhof.

Jürgen ist aus der Kategorie »mittelkompliziert«. Seine Mutter hatte mir bei der Übergabe eingeschärft, dass er eine Allergie gegen Nüsse und Kunststofffasern habe. Wir möchten bitte nur Naturmaterialien tragen. Ob die Plastikallergie auch für Spielzeug gelte oder Gummibärentüten, wollte ich wissen. Ich erntete verständnislose Blicke. Raffinierter Zucker sei tabu, wurde mir mitgeteilt, und Lego pädagogisch zweifelhaft. Es versprach, ein lustiger Nachmittag zu werden, mit einem Sonntagabend-Dinner der Extraklasse. Ich wollte immer schon mal Fenchel ohne Gewürze dünsten.

»Die anderen« sind eine wesentliche Referenzgröße jeder Familie. Ob Computer oder Mode, Aufbleiben oder Urlaub, Kindergeburtstag oder Auto – die anderen haben, dürfen, können, liefern immer mehr. Übernachtungskinder weisen zudem netterweise darauf hin, was bei uns alles falsch läuft: zu viel TV-Konsum oder zu wenig, zu viel Internet oder zu wenig, zu viel Gift im Essen oder zu wenig, zu viel Bettruhe oder zu wenig. Familie ist wie Politik: Meckern alle, stimmt der Weg.

Wer einmal anfängt, sich an den anderen zu orientieren, der hat verloren. Zum Beispiel beim Thema Fashion. Klar, wir sind eine modische Familie, wer nicht? Wobei ich Mode als langfristiges Projekt begreife, Karohemden zum Beispiel, die ja eine sehr wechselhafte Konjunktur haben. Was tun? Man muss sie nur lang genug tragen, dann sind sie eines Tages wieder modisch. Das Problem sind die Jahre dazwischen. Die mentale Kunst besteht also darin, sich im Karohemd als Avantgardist zu fühlen und nicht als hoffnungsloser Trendverpasser. Mode ist wie Marathon: Ausdauer wird belohnt.

Kinder haben viele schöne Eigenschaften, vor allem wenn sie schlafen. Ausdauer gehört leider nicht dazu. Gelassenheit auch nicht. Immer muss alles sofort jetzt gleich passieren. Oder man erzieht das Kind im zeitlosen Nordkorea-Style, so wie es offenbar mit Jürgen geschieht. Die Eltern tragen konsequent Filzgarderobe, was ihr Sohn offenbar klaglos mitmacht.

Man sieht ja schnell am Gepäck, was für ein Exemplar von Menschenkind da anrückt. Weil wir eine gastfreundliche Familie sind, herrscht natürlich erst mal Freude, wenn die Kinder Übernachtungsbesuch ankündigen. Leider hat Karl, der Große, seinem Ernährer konsequent jene Abiturientinnen vorenthalten, von denen er ausdauernd schwärmte. Dafür bringt der Kleine gern einen seiner Kumpels mit. Diesmal also Jürgen, der dem Gepäck nach einen mehrmonatigen Aufenthalt bei uns plant. Hans nimmt generell nur seine Zahnbürste mit und seit Jahren immer dieselbe Tasche mit demselben Handtuch und derselben Unterhose, beides unberührt.

Jürgen hat offenbar seine selbst gewalkte Jurte mitgebracht. Neben drei Sätzen Wechselklamotten, Handtüchern, Bademantel und einem Festmeter Kuschelgetier hat der Knirps auch noch eine Kühltasche mit veganem Proviant dabei, der allerdings vor sich hinwelkt, da wir zur Begrüßung erst mal eine streng unökologische Pizza auf den Tisch zaubern. Käsetriefende Tiefkühlkost wirkt wie eine Droge auf Nachwuchs-Vegetarier. Beidhändig stopft Jürgen sich die klebrige Masse in den Mund, nur unterbrochen von einem »Stopp!«, sobald jemand von uns ein Stück zu ergattern versucht.

»Stopp« – das ist sein Zauberwort, an dem sich ein Kampf der Erziehungskulturen erkennen lässt. Die Regel geht so: Wann immer Jürgen etwas missfällt, brüllt er: »Stopp!« Ursprünglich war der Stopp-Schrei gedacht für Situationen, in denen sich ein Kind unwohl oder unterlegen fühlt, wenn Hans ihn etwa würgte oder Fremdworte sagte, die ihm sein großer Bruder beigebracht hatte. Kein Quatsch: »Desoxyribonukleinsäure« war das erste Wort, das Hans sagen und schreiben konnte. Karl sei Dank. »Stopp!« jedenfalls ist Verbal-Karate für Notlagen. Der Angreifer müsse dann umgehend aufhören, egal womit, erklärt Jürgen.

Leider betrachtet der Bengel das ganze Leben als Notlage. Kaum nehme ich die Fernbedienung zur Hand, um den TV-

Konsum zu beenden, da erschallt ein »Stopp!« – Befehl zum Zimmeraufräumen, »Stopp!« – Zähneputz-Appell – »Stopp!«. Schön, wenn Kinder mit modernen Selbstverteidigungstechniken ausgerüstet werden. Nicht so schön, wenn damit jegliche Autorität vernichtet wird. Denn natürlich hat Hans das Stopp-Spiel schnell begriffen. Kaum nähere ich mich der Kinderzimmertür, schallt mir ein »Stopp«-Duett entgegen.

Ein pädagogisches Dilemma. Ignoriere ich das Dauer-Stopp und zeige den kleinen Kröten, wer der Herr im Haus ist, würde Jürgen mich bei seinen Eltern als Diktator verpetzen. Ich hätte eine langwierige und ergebnislose Erziehungsdebatte am Hals. Füge ich mich in die Stopp-Diktatur, machen die Kinder die Nacht durch. Verzweifelter Anruf bei Jürgens Mama. Sie ist mit dem Gatten in einem Wellnesshotel vor den Toren der Stadt untergekommen. Helikoptern ist halt ganz schön anstrengend. »Einfach ›Doppel-Stopp!‹ sagen«, erklärt sie, »aber nur in Notfällen.« Hätten wir das mal mittags gewusst. Dann wäre die Pizza nicht komplett in Jürgens Bauch verschwunden.

Das Modell Jürgen hat aber auch seine Vorteile. Sein alberner Sackleinenrucksack, den seine Mutter selbst geschneidert hat, hätte nicht mal Robin Hood gefallen. Aber das Ding ist ergonomisch, mit dem vom Vater selbst gedrechselten Tragegestell aus baltischer Birke. Eine großartige Vorlage, um Hans zu erklären, dass ausgefallene Schulranzenwünsche nun mal nicht zu erfüllen seien. »Die anderen«, in diesem Fall Jürgen, trügen ja auch eine vernünftige Tasche. Ergonomie ist bei uns fast so wichtig wie gesundes Essen. Die Chefin liest jeden Rücken-Artikel. Bandscheibenvorfall und Gleitwirbel haben längst das Bedrohungspotenzial von Gluten erreicht. Ein Ranzen mit Star-Wars-Motiv? Undenkbar. Falsches Vorbild. Luke Skywalker mochte ohne Dorsalstütze, gepolsterte Gurte und all die anderen atmenden Zukunftsmaterialien ausgekommen sein. Wir nicht. Zudem sähe so ein Comic-Ranzen viel zu billig aus. Was sollen denn die Konkurrenzeltern denken, also die anderen? Da Selbstbau mangels aller Voraussetzungen ausfällt, tendiere ich zu zurückhaltendem Pfauenleder mit Fledermaus-Intarsien. Schließlich muss unser Tornister nicht nur ergonomisch, sondern auch optisch bestehen, gegen die anderen.

Wenn wir schon nicht mit unserem Auto punkten, sollten wir wenigstens in Taschenfragen premium sein. Und wenn schon kein Pfauenlederranzen, weil die Chefin Tierschutz anmahnt, dann wenigstens was Italienisches mit großem Logo. Die Chefin tippt sich wieder an die Stirn. Schweinsleder der alten Schule, hellbeige, mit Natursekreten gegerbt, hat sie im Internet bestellt. Hans protestiert verzweifelt. Ranzen ohne alles, das ist schlimmer als Lillifee. »Du kannst ja Goethes Profil draufmalen«, schlage ich vor, »oder e = mc² oder was Lustiges von Wittgenstein.« Der Sohn guckt irritiert. Jürgen wiederum nickt. Mit deutschem Bildungsgut kann er was anfangen. Zu seinem letzten Kindergeburtstag hatte Jürgen tatsächlich zu einer Lesung mit dem Frühwerk Heinrich Heines eingeladen. Seine ältere Schwester spielte dazu Cello. Nicht alle eingeladenen Kinder waren mit der Szenerie zurechtgekommen. Immerhin hatte das Cello die Cola-Dusche offenbar überstanden. Einige Jungs hatten nämlich koffeinhaltiges Erfrischungsgetränk mit zu Jürgen geschmuggelt. Sie ahnten, dass es wieder nur selbst fermentierte Bärlauch-Limo geben würde.

Der Kindergeburtstag an sich ist ein Gräuel, weil hier die Vergleichbarkeit mit den anderen ganz besonders deutlich wird. Und weil manche Eltern, wir inklusive, es überhaupt nicht ertragen können, im Party-Ranking nicht ganz oben zu liegen, ist ein irres Wettrüsten in Gang gekommen, das viel Vorbereitung benötigt. Wie schnell ist das Adlon ausgebucht? Das Berghain hat unpassende Öffnungszeiten, und im Kanzleramt machen sie keine Kindergeburtstage. Anfragen liegen noch im Olympiastadion, Schloss Bellevue und im Studio vom Frühstücksfernsehen.

Klettergarten war gestern, Indoor-Spielplatz vorgestern. Auch Legoland wird langweilig, außerdem sind 16 Euro Eintritt pro Kind nicht gerade premium. Da muss man jedem Gast noch einen mächtigen Legokarton zum Abschied in die Hand drücken.

Die Chefin erinnert an den gastgeberischen Erziehungsauftrag. Entertainment ja, aber bitte mit Niveau. Ob Kiril Petrenko Anfang April ein paar Stunden Zeit hat? Nichts Großes, nur ein Dutzend Fünftklässler an Kesselpauke und Vibrafon. Wäre schön, wenn sich unter unseren Gästen ein Wunderkind fände. Das hatte noch keiner, damit wären wir die Könige des Kindergeburtstags. Wir sollten schon mal ein Filmteam bestellen, immerhin wird unser Knabe pünktlich zu seinem zwölften Geburtstag vom künftigen Dirigenten der Philharmoniker entdeckt, etwas spät, ja, aber Lang Lang war auch schon elf, als er seinen ersten internationalen Preis gewann. Die anderen Kinder wären etwas traurig, dass sie nicht entdeckt worden sind, aber dafür haben wir ja auch bezahlt. Zum Trost gibt es diese tollen Geschenketüten zum Abschied. Da ist für jeden eine Stradivari drin, zum Üben bis zur eigenen Entdeckung.

Vielleicht sollten wir das Event tatsächlich in die Hände von Fachkräften legen, die wissen, wie man Luftschlangen entrollt und Luftballons zu Trauben knotet, damit die anderen Eltern schon beim Abliefern der Kinder staunen: Wie haben sie das denn wieder hingekriegt? »Eine taubblinde Luftballonkünstlerin, die eigentlich auf Vancouver Island arbeitet, auch viel mit Tieren«, werde ich dann lässig sagen und auf den Kuchen hinweisen, den eine schamanische Veganerin aus der Uckermark bei Neumond gebacken hat. Ohne gutes Karma kann man die Party gleich vergessen. Kindergeburtstagsagenturen wissen sogar, wo man Augenklappen auch außerhalb der Karnevalszeit bekommt, was aber gar nicht nötig ist, weil das Thema Piraten ähnlich abgesagt ist wie »Die wilden Kerle«, Einhorn-Kram, Terror in Pink. Die Kindergeburtstagstrends gehen eher in Richtung der großen gesellschaftlichen Themen: Zehnjährige wünschen sich eine Wellness-Party. Die Einladungen sind mit Parfüm beträufelt. Das

Spa im Kempinski ist gar nicht so teuer. Wir könnten auch das Dschungelcamp im Botanischen Garten nachspielen mit tödlichen Mutproben wie Spinatessen. Oder Investment-Banking im Borchardt. Oder ein Flirtkurs für Frühreife an irgendeiner Hotelbar.

Neulich sagte die Chefin, es gebe jetzt eine Spezialagentur für Retro-Feiern, sehr reduziert, sehr edel, sehr exklusiv. Schauplatz ist, total abgefahren, die eigene Wohnung. Und es werden innovative Spiele angeboten, die zugleich Spaß machen und die koordinativen Fähigkeiten der Kinder schulen, bei geringer Verletzungsgefahr – Topfschlagen zum Beispiel. Besonders exklusiv ist die persönliche Note, etwa durch Tischkarten, die eine Agentur von Kindern in China so originalgetreu nachmalen lassen kann, dass sie aussehen wie selbst gemacht. Das ist endlich mal was richtig Neues. Hans allerdings war nicht überzeugt.

Früher, als Hans zwei oder drei war, fuhr ich mit ihm durch die Waschanlage, was er erst toll fand, und dann fing er an zu brüllen. Bis zum fünften Lebensjahr war Zoo-Phase, bis sieben Kino-Besuch, es folgten zwei missratene Kreativ-Workshops, schließlich Kartbahn. Welch Wahnsinn. Zu meiner Zeit führten Kindergeburtstage nicht zum Schufa-Eintrag. Zehn Kinder brachten Geschenke von je fünf Mark, Matchbox und so was, was 50 Mark Einnahmen fürs Kind ergab, die die Gastgeber wiederum in Kuchen, Limo und Maoam fürs Topfschlagen zurückzahlten. So funktioniert Umverteilung. Wir und die anderen waren in einer vernünftigen Balance. Dann begann der Irrsinn mit den Goodie-Bags zum Abschied, bevor die Party-Fullservice-Industrie einstieg. Nun kostet der Spaß so viel wie ein Gebrauchtwagen, vor allem, wenn es sich um Laser Tag handelt.

Wir sind ja eigentlich eine pazifistische Familie. Gewalt ist allenfalls gegen die Eltern erlaubt oder mit moralischer Legitimation, also Notwehr, Mundraub, Revanche. Im Urlaub haben wir mal einen Parcours für Bogenschützen absolviert; wir hatten Waldtiere aus Styropor zu treffen, bekamen stattdessen aber einen Schnellkurs in Kapitalvernichten. Denn die teuren Pfeile endeten nicht im Tier, sondern verloren sich im Wald: Die vier Euro pro Fehlschuss haben wir gern bezahlt, weil unser Kind sein großes Herz zeigte. Später beim Rehgulasch erklärte Hans, dass er es nicht übers Herz gebracht habe, Kitze und Frischlinge aus Plastikschaum zu erlegen, nicht mal den Bären. Bei mir war's eher die Fehlsichtigkeit. Um den Haufen unserer Pfeile tanzen die echten Viecher wiehernd bis heute.

Aber wenn es um einen gelungenen Kindergeburtstag geht, muss der Pazifismus auch mal warten. Also Laser Tag. Das werde mit einer Art Waffe gespielt, sei aber ungefährlich und lustig, erklärte Karl, der Große. Die Chefin holte Expertisen anderer Eltern ein, ich den Kontostand. Fazit: Wir schaffen das, allerdings nicht zum Topfschlagetarif. Hans überlegte, die Einladungen zu versteigern, je nachdem, wer die teuersten Geschenke versprach. Guter Ansatz: Ein Motorboot italienischer Bauart täte uns gefallen.

Ich zog mein Peace-T-Shirt an, als stillen Protest gegen bewaffnete Kindergeburtstage, und trug Discounter-Frikadellen samt Ketchup in den ersten Stock einer Neuköllner Industriehalle. Schöner Ausblick auf eine Waschstraße, wo PS-Ungeheuer fürs nächste illegale Rennen poliert wurden. Die Rumsbums-Musik hier oben würde sicher noch runtergeregelt. Die Karte bot Bier, Energydrinks, Cola und sonst nicht viel. Hansens Gäste aus den zuckerfreien Emiraten fassten ihr Glück kaum. Ein umfänglich tätowierter Sympathieträger mit ISAF-Hintergrund wies die Fünftklässler ein: Blinkweste aktivieren, Knarre hoch und rein ins düstere Gotham, wo mit dem Lichtstrahl auf alles geballert wird, was sich unklug bewegt. Früher hieß so was Egoshooter und war Grund für Schulmassaker. Nun hat das Computerspiel seinen Weg ins Leben gefunden und wird »als Sportunterricht von morgen« gefeiert. Mein Restgewissen fragte, ob lustvolles Abknallen auf eine Karriere als Drohnensteurer vorbereite, während die Chefin mich an frühere Cowboyspiele erinnerte, wo stundenlanges Fesseln auch nicht von allen als erotische Spielart bewertet wurde. Die Chefin erlaubte mir, unten in der Waschanlage zu chillen, wo bestimmt genauso viele Knarren am Start waren, aber scharfe.

Drei Euro Staubsaugen später. Die Rumsbums-Musik war lauter geworden. Bei einer Club-Mate starrte die Chefin aus ihrem Europalettensessel gebannt auf den Live-Screen, der anzeigte, welcher Ballerknirps in einer Welt ohne Sozialdemokratie überleben würde. Punkte, Pokale, Level in Echtzeit – diese präzise Leistungskontrolle hätte man gern in der Schule. Hans hatte sich auf einen soliden siebten Rang gefeuert. Guter Junge. Gegen die Horde entfesselter Mädchen, die in Lara-Croft-Uniformen aufmarschiert waren, hatten unsere verzärtelten Knaben natürlich keine Chance.

Zum Abschied erhielten die Kinder ihre eigene Laser-Tag-Card, die klassische Kundenbindungsdroge. »Coool«, japsten die rotwangigen Jungs. Nachdem die sympathische Center-Kraft mit ihrem naturrosa Haar mir drei zusätzliche Prozent fürs Kreditkartenbezahlen abgeknöpft hatte, drückte sie mir einen Prospekt in die Hand, der dazu einlud, doch mal auf Kollegen oder Nachbarn zu schießen; Stressabbau und so. Schwer zu sagen, ob wir in den Augen der anderen Eltern jetzt die Superhelden oder eher eine Art Trump-Fans waren. Vorerst genügte es mir zu wissen, dass die Kinder Stress abgebaut hatten. Jürgen war auch dabei, und er erzählt bis heute von der Ballerei.

Eine weitere soziologische Intensivstudie zum Verhältnis wir/die anderen bietet der relativ neue Nationalfeiertag Halloween. Wenn wir noch ein Kind bekämen, was uns der liebe Gott ersparen möge, würde ich die Entbindung mit allen Mitteln auf den 31. Oktober zu zirkeln versuchen. Halloween ist der ideale Geburtstag, weil man Feiertag und Fete perfekt kombinieren und vor allem zu den Nachbarn verlagern kann. Zu den anderen, genau.

Als traditionsbewusste Familie achten wir die Feiertage natürlich, vor allem Mutter-, Vater- und Kindertag, in christlicheren Familien auch als Weihnachtsfest bekannt. Früher habe ich den Gottesdienst zum Erntedank genossen, weil die

Äpfel und Birnen dem tristen protestantischen Altar ein wenig Farbe verliehen. Doch christliche Bräuche sind etwas aus der Mode gekommen. Statt Erntedank werden jetzt Fratzen in Kürbisse gesägt. Und das Fruchtfleisch landet als Madenfutter in der Biotonne.

Hans war schon alles zu Halloween: Harry Potter, alles von Star Wars, im vorletzten Jahr ein Henker. Zugegeben, im Morgenrock der Chefin mit den Lotus-Applikationen sah das Kind eher nach Santiano aus und nicht so martial-arts-mäßig wie gewünscht. Aber die Sense war ein voller Erfolg, nach dem Tuning. Natürlich sind wir gegen Gewalt, nicht nur beim Laser Tag. Aber wenn die Mitschüler mit Schnellfeuergewehren und Handgranaten aufrüsten, darf eine Sense als radikalpazifistisch gelten. Ich hatte Hans eingeschärft, auf kritische Bemerkungen des pädagogischen Personals zu antworten, dass Bergbauern mit diesem traditionellen Werkzeug das Gras am Hang mähen, wie im Manufactum-Katalog. Noch auf dem Schulweg hatte er den Stiel entfernt und zufrieden »Killerklinge« geraunt. So ein kreatives Kind.

Und was ziehen wir dieses Jahr an? Früher, als es nichts gab, nicht mal Halloween, da haben wir an Karneval die Kostüme der großen Geschwister aufgetragen, an geraden Jahren Lex Barker, an ungeraden Pierre Brice. Es gab einen Satz Pfeile mit Saugnäpfen oder Knallplättchen für die Pistole und bei mauliger Miene nicht mal das. Auf dem Schulweg haben wir uns mit Weidenruten vermöbelt; die Pfeile waren für Schwertkampf zu kurz. Jürgen erklärt, dass er was Mittelalterliches tragen wird. Da muss er sich wenigstens nicht umziehen. Familien mit Filzhintergrund haben ihre Vorteile. Die anderen lachen zwar, aber das ist Jürgen egal. Vegane Eltern dienen der Ausprägung von Resilienz, jenem wundersamen Mentalteflon, an dem die Bosheiten der anderen abgleiten.

Statussymbole regieren natürlich auch zu Halloween, zum Beispiel mit Kostümen, die sonst keiner hat, weil sie von einem US-Spezialversand eingeflogen worden sind. Aber da machen »wir« nicht mit. Das ist Sache der »anderen«. Wir haben unsere eigenen Schätze, auch wenn die Kinder sie noch nicht angemessen zu würdigen wissen. Als ich mit meinem antiken Pistolenhalfter, echt Leder, aus dem Keller kam und juchzte: »Guck mal, so was Tolles haben die anderen nicht«, da fing Hans an zu heulen. Jedes Jahr dasselbe. Zur Strafe werde ich mich als kaputtes WLAN verkleiden. Damit kann man Kindern richtig Angst einjagen.

Letztes Jahr waren wir in einem Verkleidungsspezialgeschäft. Offenbar sind wir nicht die einzige Familie mit Kostümkonflikten. Andrang ist gar kein Begriff. Der Sicherheitsmann am Eingang ließ die Kunden in Viertelstundenschüben ein. Die Auswahl hatte sich seit Lex Barker kaum geändert: Sträfling, Pirat, Hexe, Mönch, Barbie-Klone. Weil Hans sich vor Spritzen gruselt, riet ich zu einem Arztkittel mit Blutspritzern, dazu Mundschutz, Kanülen, die man als Wasserspritze zur Tafelreinigung einsetzen kann, und ein Plastikbein mit geborstenem Knochen, das sich, natürlich nur im Notfall, unpazifistisch einsetzen lässt. Dazu Kunstblutkapseln zum Draufbeißen. Betritt die sensible Klassenlehrerin den Raum, läuft ein Schwall Rotes aus dem Mundwinkel des dramatisch kollabierenden Lieblings. Lustig, dachte ich. Hans nicht. Mir zuliebe haben wir das Set erworben, aber nicht benutzt.

Der Herr Sohn fand es komischer, im gruseligsten aller Kostüme zu gehen – als Schüler. Horror. Die Lehrer mochten es, wegen der feinsinnigen Konsumkritik. Mir blieb die ethische Frage, ob man ein nagelneues Arztkostüm-Set mit Extras in den Kleiderbeutel fürs Flüchtlingsheim geben kann. »Auf keinen Fall«, zürnte die Chefin und hob zum interkulturellen Monolog an. »Unbedingt«, sagte Hans und dachte an die Kinder. Ich habe schließlich einen Extrabeutel gepackt, mit Hinweis: »For Kids, for Halloween, for Fun.« Die Kunstblutkapseln nahm ich mit zur Laufgruppe. Ein simulierter Kollaps bei Kilometer sieben, wirklich lustig.

Letztes Problem: Wie das subtil unverkleidete Kind für den abendlichen Raubzug durch die Nachbarhäuser tarnen? Soll ja niemand wissen, dass ausgerechnet unser Goldstück das gierigste ist bei »Süßes oder Saures«. Zum Glück hatten wir noch die Sturmhaube vom Kartfahren. »Bitte nur verpackte Ware«, wies ich den Kleinen an, »mit hohem Kakaoanteil.« Was fällt den Leuten ein, sich mit einzelnen Gummibärchen freizukaufen?

Tatsächlich kam Hans mit qualitativ ansprechenden Süßwaren zurück, manche leider aus dem Bioladen. Topbeute war ein Fünferpack Schoko-Karamell-Barren. Vielleicht eine Falle? Irre legen im Park mit E 605 präparierte Mettknödel aus, um Hunde zu vergiften. Vielleicht waren die Riegel mit Curare geimpft? Kinderhasser sind widerwärtig. Aber Gründe hätten sie.

Der Fenchel für Jürgen ist bald fertig. Seine Mutter hat schon ein halbes Dutzend Mal angerufen, immer ohne Grund. Der Junge antwortet sehr sachlich und knapp, aber nicht abweisend. Falls noch mal ein Dalai Lama gesucht wird: Dieser junge Mann hat die nötige Langmut. Für uns habe ich eine sehr nahrhafte Bolognese angesetzt, die schon den halben Tag auf kleiner Flamme schmurgelt. Ein paar Nüsse habe ich fein gemahlen untergerührt. Ich will wissen, ob diese Allergiesache wirklich echt ist. Ich glaube ja nicht. Problem: Wenn doch, müssen wir das Asthmaspray aus Jürgens Leinentasche angeln. Es ist wirklich ungerecht. Die anderen haben alle Allergien, nur wir nicht, mal abgesehen von Hansens Gemüseunverträglichkeit. Jede Wette, dass Jürgen an der von mir hingebungsvoll gedünsteten Knolle aus Höflichkeit kurz mal nagt, um sich dann auf die Nudeln mit Soße zu stürzen.

Ach, herrlich, eine große Tafel und sogar ein Gast. Alle sitzen. Ich trage auf. Fragende Blicke meiner Familie Richtung Fenchel. Butter hat Jürgen abgelehnt, da sei ja Fett drin. Eben, habe ich gesagt. Er hat mich verwirrt angestarrt. Nach zwei Minuten ist der Junge geknackt. Selig stopft er die Nudeln in sich hinein, so wie mittags die Pizza. »Doppel-Stopp«, sage ich vorsorglich.

Das Schöne an uns Jungs: Am Ende funktionieren doch alle gleich, nur der Anlauf ist halt verschieden lang und schnell.

Hans will mit seinem großen Bruder angeben und knufft ihm in den Bizeps. »Da kommt ein Anker drauf«, erklärt unser kleiner Sohn. Interessant. Will sich Karl etwa tätowieren lassen? »Mal sehen«, antwortet er in gewohnter Eindeutigkeit. »Ich würde gern konsultiert«, denke ich, während es die Chefin ausspricht.

Ich gestehe: Ich spiele seit etwa drei Jahrzehnten mit dem Gedanken, mir eine dauerhafte Körperzeichnung zuzulegen. Man könnte unter den Augen zum Beispiel helle Flächen einsticheln lassen, dann wären die Folgen langer Nächte plötzlich verschwunden. Oder in der Bauchgegend ein paar zarte Schatten, die Muskeldefinition verheißen. Hans ist da ganz auf meiner Seite. Neulich entstieg ich just der Dusche, als mein Sonnenschein von Sohn ins Bad platzte. Wahrscheinlich wollte er über Computer-Spielzeit verhandeln oder einen Eintrag ins Klassenbuch beichten. Doch Hans schwieg. Und betrachtete meinen Körper.

Warum starrt mich dieses Kind an? Stimmt was nicht? Ich blicke an mir herab. Alles wie immer, also ganz knapp vor tipptopp. Ich wickele mich blickdicht in zwei Handtücher und versuche, das starrende Kind zu verscheuchen.

»Papaaaa...«

Aha. Jetzt kommt's.

Aber was?

Variante A: »Sehe ich auch irgendwann so aus?«

Variante B: »Warum hast du gar keine Muskeln?«

Variante C: »Mama ist schöner.«

Egal, was der Bengel fragt, es wird mich in der Seele treffen.

»Papaaa...«

Ja, um Himmels willen, was ist denn?

»Warum hast du eigentlich kein Tattoo?«

Auf diese Frage war ich nicht vorbereitet. Keine Ahnung. Ich habe ja auch kein Rennpferd. Und? Welches Motiv? Die Chefin wäre beleidigt, wenn sie nicht im Zentrum des Gemäldes stünde. Vielleicht meine Marathon-Bestzeit auf der Wade?

»Alle Eltern in der Klasse haben ein Tattoo«, erklärt Hans, »nur du nicht.« Interessant. Woher hat mein Sohn diese Information? Gab es eine Projektwoche »Arschgeweih«? Kaum vorzustellen, dass die Mutter von Jürgen eine Körperbemalung trägt. Ist sie nicht Ärztin? Mediziner haben Angst vor chronischer Hepatitis durch diese Farbpistolen. Oder der Vater von Carl-Merlin. Der arbeitet im Ministerium. Da trägt man an Karneval eine verwegene Comic-Socke. Aber keinen König der Löwen auf dem Rücken.

»Welches Motiv wünschst du dir denn?«, frage ich meinen Stilberater. »Crash natürlich«, erwidert Hans. Das ist doch dieser chaotische Wuschel aus dem Kinderfernsehen, der aussieht wie aus der Muppetshow entlaufen. Kann ich mir ja gleich Rainer Langhans aufmalen lassen. Vor allem: Wie lange hält so eine Figur?

Vor drei Jahren hätte ich Bob den Baumeister stichen lassen müssen, 2012 Justin Bieber, bis vor Kurzem das Pandagesicht von Cro und derzeit wohl Darth Vader. Was kommt noch alles auf mich zu: Manuel Neuer? Die Klassenlehrerin? Ursula von der Leyen in Uniform?

Goldene Regel für Tattoo-Kandidaten: keine Bildchen, die Bundesligasaison, Legislaturperiode oder durchschnittliche Partnerschaftsdauer nicht überstehen. »Wir wär's mit ›Mutti‹ in einem Herzen?«, frage ich. Das liebevolle Bekenntnis zur Erzeugerin ist immer richtig, sorgt im Strandbad für überwiegende Zustimmung und verhindert Irritationen im Falle neuer Beziehungen. »Ich nehme ›Vati‹, wenn ich groß bin«, sagt Hans, »mit ganz vielen Muskeln.« Der kleine Schlawiner weiß genau, wie er mir eine Extra-Viertelstunde Online-Spiel abringt.

Jürgen hat in Tätowierungsfragen erwartungsgemäß eine klare Meinung. Er befürwortet Pflanzenfarben, die bald wieder verblassen. Hans tupft sich mit Rote-Bete-Saft eine Minecraft-Figur auf den Unterarm. Selbst rein pflanzlich sind wir lustiger als die anderen.

7. Ich vs Wir

Wir wollen unsere Kinder zu guten Staatsbürgern erziehen. Die pädagogische Botschaft lautet: Einzelinteressen und Gemeinschaftsinteressen müssen harmonisiert werden. Die Familie ist ein ideales Übungsfeld – theoretisch.

Manchmal mache ich mir Sorgen um die Demokratie, vor allem dann, wenn die Jungs nicht helfen, den Tisch zu decken oder das Geschirr hinterher einfach stehen lassen. Was haben Mithelfen und Demokratie miteinander zu tun? Sehr viel. Demokratie ist eine Mitmachangelegenheit, die nur funktioniert, wenn jeder ein wenig dazutut. Die zweitkleinste demokratische Einheit eines Staates ist die Familie. Nur wenn alle Verantwortung übernehmen, dann läuft der Laden.

Soweit die Theorie. In der Praxis lauern Karl und Hans darauf, wann es was zu essen gibt, die Chefin hat entschieden, was auf den Tisch kommt – und ich? Habe die Arbeit. So wie an diesem Abend. Ich verspüre ein Gerechtigkeitsdefizit.

Karl hat sich mal wieder unter seine Kopfhörer verzogen. Um ehrlich zu sein, schätze ich seine Liebe zur Musik. Immer wieder empfiehlt er mir Songs, mit denen ich im Kreise jüngerer Kollegen punkten kann. Ist das schon demokratisches Mitmachen, wenn ein Kind den Tisch nicht deckt, aber immerhin Insider-Infos liefert? An gut gelaunten Tagen sage ich mal: ja.

Hans sitzt in der Badewanne und leert bestimmt wieder das sündteure Rosenöl ins Wasser, um die Schmutzschlieren zu verschleiern. Na gut: Wenn Jungs ein Wochenende lang den Tiergarten umgegraben haben und dann freiwillig zum Säubern marschieren, ist das ebenfalls ein Beitrag zu unserem Gemeinwesen.

Die Chefin bereitet was für die Uni vor. Eigentlich sind alle damit beschäftigt, etwas Quasi-Gemeinnütziges zu tun.

Das ist gut. So wächst staatsbürgerliches Bewusstsein. Bleibt ein praktisches Problem: Ich stehe mal wieder allein in der Küche, um die Sonntagsmahlzeit zuzubereiten. Mir hilft natürlich wieder keiner. Womit wir bei einem Grundsatzkonflikt von Familie und Staat wären: Mindestens einer hat immer das Gefühl, dass er von den anderen hängen gelassen wird.

Ich habe heute eine Kartoffelsuppe gemacht, angeblich das Lieblingsgericht der Kanzlerin. Ich mag Themenessen, weil sie Gelerntes, Erfahrenes, Besonderes noch mal über den Magen im emotionalen Gedächtnis verankern.

Heute haben wir schließlich einen staatsbürgerlich wertvollen Ausflug gemacht, ins Regierungsviertel, wo die Ministerien einen Tag der offenen Tür anboten. »Da siehst du mal, wofür der Papa Steuern zahlt«, habe ich dem Kleinen erklärt. Meine Ausführungen erzeugten keine sichtbare Euphorie. Egal. Eines Tages darf er wählen.

Soll man die Kinder frei entscheiden lassen, welche Politiker sie gut finden? Nachher verliebt sich Karl noch in Manuela Schwesig und bringt sie mit nach Hause. Was sagt man denn da, als Vater? Hans würde sich für den Tierschutz entscheiden oder für Kandidaten, die nach Star Wars aussehen. Davon gibt es zwar eine Reihe, aber die sind in einer falschen Partei.

Deswegen haben wir die Exkursion ins Politische unternommen. Wir parkten die Räder auf der Wiese vor dem Reichstag, mit dem Kanzleramt im Rücken. Hans wollte sein Eis haben, das ich ihm für den Fall ausdauernden Zuhörens plus gelehrigem Gesichtsausdruck in Aussicht gestellt hatte. »Eis gibt's hinterher«, erklärte ich mit Relevanz in der Stimme, »erst mal gibt's Politik.« Verdammt, hatte ich das Kind jetzt entpolitisiert, weil ich Vergnügen und Volksvertreten als unvereinbare Grundsätze dargestellt hatte? »Hier entscheidet das Parlament«, sagte ich feierlich und wies auf die Inschrift »Dem deutschen Volke«.

Hans verweigerte sich maulend der Erhabenheit des Moments, was auch daran liegen mochte, dass gleich drei Reisebusse hinter uns hielten und wir auf etwa 3000 Berlin-Fotos verewigt wurden. Was die Leute wohl denken, wenn sie die Bilder zu Hause betrachten? Wahrscheinlich so was wie: Warum parken diese Hauptstadtprolls ihre Räder auf dem kostbaren Reichstagsrasen, also dem Eigentum des Volkes?

Was ist der »Reistag?«, wollte Hans wissen. »Reichstag«, korrigierte ich ihn. »Reistag«, verbesserte er mich. Offenbar ging Hans davon aus, dass dieses in der Tat recht unpraktische Gebäude mit dem Deckel obendrauf eine Art riesiger Kochtopf wäre. Oder ein Asia-Erlebnisrestaurant, wo aus Mohrrüben nicht nur Schwäne, sondern ganze Gesetzesvorlagen geschnitzt werden. »Tjaha, der Reistag«, erklärte ich, »da sitzt die Macht.« Hans drehte sich um und guckte zur Casa Merkel. »Und da? Da doch auch, oder?« Sollte ich ihm erklären, dass Parlamente theoretische Macht bedeuten, Kanzlerämter dagegen sehr praktische? »Da gibt's Kartoffelsuppe«, sagte ich, »immer dienstags. Reistag ist Mittwoch.« Wir würden ja noch am Schloss Bellevue vorbeiradeln, um die Sache mit dem Staatsoberhaupt und der Macht zu klären. Aber wir wollten das Kind nicht überfordern. Jetzt war erst mal Eistag.

Kinder haben eine merkwürdige Vorstellung von Demokratie. In den meisten Büchern oder Filmen gibt es entweder gute Könige oder Saurons, die Heerscharen von Orks in Marsch setzen, um ihre Interessen durchzusetzen. Ob demokratische Übungen wie eine Klassensprecherwahl dieses Weltbild korrigieren?

Nach dem Eis sind wir in den Tiergarten gefahren, dorthin, wo die Botschaften liegen. Während ich einen kleinen, kindgerechten Vortrag über die historische Bedeutung der EU hielt, hat Hans in einem Hasenloch gebuddelt, in der Hoffnung, ein Haustier zu fangen. Deswegen sitzt er jetzt in der Badewanne, zum Glück ohne Hasen.

Kartoffelsuppe ist eine sichere Bank – die mögen alle. Gut so. Wenn es nichts zu mäkeln gibt am Essen, kommen die richtigen Themen schneller auf den Tisch. Karl klagt über Geldsorgen, was die Eltern einfach überhören. Der große

Sohn findet die Idee mit dem bedingungslosen Grundeinkommen sehr attraktiv, weil er dann nicht mehr studieren müsste, denkt er. »Aber irgendwer muss das Grundeinkommen ja bezahlen«, entgegne ich und löffle mit der Kelle Suppe auf die Teller. »Die Unternehmen«, sagt Karl. »Und wer arbeitet da?«, frage ich, »soll ich etwa noch mehr Steuern zahlen, damit meine Herren Söhne chillen können?« Die Jungs nicken still und grinsen.

»Papa, was sind Steuern?«, fragt mein kleiner Demokratie-Praktikant unvermittelt. »Wie Taschengeld«, erkläre ich, »nur weniger, weil du dich an den Gemeinschaftskosten beteiligst.« Ich erstelle eine Musterrechnung, die auf einen Bierdeckel passt. »Wenn du zwei Euro die Woche bekommst, dann ziehen wir erst mal die Hälfte ab, einfach so, für die allgemeinen Ausgaben«, etwa Klopapier, das die Jungs gern kilometerweise benutzen, oder Nuss-Nugat-Creme, die immer dann alle ist, wenn den Vater danach gelüstet. »Der dritte verbummelte Anspitzer wäre aber nicht mehr als Sonderaufwendung absetzbar«, erkläre ich dem verständnislos guckenden Jungen, »unterm Strich bliebe dir jedenfalls höchstens zwölf Cent von zwei Euro – der Rest sind Steuern und Abgaben.« Hans überlegt. Vielleicht sollte er doch die Grünen wählen. Da käme er mit einem Gemüsetag davon.

Wie alle Studenten tendiert unser großer Sohn zu sozialistischen Flausen. Während die Hauptstadt unter dramatischem Wohnungsmangel leidet, will Karl das Tempelhofer Feld auf jeden Fall als reine Grünfläche erhalten wissen, damit jeder Bürger Platz habe, sein Morgen-Yoga zu absolvieren. Typische Teenie-Flausen, die ich mit einem flammenden sozialpolitischen Plädoyer zu verscheuchen gedenke. »Was zahlen deine studierenden Kumpels an Miete für ihre WG-Zellen?«, frage ich listig. »Viel zu viel«, entgegnet mein Erstsemester. »Siehste«, triumphiere ich, »auf dem Tempelhofer Feld sollten mal 5000 bezahlbare Wohnungen entstehen, nur am Rand.« Mein Sohn guckt skeptisch. »Und deswegen werden WG-Zimmer billiger?«, fragt er. Ich murmle »Gesetze des Marktes«, aber der Kerl lacht verächtlich. »Wenn alle fünf Jahre der Rand bebaut wird, stehen die Häuser irgendwann in der Mitte.« Leider wahr: Das Zentrum von heute ist der Rand von morgen, das gilt für Flugfelder, Kuchen und Familienväter.

Höchste Zeit für ein Killerargument: »Willst du etwa, dass Leute mit wenig Geld die Stadt verlassen müssen, weil sie sich die Mieten nicht mehr leisten können?« Statt einer Antwort bekomme ich eine ungehörige Gegenfrage: »Willst du, dass Zehntausende Menschen einen Park verlassen müssen, weil Immobilienhaie Zäune ziehen?« Will ich natürlich nicht.

»Und Gentrifizierung?«, murmele ich und mühe mich um einen tieftraurigen Blick: »Willst du erleben, wie deine Eltern nach Reinickendorf vertrieben werden oder gar nach Spandau, nur weil ein paar Quadratmeter Unkraut für Yoga frei gehalten werden müssen? Dann werden wir zu dir ziehen.« Karl schluckt. Die Drohung überzeugt ihn.

Bevor ich den Erdbeerquark serviere, hebe ich noch rasch zu einem kleinen Grundsatzreferat an. Die Jungs wollen einfach nicht verstehen, dass das Leben nicht nur Spaß bedeutet, also auf einem ehemaligen Flugfeld zu chillen, sondern eben auch Ernst. Ernst des Lebens. Das müssen die Kinder doch mal kapieren. Leider hat man mit Ernst überhaupt keine Chance gegen Spaß.

Spaß und seine kieksende Schwester namens Erlebnis verfolgen uns überallhin, von morgens auf der Müsli-Packung (Knusper-Spaß) bis abends beim Einkaufen (Shopping-Erlebnis). So ist das Leben: Spaß, Erlebnis, immer und sofort.

Das Epizentrum des Spaßes ist das Lernen. In allen Ratgebern steht, dass die Eltern Hausaufgaben in eine lustige und unterhaltsame Form bringen sollen. Was haben wir gelacht, als Hans nach zwei Stunden immer noch nicht die total lustige Dreisatz-Aufgabe gelöst hatte, obwohl ich mir eine so putzige Geschichte mit kleinen Schweinchen ausgedacht hatte, die mit dem Moped plus Beiwagen in einem Erlebnispark total viel Spaß ... ach, ist auch egal. Hans heulte jedenfalls. Undankbares Kind, grollte ich, die pädagogische Entertainment-Granate.

Die Chefin guckte besorgt, weil wir offensichtlich unterspaßt waren. Dabei hatte sie in einem Fachbuch gelesen, dass Glückshormone das Gelernte lebenslänglich im Hirn verankern. Andernfalls entsteht ein Trauma, und ich bin schuld, wenn der Junge eines Tages beim Therapeuten sitzt und stockend erzählt, wie sein Vater ihn damals misshandelt hat mit kleinen Schweinchen. Eine der schlimmsten Elternängste: die Spätfolgen von Erziehung. Sofort den Fernseher einschalten. Da wird doch immer für diese Lernplattform geworben, wo man für eine geringe Monatsgebühr glückliche Mathekinder geliefert bekommt.

Verwegener Gedanke: Kann es sein, dass ein Missverständnis vorliegt? Es geht beim Spaßdiktat gar nicht um fortwährende Heiterkeit, sondern um das Vermeiden von Mühen und Enttäuschungen. Wiederholen macht Mühe, kräftigt aber die Rechtschreibung. Wer Fehler im Diktat macht, ist enttäuscht, aber die Berichtigung hat hohen Merkwert. Sind wir damit schon im Traumagebiet?

Lernen Grundschüler dagegen Schreiben nach Gehör, dann liegt zwar jedes Kind irgendwie richtig, keines ist besser als die anderen, nur mit dem Rechtschreiben wird man noch mal anfangen müssen. Meine bescheidene Lebenserfahrung würde kühn behaupten, dass es nicht nur Spaßlernen gibt, sondern auch das Gegenteil: Schmerzlernen. Früher, als weniger Achtsamkeit und mehr Peter Hahne war, wurde an dieser Stelle gern die heiße Herdplatte zitiert: Einmal kurz draufgefasst, und das Kind hat mehr kapiert als in hundert spaßigen Lernmodulen.

Nein, es geht nicht um den bizarren Leistungsdruck, dem bayerische Viertklässler unterworfen sind, sondern darum, dass Lernen vielfältig ist: ein bisschen Spaß, ein bisschen Überwinden, ein bisschen Lachen, ein bisschen Enttäuschung. Das ist dann Ernst. Und damit kann man fertigwerden. Erziehung ruht ja auf einem Fundament namens Urvertrauen, dem Wissen, dass die Welt auch diesmal nicht untergeht. Das Metalernziel ist eben nicht der Dreisatz oder die exotische Konjugation, sondern Resilienz, die Fähigkeit, Enttäuschungen nicht zwanghaft in Traumata transformieren zu müssen.

Nicht Spaß schafft Resilienz, sondern Freude. Spaß ist kurzfristig, so wie Pommes Frites oder 3-D-Kino, und irgendwann ist es wie mit Antibiotika: Das Kind hat jede Dosis gehabt und entwickelt eine multiple Spaß-Resistenz. Spaß macht nur kurzfristig satt, Freude dagegen schmeckt fürs Leben, braucht aber auch mehr Zeit. So kostet Vokabellernen Überwindung, führt aber womöglich zu einer guten Note, die Freude bereitet, vor allem den Eltern.

»Wann gibt's Erdbeerquark?«, fragt Hans, der mein kleines Referat durch die Lektüre eines Shopping-Ratgebers überbrückt hat. Karl hat derweil gedöst, die Chefin ist längst aufgestanden, weil sie noch ein paar dringende Mails erledigen muss. Es gibt so Tage, da habe ich das Gefühl, dass meine großen Gedanken relativ geringe Wirkungen hinterlassen.

8. Mädchen vs Jungs

Ein Vater von zwei Söhnen steht vor der gewaltigen Herausforderung, das andere Geschlecht objektiv, liebevoll und vorurteilsfrei zu erklären. Wie also funktionieren Mädchen? Leider mischt sich auch die Chefin ein. So wird eines der letzten Rätsel der Menschheit weiterhin ungelöst bleiben.

Manchmal schwänze ich das sonntägliche Kochen und lade die Familie zum Essen ein. Originellerweise fällt die Wahl immer auf Italienisch. Auch gut. Hans nimmt ein Kartenspiel mit, damit wir uns die Wartezeit bis zur Pizza mit ein paar Runden Mau-Mau vertreiben können. Doch daraus wird nichts. Gleich am Nebentisch sitzt eine weitere Familie, mit zwei schulpflichtigen Töchtern. Karl und Hans lugen verstohlen hinüber. »Hol die Karten raus«, bitte ich. Hans tippt sich an die Stirn, flüstert: »Das ist doch voll peinlich« und schnappt sich das Smartphone seiner Mutter. Offenbar will er den jungen Damen technologisch imponieren. Karl baut aus Bierdeckeln eine Pyramide. Es müssen die Gene sein. Warum sonst machen sich männliche Wesen plötzlich zum Pavian? Die Chefin lächelt mich gütig an, Botschaft: Nun lass die Jungs doch. Sie müssen ihre Erfahrungen machen. Schon klar. Aber welche? Diese Jungs-Mädchen-Kiste ist hoch kompliziert, jede Menge Minen, dünnstes Eis.

Selbstverständlich sind wir eine feministische Familie, jedenfalls arbeiten wir daran. Feminismus ist ein ernstes Thema, deswegen dürfen wir Jungs keine Frauenwitze machen. Das wäre diskriminierend. Männerwitze sind dagegen willkommen, findet die Chefin, wegen der Gleichbehandlung. Natürlich befürworte ich geschlechtergerechte Erziehung. Aber die Wahrheit lautet: Es ist unmöglich.

Wir Jungs repräsentieren drei Generationen Männer. Ich,

52, bin aliceschwarzersozialisiert und der unverbesserliche Chauvi, für Karl, 22, war das Frauenthema in Schule und Uni nicht existent, weil die jungen Frauen sich gar nicht erst diskriminiert fühlen wollten, Hans, elf, wuchs dagegen in einer Zeit auf, da die Führungsrolle der Frau längst selbstverständlich geworden war. So wie wir früher keinen anderen Kanzler als Helmut Kohl kannten, ist Hans von Geburt an ein Kanzlerinnenkind. Im großen Land entscheidet Mutti, und in unserem kleinen Familiensoziotop auch.

Alle wichtigen Positionen in unserem Leben sind mit Frauen besetzt: Frisörin, Steuerberaterin, Geschäftsführerin. Ich muss nur tun, was sie sagen. Ich, der Ex-Patriarch, habe mich in meine Altmaier-Rolle gefügt: Klappe halten, aufräumen und dafür sorgen, dass der Kühlschrank ordentlich gefüllt ist. Schön, wenn man seinen Platz im Leben gefunden hat.

Neulich begann Hans ein Präventivgespräch; er wollte offenbar unsere Erwartungen wegen seines Zeugnisses ein wenig relativieren. »Die Mädchen«, begann unser Kleiner – was wegen Diskriminierungsrisiko schon mal ein problematischer Satzanfang ist – »die Mädchen« also würden bei den Noten bevorzugt. Stünde eine Schülerin exakt zwischen Zwei und Drei, bekäme sie die Zwei, der Junge die Drei. Ich nickte solidarisch. Wissenschaftlich belegt ist der Gender Pay Gap: Frauen werden für gleiche Arbeit schlechter bezahlt. Gibt es auch einen Gender-Noten-Gap? Werden Jungs bei den Zeugnissen benachteiligt, natürlich nur unterbewusst? Kann es sein, dass Mädchen gar nicht besser sind bei den Abschlüssen, wie ja viele Statistiken behaupten, sondern einfach nur die Glücklicheren in der Notenlotterie? Liebe Feministinnen, wenn Sie bis hierher gelesen haben, ist spätestens jetzt der Moment gekommen, einen Internet-Protest zu starten.

Womit wir bei einer der großen erzieherischen Herausforderungen unserer Tage wären: Wie vermittelt ein Vater seinen zwei Söhnen ein modernes Frauenbild? Neulich war die Chefin ein Wochenende lang auf einem Yoga-Workshop; der ideale Moment für einfühlsame Geschlechterkunde. Ich hatte Currywurst und Pommes für meine Söhne angerichtet, was bei der Chefin eher selten geduldet wird. »Jungs essen halt anders«, sagte ich und nahm die Schürze ab. Ich hatte die Wäsche aufgehängt, jetzt musste ich nur noch bügeln und die Küche durchwischen.

Wie eröffnet man ein Geschlechter-Gespräch? Ich versuchte ein kumpeliges »Und, Mädchen so ...?« Karl zog immerhin einen von beiden Ohrstöpseln aus dem Gehörgang und lauschte. Schien ihn zu interessieren. Hans rollte die Augen, während er eine Nachricht in sein Handy tippte. Ich war nicht ganz sicher, ob wir einen offenen Austausch hinbekommen würden. Karl erzählte die traumatische Geschichte von früher aus dem Kindergarten, wo ein sehr selbstbewusstes Mädchen den Jungen gern mit der Sandschaufel auf den Kopf schlug. Wohlwollend vermerkten die Erzieherinnen, dass dort offenbar eine selbstbewusste Frau heranwuchs. Die Jungs lernten zugleich, dass es keine gute Idee war, zurückzuschlagen. Knaben, die mit Schaufeln hauen, gelten als potenzielle Gewalttäter mit AfD-Neigung.

Das sei ein Einzelfall, sagte ich und bemühte die Evolutionsbiologie: Männer müssen halt immer kämpfen, Frauen halten dagegen eine Gemeinschaft zusammen, damit die Brut geschützt ist. Darf man so was überhaupt sagen? Oder verfalle ich in überkommene Rollenbilder? Die Jungs guckten mich an, ob noch was Wichtiges kommen würde. Ich mühte mich um eine diskriminierungsfreie Zusammenfassung: »Mädchen sind nicht besser oder schlechter, sondern einfach anders.« Hans und Karl nickten, als der Schlüssel sich im Schloss drehte. Die Chefin kam heim. »Was habt ihr das ganze Wochenende gemacht?«, fragte sie. »Papa hat uns Mädchen erklärt«, krähte Hans fröhlich. Die Chefin rollte die Augen.

Die Pizza kommt. Unsere Herren Söhne sind immer noch damit beschäftigt, die Aufmerksamkeit des Nebentischs zu wecken. Hans pustet durch den Strohhalm, bis die halbe Apfelschorle auf dem Tisch schwimmt. Karl hat mit den Spielkarten ein vierstöckiges Kartenhaus errichtet. Die jungen Damen scheinen wenig enthusiasmiert. Haben wir uns früher auch so bescheuert benommen? Die Chefin nickt und erinnert an den Abend unseres Kennenlernens. Ich war keine 30, sehr betrunken und wollte einen Kopfstand vorführen, nachdem mir Mona von ihrer Yoga-Begeisterung erzählt hatte. Leider kippte ich um und erlegte mit den Füßen eine ohnehin sehr hässliche Topfpflanze. Der Gastgeber fand meinen Auftritt nicht lustig. Mona schon. Wir sind dann gegangen.

Das war vor 25 Jahren. Hat sich das Mann-Frau-Verhältnis seitdem entspannt, ist die Emanzipation unumkehrbar fortgeschritten? Nicht überall, findet die Chefin und verweist auf Rapper, denen unsere Söhne gelegentlich lauschen. »Ich penn' im Wasserbett mit Eva und Jaqueline, sie wollen sich was dazuverdienen, auf den Knien«, dichtete etwa ein Musiker namens Sido. Interessantes Frauenbild. Oder Herr Bushido: »Du bist in Tempelhof, hier gibt es kein Tempolimit, Undercover, Drogen, Kick-Box mit dem längsten Pimmel« und »Kleiner Mann, du brauchst ne Penisprothese. Sag mir, Spast, wann bist du je in meiner Gegend gewesen?« Klar, das ist nur ironisch gemeint, so wie das Duschgel, das Frauen in willenlose Ohnmacht fallen lässt, oder diese merkwürdigen Sexseiten, die es im Internet geben soll. Das Leitmedium Fernsehen lehrt junge Menschen, nur der Körpervergleich und unablässiges Reden darüber führe zum Glück. Ich bin nicht sicher, wie groß mein Einfluss auf das Mädchen- und Frauenbild unserer Söhne ist, und frage mich, wie man Respekt und Höflichkeit und jene geheimnisvollen roten Linien vermitteln soll, wenn jeder sie anders definiert.

Ich wolle doch am »Herrentag« bestimmt was mit den Jungs unternehmen, fragte die Chefin neulich und sprach »Herrentag« so spöttisch-spitzlippig aus, als handle es sich um Fußpilz. Um ehrlich zu sein: Nein, ich wollte nichts mit den Kindern unternehmen, sondern ausschließlich mit den großen Jungs. Mit meinen Schicksalsgenossen, Mitvätern, die zu Hause ebenfalls nichts zu sagen haben und ein einziges

Mal im Jahr der heimischen Wohlverhaltensdiktatur entfliehen wollen, um total unvernünftig zu sein – ohne Ernährungsratgeber zu befragen, wie viel grünen Tee man bei Vollmond trinken muss, um die ganzen freien Radikalen wieder einzufangen. Und ich würde mich sehr freuen, wenn das Essen einmal im Jahr auf dem Tisch stünde, wenn ich nach Hause käme.

Das sei ein sehr egoistischer Plan, befand die Chefin. Stimmt, dachte ich, der »Vatertag« heißt ja schließlich nicht »Familienrücksichtnahmetag«. Ob ich mir meiner Vorbildfunktion eigentlich bewusst sei, bohrte Mona weiter. Hans habe schon mehrfach gefragt, wann Vati denn endlich wieder mit ihm Fußball spielen gehe; das letzte Mal datiere ihrer Erinnerung nach aus dem vorvergangenen Frühjahr. Richtig, damals hatte mir eine Bänderdehnung sechs Wochen Humpeln eingebracht.

Das Handy schrie »Höllehöllehölle«, mein Klingelton zum Vatertag. Micha war dran, um zu klären, in welcher Darreichungsform das Bier gewünscht sei (selbstkühlendes Fass natürlich) und ob Plastikbecher für den Schnaps gefragt seien (Unsinn, total unökologisch). Vorfreude wollte dennoch nicht aufkommen. Die Chefin hatte mit ihrer Strategie das Gift des schlechten Gewissens in meine zarte Vaterseele gepumpt. Ob ich die Jungs mitbringen könnte, wollte ich von Micha wissen. Er war mittelbegeistert.

Vor den eigenen Söhnen kann sich ein Vater natürlich nicht richtig gehen lassen. Mancher Witz, zum Beispiel der vom Affenkastrator, wird missverstanden, erst recht beim Nacherzählen vor der Chefin, die dann anmerkt, dass Hans diesen Scherz bestimmt in der Schule verbreite, was unser eher wackeliges Standing weiter schwanken lasse. Aha, denke ich, und warum grölen wir jedes Jahr wieder darüber? Hauptsache, beim Elternabend wird nicht auch noch diskutiert, wie es den Kindern gelungen ist, ihren Vater aus dem Gebüsch und bis nach Hause zu schleifen.

Ob sie denn Lust auf Bratwurst und Limo hätten, Picknick im Wald und so, lockte ich. Ich hatte beide schon euphorischer erlebt. Aus dem Hinterhalt fragte die Chefin: »Wollt ihr nicht lieber mit Papa Fußball spielen?« Frenetischer Jubel. Ich rief bei Micha an, hustete dramatisch und erklärte: »Fiebrige Erkältung.« Er legte wortlos auf, noch bevor ich versichern konnte: »Nächstes Jahr ganz bestimmt.« Schlechtlaunig legte ich die Kühlpads ins Eisfach, vorsorglich. Das wäre Ihr Vatertag gewesen.

Die Jungs haben wieder einmal ein Konfliktfeld besichtigt, auf dem sie ihr ganzes Leben lang kämpfen werden. Es geht um die epische Schlacht von Mann gegen Frau. Wenn ich den lieben Gott richtig verstanden habe, dann sollten die beiden ja gemeinsam für ein glückliches Leben auf Erden sorgen, fair, arbeitsteilig, harmonisch. Ich gestehe, ich bin pädagogisch verunsichert, was dieses Thema angeht. Die Gender-Forschung geht ja davon aus, dass Geschlechterunterschiede nur von der Erziehung gemacht seien, also von mir. Dass Jungen genauso wie Mädchen in Rollen gedrängt werden, belegen sogar Forscher der Universität Grenoble. Sie ließen Kinder beider Geschlechter einmal im Wettbewerb und einmal zum Spaß Wörter finden. Im Wettbewerb siegten deutlich die Mädchen, beim Spiel waren die Knaben gleich gut. Erklärung: Unter Prüfungsstress versagt der Junge, weil er ständig hört, dass Mädchen eh besser abschneiden. So findet sich der männliche Nachwuchs von klein auf in gesellschaftliche Rollenbilder verstrickt. Das haben meine Söhne mit den Mädchen gemeinsam.

Konservative Stereotypen besagen auch, dass Frauen ein anderes Verhältnis zum Schuhwerk haben als Jungs. Das bedeutet nicht, dass Hans und Karl egal wäre, was sie an den Füßen tragen. Aber mit je zwei paar Sneakers und Skaterschuhen betrachten sich die beiden als bestens ausgerüstet.

Die Chefin dagegen sagt dauernd, sie »brauche« neue Schuhe. Das Wort »brauchen« wird von Männern und Frauen völlig anders benutzt. »Brauchen« im Sinne von Jungs heißt: Die alten sind hin. Bei der Chefin hat »brauchen« dagegen nichts mit »dringend benötigen« zu tun. Es ist eher ein vorübergehendes Mögen. Frauenschuhe tragen ein geheimnisvolles Verfallsdatum, das nur ihre Besitzerinnen entziffern können.

Weil ich vor Jahren gewagt hatte, eine selbstständige Kaufentscheidung der Chefin nicht sofort zu bejubeln, komme ich seither als Multifunktionswerkzeug zum Einsatz: Ich muss erstens mitdackeln, zweitens ein Urteil abgeben, drittens bezahlen, viertens tragen und fünftens zu Hause beteuern, dass die Wahl richtig war.

Gemeinsames Schuhekaufen ist der entscheidende Moment der männlichen Sozialisation, die Shopping-Initiation. Die Übung: so lange wie möglich den Widerstand halten, gegen die Allianz aus Verkäuferin und Ehefrau. Hans und ich blätterten durch eine Modezeitschrift, als es aus einem Kartonhaufen tönte: »Der passt nicht!« Wie schade. Es war nach eineinhalb Stunden das erste Modell, das unsere Familienwerte vereinte: Anmut, Haltbarkeit und Preisbewusstsein. Leider aus dem Rennen. Stattdessen hatte sich Mona in einen Stiefel gezwängt, der mir einen neuen Job als Schuhauszieher bescheren würde und zudem eine Nebenbeschäftigung, um die ledernen Kostbarkeiten überhaupt zu bezahlen. »Nun, ooch, na ja«, sagte ich. In meinem ganzen Leben hatte ich erst zwei Autos erworben, die teurer waren als diese Stiefel. »Die gibt's bestimmt auch in Gummi«, sagte ich, »stand in der Zeitung, total angesagt.« Vernichtende Blicke aus der Kartonbarrikade.

Ich umarmte Hans verzweifelt. Es gab kaum Rettung: Die Chefin hatte sich in die Stiefel verguckt. »Wie findsten den?«, fragte sie zum dritten Mal, als hätte ich zwischendurch im Lotto gewonnen. »Tja, öhm, na ja«, sagte ich wahrheitsgemäß. »Der ist total toll, Mama«, krähte Hans plötzlich, unabgesprochen. Diese kleine Mistkröte. »Ja, wenn er dir gefällt«, frohlockte die Mutter und umarmte den Sohn, »dann muss es wohl der Richtige sein.« Breit grinste die Verkäuferin. »Und jetzt gehen wir Hamburger essen«, jubelte Hans, »wie Mama mir's versprochen hat.« Frauen sind einfach schlauer. Ich glaube an epische Männersolidarität, die pragmatische Chefin an Korruption. Und sie behält recht.

Die Pizza ist vertilgt, die Mädchen vom Nebentisch haben sich kichernd verabschiedet, mich gelüstet nach einer Portion Tiramisu. »Das würde ich mir ja verkneifen«, sagt die Chefin schelmisch. Schon wieder so ein Mann-Frau-Ding. Hätte ich einen solchen Satz auch nur gedacht, wäre ich wochenlang mit missmutigem Schweigen bestraft worden. Frauen dürfen sagen, was sie denken, Männer lieber nicht.

Ihre Kritik, sagt die Chefin, sei ein Geschenk für uns, weil sie uns die Chance gibt, zu lernen und zu wachsen. Die Botschaft: Wir Männer haben Kritik mit Demut zu empfangen, sollten uns allerdings hüten, selbst Kritik zu äußern. Das wäre frauenfeindlich.

Ich genehmige mir ausnahmsweise einen Grappa. Die Chefin kippt wortlos den Rest stillen Mineralwassers in ihr Glas. Die Jungs spielen Karten. Hans verliert. Die Tränen steigen auf. »Sei doch kein Mädchen«, sagt Karl. Ich verzweifle. Der Weg zum Feminismus ist noch weit.

9. Gewinnen vs Dabeisein

Sport ist die ideale Charakterschule für Kinder. Im Wettkampf lernen die Kleinen Regelbewusstsein, Fairness und die Kunst des klaglosen Verlierens. Dumm nur, wenn die Eltern gern einen kleinen Sieger züchten würden.

Heute gibt es Spaghetti Bolognese, nur für Hans. Eigentlich lehnt die Chefin Nudelgerichte ab, weil dort böse Kohlenhydrate lauern. Aber Hans hat das ganze Wochenende bei einem Schwimmwettkampf verbracht. Leider hat er weder Urkunden noch Pokale gewonnen. Die anderen waren schneller. »Macht doch nichts«, sage ich und bemühe das olympische Motto »Dabeisein ist alles«. Hans mault: »Dabeisein ist doof.« Die Chefin sagt lachend, dass sie früher auch nie gewonnen habe. Mir geht es da nicht anders.

Bei den Bundesjugendspielen haben sich Mutti und Vati nicht gerade für Olympia aufgedrängt. Die Unterschrift von Heinrich Lübke – oder war es Theodor Heuss? – auf der Urkunde bedeutete weniger Anerkennung als Mitleid. Ich habe es sogar fertiggebracht, die Sprunggrube zu verfehlen, weil ich mit übertriebenem Sicherheitsabstand zum Balken abgesprungen war. Erziehen heißt ja vor allem, elterliche Traumata zu bewältigen. Deswegen würden wir uns natürlich freuen, wenn endlich mal ein ansehnlicher Pokal in die Wohnzimmervitrine käme.

Hans schwimmt schon eine Weile, »bei einem leistungsorientierten Verein«, wie die Trainer uns versichern. Wir fahnden täglich nach Indizien für Olympiareife. Schwimmhäute? Muskelbrust? Flipper-Laute? Nichts zu entdecken. Egal. Wahres Talent kommt ohne Muskelberge aus.

Erstmals gab es vor zwei Jahren die Chance, unser Wunderkind der Weltöffentlichkeit vorzuführen. Hans war trotz

Leistungsorientierung für einen Wettkampf auserkoren, so wie alle anderen aus seiner Trainingsgruppe auch. Wäre unser Kind nicht nominiert worden, hätte ich ihn in die Mannschaft geklagt. Unser Sohn würde sich mit den Besten Berlins messen, auch denen aus dem Osten, die bestimmt per Unterwassergeburt zur Welt kamen und seither auf Sieg gedrillt wurden. Wir haben natürlich keine Vorurteile, aber ein Dopingtest wäre mal interessant.

Das mehrseitige Informationsschreiben des Trainerstabs wies eher auf Kindergeburtstag hin als auf Blut, Chlor und Tränen. Die Athleten seien von mittags bis Einbruch der Dunkelheit beschäftigt, Eltern hätten die Bannmeile rund um die Halle zu respektieren, dafür aber einen Doppelzentner Nahrungsmittel einzupacken, kalte Nudeln zum Beispiel, wegen der schnell verfügbaren Kohlenhydrate. Wir dachten eher an Cola; Koffein wirkt ja bei den Kleinen noch richtig.

Während Hans die Nächte vor dem großen Rennen gewohnt tief ruhte, wälzten sich die Eltern und klügelten Rennstrategien aus. Die Mutter plädierte für behutsames Anschwimmen und einen fulminanten Schlussspurt, der Vater wiederum empfahl einen Start-Ziel-Sieg, also volle Pulle vom ersten Zug an. 50 Meter könnten ganz schön lang sein, meinte die Chefin. Ertrunken ist noch nie jemand, entgegnete ich.

Am Morgen des Wettkampftages rieb ich unseren Goldjungen mit Muskelöl ein. Während er durch ein halb leeres Heft für Tierklebebilder blätterte, rasierte ich ihm noch rasch den Flaum von den Oberarmen wegen der Aquadynamik und schärfte ihm die Renntaktik ein. Hans gähnte. Da klingelte das Telefon. Der Trainer. Der Wettkampf müsse leider ausfallen, wegen eines Wasserrohrbruchs in der Halle. Auch gut. Haben wir uns eben auf Eurosport Schwimmen angeguckt. Und kalte Nudeln dazu gegessen.

Der erste Wettkampf kam dann doch, und seither weiß ich: Auf Wochenenden in Hallenbädern kann man durchaus verzichten. Dummerweise hatten wir bei der Wahl des Sports vor allem an Hygiene gedacht. Wie bekommt man einen Heranwachsenden regelmäßig gereinigt? Freiwillig eher nicht. Schwimmer dagegen haben nicht nur tolle Figuren, sondern automatisch auch saubere Fuß- und Fingernägel. Der Preis: elend lange Wettkämpfe im Legionellenklima.

Schwimmeltern sind die wahren Helden des Wochenendes. Kickende Kinder sind auch ein Fluch, aber da ist der Spuk nach zwei Stunden wenigstens rum, inklusive Umziehen, Heulen und Schiri-Beschimpfen.

Das Handball-Martyrium haben wir mit dem Großen durchgemacht. Seither kennen wir die wichtigsten Orthopäden der Stadt und alle Notfallambulanzen. Zum Reiten fehlt uns das Pferd. Beim Schach herrscht Ruhe, womit unser Kind ausfällt. Also Endstation Schwimmhalle. Wir kommen mit dem Pkw, die Konkurrenz mit Fanklub im Kleinbus. Dafür haben wir unseren Stolz.

Es begann damit, dass sich unser Sohn überraschend für die Stadtmeisterschaften qualifiziert hatte, knapp zwar, aber ein gutes Pferd schläft nicht länger, als es muss. Die gute Nachricht: Jemand aus unserer Familie besitzt ein Talent. Die nicht so gute Nachricht: Wettkämpfe steigen erstens immer am anderen Ende der Stadt und dauern zweitens irre lang: erster Start 8.32 Uhr, Belastungsdauer 43 Sekunden, dann eine Pause von der Länge eines vollen Arbeitstags im öffentlichen Dienst, zweiter Start kurz nach 16 Uhr, diesmal 37 Sekunden Belastungsdauer.

Zwischendurch nach Hause fahren? Dann hätten wir insgesamt etwa vier Stunden im Auto gesessen. Wir hätten in der Halle Kluges lesen oder Hausaufgaben erledigen können, was aber unmöglich war, da alle anderen Kinder auf einem Tablet spielten, während die Väter von der Tribüne mit den Händen wedelten. Übersetzung: mehr Beinschlag, du Treibholz. Alle aßen kalte Nudeln aus Tupperdosen, Hans ein Croissant. Warum ist man als normaler Mensch eigentlich immer Außenseiter?

Ich übte mich in Gelassenheit, während übermotivierte Konkurrenzeltern nebenan durchdrehten. Nur weil ihr Zwergmoppel die Bahn ohne Rettungsfloß schaffte, musste man ja nicht gleich kreischen und »Hepphepphepp« rufen. Kaum war der Bonsai-Orca Siebter geworden, wurde die Zeit in die Excel-Tabelle eingetragen. Bestimmt errechnete eine App, was 48 Sekunden und 73 Hundertstel auf 50 Meter Brust für das olympische Finale 2024 ergaben.

Was soll aus solchen Kindern werden? Doch höchstens Unternehmensberater. Schwimmen ist gesund, aber fürs Hirn eine Folter. Denn um beim Schwimmen gut zu sein, muss man vor allem schwimmen. Wollen wir ein Kind, das morgens 6 Uhr die ersten acht Kilometer wegprügelt? Dann vielleicht doch lieber was mit Medien.

Da, Hans erklimmt den Startblock. Er sieht prima aus, voller Leistungslust. Sein, also unser Name steht in gigantischen Lettern auf der Anzeigetafel. Das muss ich für die Chefin knipsen. Mist, schon wieder weg. Startschuss. Alle Kinder im Wasser, Hans noch in der Luft. Paah. Wird er locker aufholen. »Looos!«, brülle ich. »Hepphepphepp.« Ohh. War ich das? Rausgerutscht. Die anderen Kinder wenden. Hans noch nicht. Aber auf der Rückbahn wird mein Junge aufdrehen. »Looos! Finish! Zieh!«, röhre ich und trample. Ein älterer Herr legt mir die Hand auf den Arm.

Der Sieger hatte das Wasser bereits verlassen, als Hans ins Ziel trieb. Er ist halt nicht so der Killertyp. Dafür sehr sozial eingestellt. Aber wenn vier andere disqualifiziert würden wegen Frühstart, wären wir immerhin in den Medaillenrängen. »Gaaanz knapp!«, simste ich an die Chefin, und: »2017 Trainingslager statt Urlaub!« Ohne Smiley. Wir würden Spezialbadehosen und Eiweißshakes kaufen und diese Olympiafinale-App. Da ging noch was.

»Dein Bruder war auch ein toller Sportler«, sage ich beim Abendessen, während den Jungs die Nudeln um die Ohren schlackern. Wie oft soll ich noch darauf hinweisen, dass Spaghetti nicht eingesogen, sondern ordentlich aufgewickelt werden, und zwar ohne Löffel?

Karl, der Große, rollt die Augen. Er hat früher Handball

gespielt, durchaus erfolgreich, aber leider auch mit einigen Kollateralschäden. Wer mit 14 keinen Kreuzbandriss vorzuweisen hat, der hat nicht alles gegeben.

Der kleine Hans hat sich auch mal im Handball versucht, ein Sport, der gerade bei Kleineren nicht sehr geordnet abläuft. Ein Dutzend Kinder kugelt fröhlich durch die Halle, manchmal bekam tatsächlich jemand den Ball zu fassen. Es hätte auch Bodenturnen sein können, waldorfsches Namentanzen oder Federball, wenn Schläger im Spiel gewesen wären. Regeln wurden trotz hektisch trillerndem Schiedsrichter weitgehend ignoriert.

Turniere gibt es trotzdem, in durchaus ruppigem Klima. »Hau ihn um, Jimmy!«, brüllte eine Mutter von der Galerie so laut, dass Jimmy die Anweisungen des Trainers gar nicht verstand. Wieder einmal mussten wir feststellen, dass wir Rabeneltern sind. Jimmys Truppe war mit Campinggestühl angerückt, Thermoskanne und großen Mengen Süßigkeiten, die vor allem an jene Athleten ausgegeben wurden, die die meiste Zeit auf der Bank gehockt hatten. Außerdem fehlte unserem Hans eine fernsehgerechte Tüpfelhyänen-Frisur. Vielleicht hatte sich der adipöse Zwergspandauer aber auch im Unterzuckerwahn einen Becher Kuhfleckenpudding über den Kopf gegossen.

Ganz wichtig: die Videokamera. Damit wurde jeder Schritt der kleinen Talente aufgezeichnet, inklusive eines professionellen Aufsagers vor der Halle. Der Hintergedanke ist klar: Wenn Jimmy wider Erwarten 2024 ins *Sportstudio* eingeladen wird, weil er im olympischen Finale das Siegtor erzielt hat, dann werden genau diese historischen Wackelbilder eingespielt werden. Und wir haben keine.

Als Nächstes hatten wir es mit einer unterkomplexen Disziplin versucht, die eigentlich jedes Kind beherrschen sollte: Laufen. Ich hatte Hans zu einem Bambini-Wettbewerb mitgenommen. »Wettrennen macht Spaß«, erklärte ich. »Und wenn ich hinfalle?«, fragte Hans. »Dann stehst du auf und rennst weiter.« Was für eine Story: Sturz, Tränen, blutendes

Knie, zerfetzte Klamotten, aber Foto-Finish-Sieg gegen einen Zahnarztbengel, der die Arme schon siegessicher emporgerissen hat – Hollywood würde anrufen.

Am Start erklärte ich die Taktik. »Nicht zu schnell losrennen. Dann bist du sofort aus der Puste, musst gehen und verlierst den Anschluss an die Spitze.« Hans gähnte. »Und zum Schluss richtig spurten, dann überholst du alle anderen und gewinnst.« Hans guckte skeptisch: »Aber ich bin nicht der Schnellste.« Immer diese Selbstkritik. Das hat er von seiner Mutter. »Aber du musst dich so fühlen«, erklärte ich. Er wehrte sich, als ich seine Millionen-Schenkel mit Latschenkieferöl massieren wollte. Wir hätten doch die Wundertreter von Usain Bolt anschaffen sollen. Egal. Mental schlägt Material.

Hans trottete an den Start. Sahen so Sieger aus? Ich bahnte mir den Weg durch Dutzende konkurrierende Kameras. Den Speicherplatz könnt ihr euch sparen. Hier gewinnt nur einer. Hans plauderte weit hinter der Startlinie mit einem Moppelmädchen. Auweia. Völlig falscher Umgang. Ich sprang und winkte und rief. Aber mein Sohn hörte mich nicht. Doch. Jetzt. Er guckte. Leider genau in dem Moment, da der Startschuss knallte. Alle rannten los, nur Hans winkte. Wirklich, ein nettes Kind. »Los«, brüllte ich: »Hol sie dir.« Vorwurfsvolle Blicke.

Hans hielt sich etwas zu eisern an die Schontaktik. Die letzten 200 Meter wetzte ich neben unserem zukünftigen Medaillenhelden. »Los, Schlussspurt«, brüllte ich, während dicke Jungs an ihm vorbeizogen. Immerhin wurde Hans nicht Letzter. Ein toller Erfolg. Man darf Nachwuchshoffnungen nicht verheizen. Beim nächsten Mal würden wir alle plattmachen.

Aber erst mal Bundesjugendspiele. Meine Urkunden von früher habe ich schon vor Jahren verbrannt. Die Kinder müssen ja nicht alles wissen. Eltern sind Vorbild. Immer. Basta. Gegenbeweise sind zu vernichten.

Um Hans auf seine Zukunft als Topathlet vorzubereiten, sind wir auf den Hubertus-Sportplatz gegangen. Der Platzwart grinste, als ich über die strategischen Vorzüge der Innenbahn philosophierte. Hans war längst im Gebüsch verschwunden, das von Generationen Nachwuchsathleten als Mobilklo gebraucht wird. Unwahrscheinlich, dass der Stock, den er anschleppte, davon unberührt geblieben war. Ich versprach Hans, das uringetränkte Holz nach dem Training mitzunehmen. Er würde es vergessen, hoffentlich. Mit seinen Gebüschfingern zog Hans den Verschluss unserer Trinkflasche auf. Trinken ist das Wichtigste beim Sport.

Weil Training bisweilen mit Bewegung zu tun hat, schlug ich vor: »Wir üben jetzt einen Start.« Hans kniete sich folgsam an die Linie. Ich sagte »Achtung ... Fertig ...« – und Hans wetzte los. Er rannte, als wäre Darth Vader hinter ihm her gewesen. Verdammt. Sollte ich seinen Leistungswillen bremsen, nur weil er einen Fehlstart hingelegt hatte? Oder muss man Kinder knallhart wissen lassen, dass Regeln zum Befolgen da sind, solange jemand guckt? Sollte ich seinen Bewegungstrieb hemmen und damit das nächste Trauma erzeugen? Mir graute schon vor den Gesprächen mit den Schulpsychologen, die mit der Fehlstart-Geschichte fortan ADHS und Rechenarbeit-Plagiieren erklären würden.

Ich sagte lieber nichts, zumal Hans nach seinem fulminanten Start relativ schnell abgebaut hatte. Mit hängender Zunge versuchte er zu gucken wie Sportler im Fernsehen. »Du musst dir deine Kraft einteilen«, erklärte ich. »Trinken«, hechelte Hans. War er schon traumatisiert? Wie sollte ich ihn dazu kriegen, einen weiteren Start zu versuchen? Fürchtete das Kind eher das Tempo oder die Distanz? Wahrschinlich beides. Das hat er von seiner Mutter. Also der alte Pädagogentrick – Rollen tauschen. »Jetzt bist du der Trainer«, sagte ich. Hans guckte wie Sepp Herberger und befahl: »Lauf so weit wie ich.« Na gut.

Das war schon ganz gut fürs erste Training. Gerade am Anfang sollte man nicht übertreiben, damit den Kindern die Lust nicht vergeht. Als Nächstes würden wir Werfen üben.

Jetzt erst mal ein Nachschlag Nudeln. Energievorräte anlegen. Olympia, wir kommen.

10. Regeln vs Intuition

Jeden Monat erscheint ein neuer Erziehungsratgeber. Mal soll man den Kindern mehr Freiheiten lassen, damit sie spielerisch die Welt entdecken. Dann wieder Strenge, Zucht und klare Ansagen. Sicher ist nur eines: die pädagogische Verwirrung.

Wir sind eine wissenschaftlich interessierte Familie. Wir kaufen jeden neuen Erziehungsratgeber, damit unsere Jungs im Kampf gegen China bestehen. In dieser Woche habe ich ein Buch erworben, das junge Männer zum Genuss von Gemüse anregen soll, was bislang nicht so erfolgreich verlief. Ich habe für diesen Sonntag also eine Mahlzeit geschnitzt. Aus Mohrrübenrädern und Chicorée-Blättern habe ich Skateboards gebaut, aus grünen Bohnen ein Tic-Tac-Toe-Feld gelegt, auf dem man mit Erbsen und Oliven richtig spielen kann. Auf den Auberginenauflauf habe ich mit Käse sogar ein Pokémon-Gesicht gestreut, das sich im Ofen leider in einen Totenkopf verwandelt hat. Mal sehen, wie die Kinder meine Kreativität beurteilen.

Erziehungsratgeber sind eine große Hilfe für uns Eltern. Denn ständig wird ein neuer pädagogischer Trend ausgerufen. Das kommt unserer Inkonsequenz sehr entgegen.

Besonders viele Eltern, so behauptet eine forsa-Studie, klagen über gesellschaftliche Erwartungen. Komisch. Wir haben kaum welche: Kinder dürfen, müssen aber nicht die Brandenburgischen Konzerte schon im Laufstall fiedeln können. Wir wünschen uns eigentlich nur drei Fertigkeiten: Kinder dürfen erstens nicht auf die Nerven gehen, sollten »Guten Tag« sagen wegen des ersten Eindrucks und zu diesem Zweck wenigstens kurz mal vom Smartphone aufblicken, und drittens sollten sie zur Einschulung Brotschmieren und Schuhebinden beherrschen, damit wir nicht mehr so früh aufstehen müssen.

Den Rest erledigen dann hoffentlich die Lehrer. Wofür bekommen wir denn die bayerischen Milliarden aus dem Länderfinanzausgleich?

Manchmal allerdings müssen Eltern retten, was Lehrer nicht hinbekommen, Rechtschreibung zum Beispiel. Die schwierige Frage lautet: Dürfen, müssen wir das Kind in liebevoller Strenge korrigieren, wenn es in allerbester Absicht ein paar Fehlerchen gemacht hat?

Da war zum Beispiel die Sache mit dem Adventskalender. Bislang mussten wir uns nur am Heiligen Abend über Ton- oder Salzteigklumpen freuen. In jenem Dezember aber waren wir täglich gefordert. Denn Hans hatte uns erstmals einen Adventskalender geschenkt. Statt Präsenten bekamen wir jeden Morgen eine Dienstleistung. So wurden 24 Facetten des kindlichen schlechten Gewissens abgebildet. Und was zum Raten war auch dabei. »Beten machen« zum Beispiel. Huch, wollte er plötzlich Papst werden? »Betten« übersetzte die Chefin.

Interessant auch die Offerten: »Muöll runterbrihngen« und »zimmer aufhreumen«. Die Chefin suchte die Nummer vom Schulpsychologen, aber ich konnte die Rechtschreibschwäche erklären: Bei haushaltsnahen Tätigkeiten befällt das Kind eine spontane Legasthenie, was wiederum an seiner Allergie gegen Putzmittel und Staubsaugerbeutel liegt, die seit Generationen in unserer Familie nistet. Wir müssen mit dem Fluch leben, an der Raumpflege aus gesundheitlichen Gründen nicht teilnehmen zu können. Hans kompensierte den unbewussten Mangelschmerz mit willkürlich verstreuten »h«. Keihn Gruhnd zuhr Pahnik.

An welchen Stellen seiner zarten Seele zwackte es noch? »Morgens schneller anziehen« kam bislang in drei Varianten vor, ohne einmal eingelöst worden zu sein. Kein Druck, mahnte die Chefin, das Jahr wäre ja noch lang. Das Angebot »Wäsche aufhengen« würden wir ablehnen, denn bei Hansens Technik, den Korb feuchten Textils einfach auf den Ständer zu kippen, würden eher Pilzkulturen wachsen, bevor auch nur eine Socke getrocknet wäre.

»Brötchen hohlen« nahmen wir dagegen gern, obwohl der Racker natürlich nur deswegen sonntags zum Bäcker schlurfte, damit er sich unterwegs das erste Schoko-Croissant einverleiben konnte. Nach dem Frühstück würden wir einen Spielenachmittag veranstalten, mit echten Karten, weil sich unser tapferer Spross (»Sonntag kein i-bad«) die elektronische Unterhaltung verboten hatte.

Die Familie rückt zum Essen an. Während die Chefin kleine spitze Schreie der Begeisterung ausstößt wegen der vegetarischen Kunstwerke, gucken die Söhne eher zweifelnd. »Was gibt's denn zu essen?«, will Karl angesichts des Chicorée-Mohrrüben-Skateboards wissen. »Das ist unser Essen«, erkläre ich gut gelaunt, »ein Geschenk von Mutter Erde.« Vater Metzger wäre den Jungs offenbar lieber gewesen. Sie spielen Bohnen-Tic-Tac-Toe, ignorieren aber meine Spielanweisung, dass der Sieger jedes Mal eine Bohne essen darf. »Der Verlierer«, korrigiert Hans.

Es ist zum Heulen. Erziehung scheitert fast immer daran, dass Eltern und Kinder ganz andere Vorstellungen von einem guten Leben haben. Neulich wollten wir einen Familienausflug machen, der aber an grundverschiedenen Definitionen von »Ausflug« scheiterte. Hans genügt es völlig, mit seinem Rad fünf Minuten zum nächsten Spielplatz zu fahren und dort Batterien, Schreckschusspatronen von Silvester und Schlimmeres aus dem Gebüsch zu klauben. Karl wiederum schläft gern bis mittags, schnorrt sich dann ein paar Euro bei seinen Eltern zusammen, erwirbt ein Sixpack Bier an der Tanke und genießt die erschrockenen Blicke der Spaziergänger, wenn er mit seinen Kumpels am Ufer des Badesees Tierlaute von sich gibt. Die Chefin wiederum möchte durch eine Frühlingswiese tollen, den Teint auffrischen, eine Picknickdecke ausbreiten, also Werbefernsehen nachspielen, gern mit Bildungselementen angereichert wie Vogelbuch oder Blaubeersammeldose. Am absurdesten ist Vatis Wunsch: einfach nur Zeitung und Ruhe. Dafür werde ich mir eines Tages einen Infarkt nehmen müssen.

Na gut, einer musste ja den Ausflugsdienstleister machen. Also erst mal runter in den Keller. Vatis Rennrad war erstklassig in Schuss, straff reduzierte Ausfahrten erweisen sich eben als materialschonend. Der Rest vom Fuhrpark glich der Berliner S-Bahn: Rost, Klappern, platte Reifen – kein einziges funktionsfähiges Rad. Prima. So blieb mir die alberne Gänsefahrt durch Schöneberg schon mal erspart. Wie ich die Chefin kannte, wollte sie ohnehin ökologisch korrekt mit öffentlichen Verkehrsmitteln in die Natur.

Oben in der Wohnung war es wie in Merkels Koalition; hier herrschte alles, nur keine Aufbruchsstimmung. Karl hatte sein Zimmer abgeschlossen, aus seiner Spätpubertierenden-Gruft drangen säuerlicher Geruch und kraftvolles Schnarchen. Hans hatte sich bei der »Sendung mit der Maus« festgeguckt. Die Chefin stand in einem Berg Frühlingsklamotten, leider Kollektion vom letzten Jahr. Nichts zum Anziehen. Ich packte fürs Picknick. Leider hatten wir keinen Korb. Die Decke von früher hatte seit dem letzten Ölwechsel an Charme eingebüßt. Unsere Küche gab auch nicht viel her: Außer dem Besteck hätte ich noch eine Dose Ravioli in die Plastiktüte packen können – mit zerbröselten Erdnussflips und einer Scheibe Schmelzkäse der kulinarische Höhepunkt meiner Studienzeit. Dazu würden wir Hans halb getaute Thunfischpizza lutschen lassen, damit der Bengel endlich mal kapieren würde, dass früher auch nicht alles leicht war.

Die Chefin war von ihren Ausflugsplänen abgerückt; sie wollte die alten Klamotten aussortieren. Na gut. Dann eben Aufräumtag. Unser Auto konnte tatsächlich eine Generalüberholung vertragen und ich eine Bockwurst. Frühstücken in der Waschanlage ist fast so gut wie Picknick.

Was sagen Erziehungsexperten, wenn man den harmonischen Familienausflug, also Premium Quality Time, einfach knickt und stattdessen vorübergehend Ordnung ins Leben zu bringen versucht? Vorsichtshalber habe ich kein Fachbuch konsultiert. Denn entweder liegen die Ratgeber falsch mit ihren Tipps, oder ich setze die guten Hinweise nicht konsequent um.

Die Bohnen sind noch immer unberührt. Hans hat zumindest die Erbsen aufgelesen und durch die Küche geschnippt. Sehr lustig. Die Chefin war so nett und hat die Oliven gegessen. Hans und Karl haben den geschmolzenen Käse vorsichtig vom Fenchel gehoben und genüsslich verzehrt. Den Totenkopf haben sie leider nicht erkannt. Ich habe mir solche Mühe gegeben. Aber es war immer noch nicht genug. Eltern müssen sich mehr anstrengen, sagen die Erziehungsratgeber. Na gut.

Dann jetzt also richtiges Erziehen, mit viel Konsequenz, Liebe und respektvollem Interesse. Das ist gar nicht so einfach, vor allem beim Spielen. Wie spielt man richtig mit seinem Sohn? Wir versuchen hin und wieder Lego, wobei ich die Rolle des Steinesuchers zugeteilt bekomme. Wir haben zusammen auch schon einen Flitzebogen gebastelt, wobei Hans vor allem dabei zusah, wie ich mir in die Finger geschnitten habe. Gilt gemeinsames Fernsehgucken auch als Spielen? Das kann ich wenigstens.

Neulich beschwerte sich Hans, dass wir zu wenig unternehmen. »Die anderen« (s. Kapitel 6) würden immer tolle Sachen machen: Freizeitparks, Klettergärten, Helene-Fischer-Konzerte. Nur er müsse seine Wochenenden in Waschanlagen verbringen. »Kümmer dich doch auch mal«, sagte die Chefin aufmunternd. Der Traumsatz eines jeden Vaters.

Na gut, kümmere ich mich eben. Im Internet hatte ich einen mit mehreren Qualitätssiegeln ausgezeichneten Anbieter von organisierten Spielen mit pädagogischem Mehrwert gefunden: »Indoor Play«, das klang gut. Ich hoffte auf einen Nachmittag hinter der Zeitung, während Hans von Top-Erziehern fit gemacht würde für seine Zukunft als Nobelpreisgewinner.

Hans jubelte. Kaum hatten wir einen kinogleichen Eintritt entrichtet, sauste mein Herzblatt davon. Ohrenbetäubendes Gekreische in der ehemaligen Fabrikhalle, Väter, die ihre gesamte Camping-Ausrüstung aufgebaut hatten und matschige Apfelspalten mümmelten, sowie total engagierte Helikopter-

Mütter. Ich dagegen bevorzugte das Prinzip der Nichteinmischung und vertiefte mich in die Zeitung. Kurz vor dem Sportteil kam Hans das erste Mal vorbeigesaust, verlangte nach Kakao und Kuchen, inhalierte beides und war sofort wieder verschwunden. Leider gab es weder Bier noch Flatscreen. Von der Galerie klang Geheule, das von Hans stammen konnte. Sollte ich aufstehen? Lieber nicht. Kinder müssen lernen, Konflikte selbst auszutragen.

Abends freute sich die Chefin, dass Vater und Sohn so toll miteinander gespielt hatten. Dass Hans ausnahmsweise schwieg, anstatt mir in den Rücken zu fallen, hatte einen Cheeseburger auf dem Nachhauseweg gekostet.

Nach dem Reinfall mit dem lustigen Gemüseessen verordne ich mir ein Vierteljahr lang Ratgeber-Abstinenz. Man muss sich auch mal auf die Intuition verlassen. Kinder brauchen etwas Zärtlichkeit, Eltern, die die Hausaufgaben erledigen, und vor allem entspannte Väter. Ich kaufe erst wieder pädagogische Fachbücher, wenn der Titel lautet: »Lasst die Kinder in Ruhe. Warum elterliche Erziehungsversuche scheitern müssen«.

11. Ferien vs Alltag

Im Urlaub zeigt sich, was eine Familie wirklich aushält: enttäuschte Erwartungen, überschwängliche Versöhnungen und sogar exotische Eissorten. Nur die Sache mit dem Erholen ist schwierig.

Immer sonntags, wenn ich in der Küche stehe, dann übe ich, der Versuchung zu widerstehen, meinem ungelebten Leben nachzutrauern. Klar, Kinder sind großartig. Aber ein Vierteljahrhundert im Knast der Schulferien stehen dagegen. Neulich habe ich in einer psychologischen Illustrierten – und die Chefin hat viele davon – gelesen, dass der Mensch seine Gedanken kontrollieren kann. Niemand, nicht mal ein Vater, ist gezwungen, ständig zu grübeln oder zu grollen. Ich kann auch positiv denken, zum Beispiel: Urlaub! Und dann koche ich so, als ob wir schon unterwegs wären; hier ein Sträußchen Rosmarin, dort ein Klacks sämigen Hummus und natürlich die exotische Dorade.

Ungefähr jedes zweite Sonntagsmahl dreht sich um die nächsten Ferien. Buddeln die Archäologen der Zukunft unsere Wohnung aus, werden sie stapelweise Fotoalben finden, in denen ausschließlich Ferienbilder eingeklebt sind. Leben ist Urlaub, die Zeit dazwischen dient nur als Anlauf für den nächsten. Oder das Erholen davon.

Kleines Problem: Verreisen erfordert Geld und Zeit und Synchronizität. Schulkind und Student haben zwar drei Monate Ferien im Jahr, die aber mit den Brückentagen der selbstständigen Eltern kaum zu vereinen sind. Eine gemeinsame Woche? Eher organisiert die Kanzlerin Harmonie in der EU. Addiert man freie Schultage, kämen wir auf etwa 15 Wochen Urlaub. Mit sehr viel Glück und Finanzakrobatik bekommen wir in sehr guten Jahren ein Drittel davon als gemeinsame

Unternehmung hin. Aber Ostern, Sommer und Herbst? Nahezu unmöglich, wenn man sich, wie wir, dem Dauercampen verschließt.

Heute Abend werde ich versuchen, den Jungs begreiflich zu machen, dass wir übers Osterfest einfach mal zu Hause bleiben. Berlin hat so viele Museen, Brandenburg bietet ein Füllhorn an Ausflugsmöglichkeiten. Es muss, es kann, es wird nicht immer Malle sein.

Als Hans in die Küche kommt, deute ich auf die Zeitung und frage ihn mit besorgtem Unterton, ob er schon mal was von »IS« gehört habe. »Die hacken doch Köpfe ab«, weiß mein kluger Sohn. Richtig. Und gar nicht so weit entfernt vom Mittelmeer, wo wir sonst gelegentlich Urlaub machen. Der Kleine fällt auf meine Vulgärgeografie herein. Er will nicht ans Mittelmeer. 1:0 für mich. Als Karl in die Küche schlurft, frage ich nur »Ostsee?«

Wichtig in der Kommunikation mit Jungs in der dritten Pubertät ist der Ein-Wort-Satz. Als Karl »Ostsee« hört, schüttelt er sich kurz und hebt abwehrend die Arme. Ein-Wort-Sätze werden manchmal mit Null-Wort-Sätzen plus Geste beantwortet. Die Botschaft ist eindeutig: lieber Spree, Havel, Wannsee. 2:0.

Die Chefin sitzt am Rechner und bestellt online Sommerkleider, während Hans erklärt, warum er sich ohne Osterurlaub nicht zurück in die Schule traut. Wer nicht mindestens Heli-Skifahren in Ladakh war oder Lachse angeln in Neufundland, der ist sozial erledigt. Und leistungsmäßig auch. Denn die Mitkinder lassen sich auf Ayurveda-Farmen fit machen für ihr Leben als Führungskraft. Sogar Lehmanns von oben sind dauernd weg, »aufm Grundstück«, wie sie zu ihrem morschen Bauwagen sagen, der irgendwo in der mecklenburgischen Brache vor sich hin gammelt.

Damit diese Demütigung unseren Kindern keinen bleibenden Schaden beschert, stehe ich also in der Pflicht, ein unvergessliches Osterfest daheim zu zaubern. Aber wie geht das? Ist Jesus nicht grausam hingerichtet worden vor knapp

2000 Jahren? Was gibt es da zu feiern? Zumal in den Eiern bestimmt noch Rest-Dioxin vom letzten Skandal schlummert. Schokolade ist erst recht verboten angesichts meines ambitionierten Plans, dieses Jahr mit einer Bikinifigur durchs Strandbad Wannsee zu stolzieren. Die Frauenzeitschriften mit Ostertipps sind leider ausverkauft.

Dafür erklärt mir Hans, was ich zu tun habe. Unser kleiner Diktator hat einen Wunschzettel gemalt, von weihnachtlichem Umfang. Gotthilf-Maria aus seiner Klasse bekäme zu Ostern Lego, Playmobil, ein lebenslanges Minecraft-Abo und ein echtes Star-Wars-Raumschiff, behauptet Hans. Jaja, die anderen.

Früher haben wir uns über drei bunte Zuckereier gefreut. Aber wie soll man in einer Etagenwohnung Ostereier verstecken? Wie kriegt man das Raumschiff unters Sofa? Nur mit einem Wagenheber. Wir könnten die Eiersuche in den Park verlegen. Allerdings müssten wir jedes Ei persönlich bewachen, weil zwölf Großfamilien, die Osterurlaub in Berlin machen, gleichzeitig die Beete nach Süßem durchkämmen. Hansens Osterbeute würde sich womöglich auf zwei alte Batterien beschränken und etwas Helles, Elastisches, das er triumphierend auf einem Stock schwenken und für einen Luftballon halten würde.

Vielleicht fahren wir doch noch weg, am besten mitten in der Nacht, wenn die Kinder schlafen. Morgens schlagen wir dann unser Zelt in einem Waldstück auf und behaupten, es sei Finnland, auch wenn wir nur bis kurz vor Frankfurt/Oder gekommen sind. Ich werde eine Handvoll Schokoeier in den Wald feuern, dann sind die Kinder beschäftigt. Wir schnitzen Stöcke, spießen Würste auf und grillen sie schwarz.

Das Problem am Familienurlaub sind die völlig verschiedenen Wünsche plus ökologischer sowie politischer Korrektheit plus Anreise: Ich hasse lange Autofahrten, was auch daran liegen mag, dass die Sitze unseres Autos seit 350 000 Kilometern nicht restauriert worden sind. Ergonomisch ist anders. Deswegen sind wir vor einigen Jahren mit dem Autoreisezug gefahren, was auch von der CO_2-Bilanz her sehr vernünftig ist.

Während die Jungs also morgens um fünf relativ ungehalten auf die erste Entertainment-Granate warteten, wuchtete der Familien-Sherpa vier Schrankkoffer die Treppe hinab und fürchtete, dass sein erstes Ferien-Event auf der Pritsche des Chiropraktikers stattfinden würde. Die Chefin wollte eine Woche später mit dem Flugzeug nachkommen. Sie hatte noch zu tun. Ich will auch mal Chefin sein.

Früher, als Kinder noch genügsam waren, reichten ein gekochtes Ei, zwei durchweichte Käseschrippen und ein Micky-Maus-Heft, um uns bis zum Brenner die gute Laune zu erhalten. An guten Tagen kam eine (eine!) Fanta dazu. Heute, da Rückbänke von Autos mit Bildschirm, Spieltasche, Kühlbox und onlinegestütztem Entertainment-Center ausgerüstet sind, herrscht spätestens hinter Potsdam Langeweile.

Leider ist unsere Rückbank nicht online, dafür mit 28 Sorten Süßigkeiten verklebt – eine prima Schutzschicht übrigens, die die Polster praktisch wasserdicht imprägniert hat. Zudem hatte ich nun wirklich keine Lust, in dem spannungsarmen Fahrersitz meinen satten Hüftschaden weiter zu verschärfen. Noch ein einziges Mal Berlin–Alpen in unserer Karre, und ich bin endgültig reif für den Rollator.

Eine von Hansens Irrsinnsideen gab unseren Urlaubsplänen vor Jahren also einen völlig neuen Dreh. »Marvin fährt Autourlaubszug«, hatte unser statusbewusster Zwerg wenige Tage vor dem Start in die anstrengendsten Wochen des Jahres erklärt. Er meinte »Autoreisezug«, eine unselige Kombination aus Güterzug und Bimmelbahn, Fest für Klaustrophobiker, die es sexy finden, sich eine Nacht lang bei flacher Mundatmung die Körpergeräusche von wildfremden Mitreisenden anzuhören, während sie entweder durchgerüttelt oder auf Mittelgebirgsbahnhöfen stundenlang zwischengelagert werden. »Autoreisezug« gehört wie »Wundertüte« oder »Liposomencreme« zu jenen Wörtern, die gewaltige Erwartungen schüren, um noch größere Enttäuschungen hervorzurufen.

»Bestimmt schon ausgebucht«, sagte ich in vorauseilender Abwehr, während die Gattin unsere Reisedaten bereits dem Internet verriet. Mir wurde schwindelig bei dem Gedanken an Karls Socken, die er in einem sehr engen luftdichten Raum ausziehen würde, in dem auch ich weilte. »Juchhhu«, krähte Hans. »Autofahren ist doch ganz schön«, konterte ich, »wir halten auch auf einer tollen Raststätte.« Die drei Verschwörer schüttelten gleichzeitig den Kopf. Sie wollten mich lebendig begraben sehen, unter einem Berg von Taschen und Koffern.

Karl, der Große, stellte sich den Autoreisezug als eine Art Partydampfer mit gelenkigen Schaffnerinnen an Silberstangen vor; Hans wiederum redete unentwegt vom Frühstück, das er in Adlon-mäßiger Güte erwartete. Ich addierte im Geiste meine Rotweinvorräte, mit denen ich mich in einen traumlosen Schlaf zu katapultieren gedachte. Der Autoreisezug ging von Berlin-Wannsee bis München. Ich hatte uns eine eigene Kabine geleistet. Drei Flugtickets wären günstiger gewesen.

Die Kinder teilten mir das mittlere Bett zu. U-Boot-Gefühl. Über mir knarzte mein Teenager. Ich betete, dass die Materialermüdungen der Deutschen Bahn nicht die stählernen Schlafwagenträger erfasst hatten. Unter mir strampelte der kleine Hans. Ich hatte den Korkenzieher im Auto vergessen. Wie sollte ich mit der Angst fertigwerden, dass heute Nacht das obere Bett abbricht, auf mir landet und wir gemeinsam den Kleinen begraben?

Panik raubte mir den Schlaf. Die Jungs schnarchten gemütlich. Ich musste aufs Klo. Die Leiter ließ sich mit den Zehen nicht angeln. Ich suchte mit dem Fuß die untere Bettkante. Fühlte sich weich an. Plötzlich jaulte Hans auf. Ich war auf seinen Arm getreten. Karl machte das Licht an und brüllte prophylaktisch, weil er einen Eisenbahn-Ripper vermutete. Hans schrie lauter. Aus der Nachbarzelle wummerte es an die Pappwand.

Nachdem sich der Tumult gelegt hatte, endlich Schlaf. Leider nur wenige Minuten. Um kurz nach fünf Wecken aus dem Lautsprecher in routinierter Vielsprachigkeit. Noch neunzig Minuten bis München. Die Schaffnerin flanschte eine

Art Surfbrett ins Abteil und legte Pappkartons darauf. Frühstück. Eingeschweißter Honig, eingeschweißte Wurst, eingeschweißtes Backwerk. Früher hätten wir uns gefreut. Hans biss ins Croissant und schüttelte sich. Verwöhnter Bengel. Karl schnarchte oben einfach weiter. Zur Strafe trank ich seinen Kaffee. Mein Magen weinte.

Endlich Ankunft. Kaum eine Stunde später rollte das Auto vom Zug, zwei weitere Stunden brachten wir in der Rush Hour auf dem Mittleren Ring von München zu. Ich wollte zurück auf die Avus. Hans fragte schläfrig von der Rückbank: »Papa, warum wolltest du Autourlaubszug fahren?« Ich schwieg. Karl schnarchte. An der nächsten Raststätte würde ich die beiden aussetzen.

Habe ich dann aber doch nicht. Weil der Urlaubsstress inzwischen verflogen ist, koche ich diesen Sonntag wieder mediterran, also fast, weil manche mittelmeerischen Zutaten bei den Herren Söhnen nicht optimal ankommen – Zucchini und Auberginen fallen schon mal aus. Dann eben griechischer Salat mit einer blickdichten Schicht aus Schafskäse und Thunfisch obendrauf, sodass man das Rote und Grüne nicht sieht. Im Backofen schmoren Kartoffelschnitze, aber nur eine Hälfte mit Knoblauch. Statt einen der letzten Mittelmeerfische zu garen, zum Beispiel in Himalaya-Salzmantel, haben wir uns auf tiefgekühlte Lachsschnitten und Fischstäbchen geeinigt – so sehen Kompromisse aus: Ja zum Fisch, Nein zum Mittelmeer, vor allem aber zu Bratgut mit Köpfen, Augen, Schwanzflossen. Seit »Findet Nemo« findet Hans sogar Fische »süß«, was das Gegenteil von »lecker« bedeutet. Wir schmieden mal wieder Sommerferienpläne. Es wird so kommen wie mit dem Fisch: Berge ja, aber nur mit Rolltreppe.

Die Chefin will nach Griechenland, wegen der europäischen Solidarität. Hmm, sind wir da willkommen? Kann man als Berliner glaubhaft versichern, dass man quasi nachbarschaftlich neben dieser Regierung wohnt, aber eigentlich wenig mit den Herrschaften zu tun hat? Ich würde gern nach Sardinien, zu einem Rennrad-Trainingscamp. Die Chefin schnaubt. Da würde die Familie ja kaum Zeit füreinander haben, mäkelt sie. Eben, denke ich, so minimiert man Konfliktoptionen.

Was ist ein Kompromiss aus Griechenland und Sardinien? Richtig: Portugal. Auch ein EU-Problemland. Aber ein nettes. Außerdem haben wir mit Portugal noch eine Rechnung offen. Vor einigen Jahren waren wir schon mal dort, nur hatte die Chefin dummerweise eine Unterkunft zwischen zwei Golfplätzen ausgesucht. Nein, wir haben nichts gegen Menschen mit hässlichen Schuhen. Aber warum verfolgen sie uns bis in unser Ferienquartier? Erstes Fazit: Wir sind immer noch ein geteiltes Land. Während Hans traditionell eine Sandburg zu errichten gedachte, spielen Golf-Kinder gern was mit Anspruch, Wellness zum Beispiel. Nun, wie sagt man es höflich, ein Schönberger Bengel ist mit diesen modernen Spielen ein wenig überfordert.

Er habe sich zunächst hinlegen und die Augen schließen müssen, berichtete unser verstörtes Kind nach seiner ersten Wellness-Spiel-Erfahrung. Jung-Golferinnen mit Rautenpullovern und ansonsten sehr viel Rosa führten offenbar ein Beratungsgespräch. Man habe sich für seine Problemzonen interessiert, sagte Hans, ohne genau zu wissen, was gemeint sein könnte. Kein schlechter Ansatz, dachte ich: Fingernägel, Socken, Wirrhaar – da gibt es eine ganze Reihe Eingriffsmöglichkeiten. Aber wenn Profis Wellness spielen, geht es nicht um Kleinkram, sondern um Fundamentalkorrekturen. Ob er denn seine Gesichtsfalten unterspritzt haben wolle oder lieber ein Komplettlifting, wurde Hans gefragt. Mag sein, dass das Kind nicht über die allerbesten Gene verfügt, aber mit knapp zehn Jahren waren chirurgische Renovierungen wirklich noch nicht nötig. Bevor die Mädchen aus Küche und Krankenstation weitere Utensilien besorgen konnten, war das Wellness-Spiel leider vorbei. Die jungen Damen mussten zum Förder-Golf. Und Hans war getürmt.

Ich habe ein wenig Dill an den Industrielachs geschmuggelt, wegen des mediterranen Flairs. Das muss reichen als

Vor-, aber auch als Hauptgeschmack. Lachs ist wie Städtereisen – schnell gemacht, schnell verdaut, schnell vergessen.

Wir haben die Städtereise tatsächlich mal versucht und streiften schließlich mit einem gemalten Stadtplan durch irgendein Nest – ich glaube, es war Ljubljana –, in dem wir nur gelandet waren, weil ein Billigflughafen in relativer Nähe liegt. Und natürlich authentisches Essen auf achtsprachigen Speisekarten, serviert von authentischen Leichtlohnkräften aus EU-Beitrittskandidatenländern, wie sie auch bei uns zu Hause rackern. Städteurlaub bildet, vor allem die Resilienz.

Mir war gar nicht nach Städtereise gewesen, deswegen hatte ich kooperativ angeregt, dass ich die drei zum Flughafen bringen und wieder abholen könnte: »Das wäre doch mal was, Schatz, ganz allein mit zwei charmanten jungen Männern« – ausgeschatzt. »Du kommst mit!«, befahl Mona. Die Jungen grienten. Karl, der Große, hatte zwar auch keine Lust, aber die Aussicht auf mehrere Mahlzeiten am Tag sowie Rundumneueinkleidung waren Korruption genug.

Wenn sich vier Menschen erholen wollen, kommt selten was Gemeinsames heraus. Ich zum Beispiel kann eine Woche durchlesen und will nicht viel reden. Hans dagegen entspannt erstens beim sinnfreien Dauermonolog, zweitens mit aufgeregtem Bewegen und drittens in jenem Moment, da er die Disneyland-Premium-Event-Trips der Klassenkameraden mit souveränem »Drei Tage Ljubljana« kontern kann. Flug war halt günstig.

Die Chefin wiederum findet, dass Ferien eine ideale Gelegenheit für darstellendes Familienleben bieten, also das Vorführen harmonischen Miteinanders für irgendwelche Menschen, die wir gar nicht kennen: Wo geht das besser als im Kluburlaub? Deswegen gehen wir Arm in Arm in derartigen »Anlagen« (so heißt das im Holiday-Deutsch) und scherzend zum Essen, obwohl wir uns noch zwei Minuten zuvor die Augen auskratzen wollten. Man nennt es Konsens, denn alle anderen Familien im Ferienklub spielen ebenfalls eine ARD-Nachmittagsserie nach.

Die Männer trugen teigfarbene Hosen dazu, Segelschuhe und rosa Polohemden, ließen mal Fünfe gerade sein und spendierten Schaumwein für die Gattin, die sich mit vier Wochen Pulverfutter ins Sommerkleid gehungert hatte. Die Jungs guckten verstohlen nach Mädchen und hofften, dass ihre nagelneuen Skateboardschuhe beachtet würden.

Manchmal war danach Disco. Monate vorher hatte ich schwitzend geträumt, dass ich sturzbetrunken ein cremefarbenes Sakko mit lila Innenfutter über meinem Kopf kreisen ließe, woraufhin die Chefin nicht etwa in meine Arme streben würde, sondern zum Scheidungsanwalt. Die Jungs wiederum würden sich nach Adoptionsbedingungen erkundigen.

Machen wir uns nichts vor. Urlaub ist Stress, vor allem, wenn andere Familien zugucken. Die Vergleicherei zu Hause ist ja schon schlimm, aber in den Ferien wird sie zur einzigen Tagesbeschäftigung. Männer vergleichen ihre Frauen, Frauen ihre Männer und diese dann mit Kellnern und Trainern, und bei den Kindern wird alles verglichen: Klamotten, Wissensstand, Benehmen. Die gute Nachricht: Unsere sind gar nicht so schlimm. Die schlechte Nachricht: Nach oben ist noch gewaltig Luft.

Ich leere den Rest der ersten Flasche Rotwein (Nero d'Avola/ Sizilien) in mein Glas, versuche mich zu entspannen und Hans auf einen touristischen Nostalgie-Trip zu locken. »Weißt du noch?«, frage ich sanftstimmig, »unsere Ausflüge ins Legoland?« Hans nickt, allerdings mit zurückhaltender Begeisterung. Lego steht nicht mehr ganz so hoch im Kurs wie damals.

Ach, was waren das Zeiten, als die Kinder mit billigen Tricks zu korrumpieren waren. Hans war gerade eingeschult worden, als die ersten Angeber in seiner Klasse bereits ins Legoland nach Paris flogen. Ich wollte mit dem Vogelpark Walsrode kontern, Hans lehnte empört ab. Nun kam mein Moment: Super-Dad greift an.

»Wir fahren ins Legoland«, verkündete ich, »und zwar ins echte, nach Billund.« Mein Kleiner war erstmals in seinem Leben für mehr als eine Sekunde ruhig. Eine noch längere

Schweigepause kehrte ein, nachdem ich meinen Plan erläutert hatte: »Wir fahren mit dem Rad bis Kopenhagen.« Aber es klappte.

Ob im Schlagregen an der Müritz, bei Gegenwind auf Falster oder vor der lauwarmen Dose Ravioli – die Magie von acht Buchstaben ist beträchtlich. Sobald Hans schwächelte oder maulte, reichte das Zauberwort »Legoland«, und er strampelte weiter. Ich hätte ihm noch deutlich mehr von meinem Gepäck aufladen können. Tapfer hat der kleine Mann die Strecke Berlin–Kopenhagen durchgestanden.

Das Problem: In zehn Tagen auf dem Rad verwandelt die kindliche Einbildungskraft einen ziemlich normalen Vergnügungspark in ein monströses Event. Und von Kopenhagen mussten wir auch noch stundenlang mit Bahn und Bus durchs Land gurken, was die Hibbeligkeit weiter anheizte. In einem Anfall von Größenwahn hatte ich eine Nacht im Lego-Hotel gebucht. Jetzt weiß ich: Diese Dänen haben ihre dämliche Krone nur behalten, um arglose Euro-Touristen über die wahren Kosten im Unklaren zu lassen.

Einfahrt in die Lego-Metropole Billund. Eher unspektakulär. Ich hätte mehr Villen erwartet. Ein bis zwei davon hatten immerhin vier Generationen meiner Familie finanziert. Die dritte käme in den nächsten 24 Stunden zusammen.

Legoland ist exakt so, wie man es erwartet. Eltern, die zu schneller Reizüberflutung neigen, sollten sich im alten Teil aufhalten, wo entschleunigte Sehenswürdigkeiten wie Windmühlen, Eisenbahn, Weißes Haus aus Bauklötzen zu bestaunen sind. Aus dem Lego-Hotel blickt man auf eine nervige Bimmelbahn. Und im neueren Teil kacheln unentwegt Achterbahnen umher, wo sensible Mägen das üppig feilgebotene Fast Food gleich wieder loswerden. Praktischstes Gerät: eine Kindertrocknungsanlage, die den Nachwuchs am Stück föhnt. Ich überlegte mir, ob es wohl komisch gewesen wäre, mit einem Playmobil-T-Shirt hier einzulaufen. »Komm schon, Papa«, sagte Hans und zerrte an meinem Ärmel. Noch mal Achterbahn. Mir war schlecht. Ich wollte nach Walsrode.

Im Jahr darauf wiederholen wir das erfolgreiche Feriendeal-Konzept: Diesmal ging es in die andere Richtung, nach Günzburg, ins Legoland Deutschland. Fairer Deal: Ich bekam 14 Tage Radspaß und musste mit 24 Stunden Lego-Irrsinn bezahlen. Für Hans war es umgekehrt.

Also noch mal den Campingkram aufs Rad. Die Vorfreude auf feuchte Nächte im Zelt ließ meinen Rücken jaulen. Erstes Etappenziel Fläming-Skate, der größte Skater-Rundkurs im nordöstlichen Europa. Ein Campingplatz voller Tschechen auf Rollschuhen. Lauwarme Dosensuppe statt Abendessen. Zum ersten Mal seit einem Jahr schlief das Kind im Sitzen ein. Knapp drei Stunden vor Mitternacht. Zu dunkel zum Lesen. Zu faul zum Denken. Zu müde, um mit den Tschechen zu trinken.

Meine europäischen Nachbarn sangen mich in den Schlaf. Kaum war um ein Uhr morgens die letzte böhmische Weise verklungen, weckte mich ein großer Zeh. Hans hatte sich aus seinem Schlafsack geschält und um neunzig Grad gedreht. Zehen in der Magengrube sind noch zu ertragen. Doch die kleinen Füße arbeiteten sich langsam an mir empor. Wir hätten vielleicht doch noch duschen sollen, bevor wir uns zur Nacht betteten. Es gab nur eine Chance: Ich musste mich mitdrehen, ziemlich genau im Uhrzeigertempo: alle 15 Minuten 90 Grad.

Als der Morgen graute, hatten wir vier komplette Drehungen absolviert, mit einem Unterschied: Das Kind schlief, ich war auf der Flucht. Dafür hatte ich keinen Schlafsack mehr. Den hatte Hans unter seinem Kopf zusammengeknüllt. Ich deckte mich mit einem T-Shirt zu. Und immer weiterdrehen. Als die Tschechen den Morgen mit einem fröhlichen Lied begannen, hatte ich die erste halbe Stunde Schlaf hinter mir. Ach, du herrliche Natur, schön, dass du uns Ruhe und Behaglichkeit geschenkt hast.

Vor lauter Fontane-Gefühl hatte ich die Mücke gar nicht bemerkt, die offenbar die ganze Nacht mit uns im Zelt gekreiselt war. »Du musst mit dem Fingernagel ein Kreuz in den

Stich machen, ganz feste«, riet mein kleiner Insektenberater. Vierzehn Kreuze später hatte das Jucken tatsächlich aufgehört, weil der Schmerz vom eingeknickten Fingernagel das Mückengift überlagerte. Als Nächstes würde ich meine Finger in der Fahrradkette quetschen. Zuvor würde ich mich allerdings am Campingkocher verbrennen. Es lebe der Gegenschmerz.

Hans schaukelte auf dem Spielplatz, kleine Tschechen sangen ihm Volkslieder vor. Hans revanchierte sich mit »Leider geil« von Deichkind. Hatte ihm sein großer Bruder beigebracht. Kaum eine Stunde später hatte ich zwei Isomatten, zwei Schlafsäcke und ein Zelt in die Packtaschen gestopft. Im Laden hatte es ordentlicher ausgesehen. Der Geschmack von überdosiertem Pulverkaffee mit Spiritus-Bouquet lag wie ein nasser Pudel auf meiner Zunge. Der Nahverkehrszug wäre in weniger als einer Stunde zurück in Berlin gewesen. Ich hätte einen Bandscheibenvorfall simulieren können oder eine Kinderfußallergie. Schlecht genug war mir auf jeden Fall. Noch elf Tage Radurlaub. Leider kein Internet in Brandenburg. Sonst hätte ich das nächste Wellness-Hotel gegoogelt. »Los Papa, wir müssen weiter«, mahnte Hans, »ins Legoland.« Jetzt hatte der Kleine schon meine Texte übernommen. Als Nächstes würde er mein Gepäck bekommen.

Gut, dass Neunjährige kaum über kartografische Kenntnisse verfügen. Für den Kleinen klang Günzburg ähnlich harmlos wie Charlottenburg. Als die pädagogisch wertvolle Mischung aus Gegenwind, Zelten und landeskundlichen Referaten bereits zehn Tage angedauert hatte, wurde Hans langsam skeptisch. War Günzburg ein Phantom wie Bielefeld? Wir kreuzten im südlichen Hessen umher, hart an der bayerischen Grenze, als mein warmes »Ist gar nicht mehr weit« endgültig im Maulen versank. Wie im Wahlkampf: selbst schuld, wer alles glaubt.

Wieder mal standen wir vor einer Charakterfrage: Sollte ich die rare Ressource Konsequenz bemühen und auf einem Finale hoch zu Rad bestehen? Oder ergab ich mich den zunehmend unbrandenburgischen Steigungen? Natürlich siegte die Herzenswärme, und wir entschieden uns für unser Lieblingsunternehmen: Man weiß die Bahn erst richtig zu schätzen, wenn man tagelang neben der Trasse herstrampelt. Nachdem ich, dankbar für eine weitere Trainingseinheit, die bepackten Räder die Bahnsteigtreppen empor und in den Zug gewuchtet hatte, konnte ich Hans nur mit Mühe davon abhalten, im Waggon auf die Knie zu fallen und die schweren Dienstschuhe des Schaffners zu liebkosen. Zeit der Demut. Der bequemste Radsattel verliert auch gegen den abgewetztesten Regionalbahnklappsitz.

Günzburg gehört zu jenen Orten, die die Welt nicht braucht. Vom Bahnhof noch acht Kilometer bis ins gelobte Land. Hans flog auch den garstigsten Anstieg empor. Das Kind tirilierte, meine Nerven vibrierten. Überfröhliche Kinder machen mir Angst. Nach Freuen kommt Heulen. Schlechtes Karma, wenn Tausende Rangen zeitgleich durchdrehen. Vielleicht gibt´s im Legoland psychologische Betreuung für Eltern. Musste ich mir Sorgen machen, wenn ich überall nur noch Noppen sah? Zunächst aber sahen wir überall Autos. Mitleidige Blicke der SUV-Piloten auf uns Rad-Aliens. Ja, das ist Öko-Deutschland: Mit der Geländekarre direkt vor den nachhaltigen Vergnügungspark. Bevor wir uns der Bespaßungsindustrie in den Rachen stürzten, musste das Nachtlager bereitet werden, natürlich auf dem Campingplatz des Lego-Feriendorfs. Unser Ultraleicht-Zelt verschwand in einem Kessel wuchtiger Wohnmobile. Wenn wir Pech hätten, würde uns ein Spätankommer übersehen und wir würden unter einer Ölwanne aufwachen. Aus dem Tal stieg Kindergejohle auf. »Los, Papa, du wolltest doch Achterbahn fahren«, drängte Hans. Nein, wollte ich nicht. Ich hatte es nur mal behauptet, um die kindliche Vorfreude zu stabilisieren. Es wurde der erwartet harte Tag.

Mein nahezu mediterranes Essen ist ein voller Erfolg. Karl und die Chefin verspeisen den Lachs, Hans die Knoblauchkartoffeln. Für mich bleiben Kartoffeln ohne Geschmack und Dillgestrüpp.

»Wohin fahren wir denn dieses Jahr in Urlaub?«, fragt die Chefin. »Karibik«, sagt Karl. »Legoland«, sagt Hans. »Wellness«, sagt die Chefin. »Fernsehsessel«, denke ich. Der Gedanke an mitreisende Kleinkinder macht mich nun mal fertig. Ob in Flugzeugen, angrenzenden Hotelzimmern, romantischen Restaurants, auf Partys oder am Badesee – überall krakeelen Zwerge, die für einen Moment süß, aber auf Dauer ziemlich nervig sind. Was auch an Eltern liegen mag, die unbedingt beweisen wollen, dass ein Death-Metal-Konzert für Zweijährige kein Problem ist; hat ja Ohrenschützer auf. Womit die Frage ungeklärt bliebe, ob anstrengende Kinder von der Natur so gemacht wurden, von den Eltern oder an einer unseligen Kombination aus beidem leiden.

Wenn nun Campingplätze oder Ferienquartiere eine nervzwergfreie Zone anbieten, dann spricht daraus nicht Kinderfeindlichkeit, sondern Lebenserfahrung. Der Nachwuchs hat natürlich ein Recht auf Respekt, der Kinderlose aber keine unentwegte Pflicht zum Dutzidutzi. Ob Lehrer, Kinderärzte oder Nachhilfekräfte, wer im alltäglichen Gebrüll steht, dem sei ein kinderfreier Urlaub gegönnt. Hier jetzt bitte den #shitstorm beginnen. Wo wir gerade beim Tabubrechen sind: Unlängst empörte eine kleine Studie unsere affenliebesblinden Mit-Eltern: Unter dem Motto »Regretting Motherhood« gaben Frauen anonym zu, dass sie ihr Mutterdasein dann und wann bereuten. Darf man das sagen? Denken? Manchmal jedenfalls? In den Ferien muss man sogar.

Erfahrene Eltern kennen die emotionale Abwärtsschraube: Auf die ersten Monate der vor allem hormonell bedingten Blindliebe (»Wenn sie mich aus ihren großen Augen anstrahlt, sind schlaflose Nächte, Durchfälle und Hysteriegebrüll sofort vergessen«) folgen Depressionsphase (»Ach du Schreck, bleibt das jetzt etwa 17 Jahre so?«), verzweifelte Machtdemonstrationen (»Solange du die Füße …«) und schließlich die Verzweiflung (»Ich geb´s auf.«). Leider folgen diese Phasen nicht ordentlich aufeinander, sondern wechseln, mitunter stündlich. Man nennt es Erziehung, vor allem der eigenen

Gelassenheit. Das Hoffen auf Reifeschübe durch Einschulung oder Volljährigkeit erweist sich als naiv. Wer den Kinderwahn einmal durchhat, weiß, was Demut ist, Dankbarkeit und Ruhe. Elternsein bereuen – wie kann man darauf nur kommen?

Ausgerechnet im Urlaub prallen idealistische Novizen und erfahrene Langzeiterziehende ungewollt aufeinander, zum Beispiel auf dem Flughafen. Neueltern haben keinerlei Verständnis, wenn der schlechtlaunige Pubertätspickel vorm Abflug unterm pädagogisch fragwürdigen Kopfhörer geparkt wird, während Routiniers belustigt verfolgen, wie zwei erwachsene Menschen unter Abschalten aller Hirnfunktionen um einen dreimonatigen Schreihals herumtanzen. Lustig, wenn Vati in drei Taschen, dem Karbonkinderwagen und den beiden bunten Plastiktüten nach Schnuller, Zwieback oder Globuli buddelt, während er rasch ein Foto auf Facebook postet, das beweisen soll, wie dufte der erste Urlaub mit dem Kleinen läuft. Dauernde Panik, nicht genug Familienglück zur Aufführung zu bringen. Daneben Mutti mit dem stählernen Lächeln der Perfektionswahnsinnigen. Nächste Station: ein weiterer Erziehungsratgeber. Dann Vater-Kind-Yoga. Schließlich Paartherapie. Das kluge Kind indes weiß: Je länger ich brülle, desto mehr Entertainment veranstalten Mama und Papa. Beim nächsten Urlaub haben dann alle Kopfhörer. Gibt da so 'ne Studie.

Gerade in der Öffentlichkeit, also in den Ferien, ist Elternsein noch mehr Stress als sonst. Immer gucken andere Väter und Mütter, nachts hören sie unfreiwillig, bisweilen riechen sie mit, und immer wird bewertet. Warum sollten andere Eltern auch weniger schonungslos in ihrem Urteil sein als man selbst? Und vor allem: warum weniger lügen? Macht wirklich Spaß, Jungeltern beiläufig mitzuteilen: Unsere haben ja sofort durchgeschlafen. Tolle Reisekinder. Stabiler Magen. Nie Hitzepickel oder Mückenbeulen. Totale Harmonie zwischen Mutti und Vati, Bonobo nonstop. Schlafmangel? Was ist das?

Sollen wir etwa zugeben, dass wir sogar Gläschen mit Spinatnudeln luftpolsterfoliengedämpft im Gepäck hatten, weil wir der spanischen Ware nicht recht trauten? Bekloppt? Und wie. Haben wir unser Elternsein jemals bereut? Natürlich; was hätten wir alles Tolles mit der vielen Zeit und dem vielen Geld anstellen können. Wären wir deswegen glücklicher? Nicht eine Sekunde. Man darf das Kinderkriegen jeden Tag bereuen. Man muss nur einmal öfter denken: Wie schrecklich langweilig wäre das Leben erst ohne die Racker.

12. Privat vs Öffentlich

»Kindermund macht Eltern wund« – oder wie lautete die alte Weisheit noch? Stimmt jedenfalls. Kindern fehlt das Gespür dafür, welche Informationen besser im Familienkreis bleiben.

An manchen Sonntagen überrasche ich meine Familie mit der Ankündigung: »Heute gehen wir zu Marco.« Allgemeine Begeisterung. Marco betreibt ein Restaurant, das nicht gerade im Schnäppchen-Segment rangiert. Ein Besuch dort entspricht dem Gegenwert einer Städtereise, ist aber deutlich entspannter. Die Chefin genießt die herzliche Umarmung durch das Personal, die Kinder werden mit Scherzen unterhalten, Vati bekommt exquisiten Wein.

Man kennt uns, tut so, als schätze man uns, es herrscht dieses unbezahlbare Stammgastgefühl, das von den anderen Gästen, die weiter unten im Ranking stehen, mit Neid und Bewunderung beobachtet wird.

Längst haben sich indische, afghanische und sogar schwäbische Exotik-Gastronomen in Laufweite angesiedelt. Aber kulinarische Experimente würden monatelange Abstimmungsverfahren bedeuten. Italienisch geht, immer. Für Marcos Osteria spricht außerdem die Langmut der Mitarbeiter. Obgleich wir seit einem Jahrzehnt dort ausdauernd Rotwein über die Tischwäsche kippen, Familienzwiste im Sizilien-Style austragen und lautstark Berlusconi verhöhnten, schaffen es die Kellner immer wieder, Freude vorzutäuschen, sobald wir in den Laden lärmen. Andere sind halt noch schlimmer.

Neulich diskutierte eine Familie für alle 80 Gäste hörbar die Frage, ob der Heranwachsende sein Praktikum bei der Lufthansa, bei BMW oder doch bei einer Unternehmensberatung absolvieren möge. Zum Glück war bald Ruhe, denn die

Familie wendete sich dem Wesentlichen zu – der Elektronik. Das Hochleistungskind mümmelte an seiner allergenoptimierten Nudel und hackte derweil den Nasa-Server. Unter dem Vorwand, es sei was Dienstliches, starrte Vati in sein Smartphone, Mutti postete die Tageskalorien bei Facebook, während sich Töchterlein für Topmodel-Wettbewerbe bewarb.

Neidisch guckte Hans zum Nebentisch. »Vielleicht adoptieren sie dich«, sagte ich aufmunternd. Mona guckte böse und versuchte, ein kindgerechtes Thema anzusprechen. »Müsst ihr noch viel für die nächste Woche erledigen?« Volltreffer. Karl tauchte unter den Tisch, als hätte er was verloren, Hans übte sich in seiner Paradedisziplin Taubstellen. »Blöde Frage«, murmelte ich aufmunternd. »Sorg du doch für Unterhaltung«, giftete die Chefin. Ich wünschte mir vier Smartphones.

Der Unterschied zwischen öffentlichem und privatem Familiesein ist gewaltig. Zu Hause, da hat man seit Jahren eingeübte Rollen, Dialoge, Laufwege; wie eine seit Adenauer immer wieder aufgeführte Ku'damm-Komödie. Sichere Lacher, leichte Erschütterung, keinerlei Überraschungen. Die öffentliche Familie hingegen agiert auf einem Laufsteg. Da will man nicht sein wahres Ich entblättern, sondern folgt den Regeln der sozialen Erwünschtheit. Deswegen bestelle ich immer Fisch mit Salat. Und zu Hause dann noch ein Käsebrot.

Aushäusiges Abendessen geht ja noch. Da bin ich wenigstens wach. Frühstücken im Restaurant ist weitaus anstrengender. Man darf nicht in der Schlafanzughose aufkreuzen und sich erst recht nicht dort kratzen, wo es laut Lukas Podolski 80 Prozent der deutschen Männer und er tun. Einen Fernseher zum Ruhigstellen der Jungs gibt es auch nicht. Gehetzte Servicekräfte stoßen Laute aus, die klingen wie »Sofort« oder »Sorry, da hat die Küche was verwechselt«. Statt eines entspannten Tagesbeginns lässt der Ernährer noch vor Mittag eine beträchtliche Menge Geldes und Nerven. Was zuverlässig bleibt, ist ein Mordshunger. Und die neugierigen Blicke vom Nachbartisch. Hätten wir bloß zu Hause gefrühstückt.

Mit einer 50-jährigen Frühstücksroutine entwickelt man immerhin das Talent, die wirklich leckeren Dinge zu bestellen. Leider als Einziger. Die Kinder ließen sich von der Speisekarten-Lyrik beeinflussen. Sie verlangten nach Pfannkuchen und Wurstartigem. Die Chefin wiederum wollte das schlechte Gewissen abarbeiten und orderte eine vegetarische Gemüseplatte, salzarm, dafür mit Auberginen-Überschuss. Ich kann mich morgens nicht verstellen und befragte ergebnisoffen und vorurteilsfrei meinen Magen, der umgehend rückmeldete: Spiegeleier mit Speck, Vanille-Quark mit Früchten, Lachs, Roastbeef und Croissants. Ein tadelnder Blick der Chefin, angewiderte Gesichter der Jungs.

Die Pfannkuchen kamen. Hans und Karl probierten eine Ecke und würgten. Wahrscheinlich Teig aus der Plastikflasche. Wie zu Hause. Die Chefin wiederum hielt einen moosgrünen Lappen auf der Gabel. Lustiges Ratespiel: Welches Gemüse könnte das sein? Karl vermutete Mangold, Hans tippte auf Alge, ich landete mit dem Vorschlag »Dino-Popel« einen Lacher, bei den Jungs jedenfalls.

Endlich kam mein Frühstück. Tierisches Fett, Tonnen Kohlenhydrate, garantiert laktosereich. Hans angelte umgehend Speckstücke von meinem Ei. Während ich ihn zurechtwies, attackierten Gattin und Großsohn Obst und Fischteller. »Hier, kannst meinen Pfannkuchen haben«, sagte Hans und nahm meine Spiegeleier. Ich monierte Mundraub, aber die Chefin entgegnete: »Nun lass ihn doch, wenn's ihm schmeckt.« Dann schnappte sie sich den Restlachs. Karl hatte das letzte Croissant verschlungen. Wer das Roastbeef stahl, war nicht mehr zu ermitteln. Meine Familie war gut gelaunt und satt. Netterweise hatte man mir die braunen Apfelstücke aus dem Obstsalat gelassen.

Bei Marco passieren uns solche Anfängerfehler nicht. Der verwöhnte Hans besteht auf Trüffelnudeln, Karl verdrückt seit dem Mauerfall zuverlässig »Penne Senatore«, nur die Chefin ist etwas wankelmütig. Die anderen Gäste hören schließlich mit. Vegan ist hoch im Kurs, auch wenn der Körper nach

Kalbshaxe verlangt. Im Restaurant verspielt man mit einer High-Carb-Full-Fat-Order für Jahre das Ansehen im Kiez.

Eine Weile lang hatte ich meine Probleme mit der Osteria. Es begann im Jahre 2006, als Marco das Mannschaftsfoto des WM-Zufallssiegers Italien gut sichtbar am Eingang aufgestellt hatte, gleich neben dem Bild von Horst Köhler, der hier auch schon mal gegessen hat. Klar, sportliche Fairness genießt bei uns als Erziehungsziel höchste Priorität. Aber ich kann nun mal nicht entspannt tafeln, wenn Camoranesi mir dabei zuschaut. Der Triumphalismus der Südeuropäer ist mir einfach eine Spur zu laut, zu heiter, zu überschwänglich. Wir haben den WM-Sieg 2014 sehr viel dezenter gefeiert, bis auf die Chefin vielleicht. Sie redet bis heute von Schweini, mit dem leicht irren Blick des Justin-Bieber-Fans: dieser Körper, diese Leidensbereitschaft, diese coole Verschmitztheit.»Fast so wie ich«, sage ich dann. Aber die Chefin hört nicht zu.

Das Freuen über Fußballsiege gehört zu jenen emotionalen Regungen, die man unbedingt im Privaten pflegen sollte. Denn einer siegreichen Nation stehen Dutzende Verlierer gegenüber. Und die teilen öffentlichen Siegestaumel eher weniger. 2014 sind wir ungeschickterweise mit einem Schland-Mobil in den Urlaub gefahren. Tempo 130 war wohl etwas flott für unseren schwarz-rot-goldenen Autoschmuck. Der Motorhaubenüberzug klebte eine Weile vor der Windschutzscheibe, bevor er sich verabschiedete. Aber Blindflug ist kein Problem für Weltmeister – einfach an einen Laster hängen und 20 km/h über der erlaubten Geschwindigkeit bleiben.

Zwei Stunden hatte Hans von der Rückbank jedem vorüberrasenden Fahrzeug unsere Reiseflagge gezeigt und seinen Daumen emporgereckt. Ein paar Skandinavier winkten tatsächlich nett zurück. Ich hupte ein paarmal, einfach so, weil wir Weltmeister sind. Die Chefin lächelte derweil stumm im Schweini-Fieber. Tankstopp. An der Zapfsäule nebenan stand ein Wohnwagen voller Holländer. Hans wedelte mit der Fahne. Keine Reaktion. Hans sang »Ein Hoch auf uns ...«. Keine Reaktion. Ich sagte: »Der Robben war echt stark«, während Hans ungebeten fragte: »War das der mit den Schwalben?« Wir sind dann mal lieber weitergefahren.

Während wir Franken durchquerten, ließ ich meiner Familie einen Intensivkurs angedeihen: »So verhalten sich Weltmeister im Ausland«. Erste Regel: keinerlei provokative Hinweise auf den Sieg, kein Autoschmuck, keine Trikots, allenfalls ein dezentes Armbändchen. Die anderen wissen ja, dass wir, also vor allem Schweini, die Tollsten sind. Und genau hier liegt das Problem: Werden 80 Millionen Deutsche mal wieder Weltmeister, bleibt mehreren Milliarden Menschen maximal der zweite Platz. Haben wir uns mit den Italienern gefreut damals? »War ich noch nicht geboren«, behauptete Hans, wedelte weiter mit der Fahne und kassierte seinen hundertsten Stinkefinger.

Ich freute mich schon auf die allabendlichen Fußballspiele von Vätern und Kindern auf der Wiese in Südtirol, fast dort, wo der Triumphzug unserer Jungs mit einem gelungenen Trainingslager begonnen hatte. Die Chefin würde weiter beseelt vor sich hin starren, Hans herumtrompeten, dass wir den Pott geholt hatten. Und ich würde versuchen, den Blutgrätschen zu entgehen.

Zwischen Marco und mir ist diese WM-Sache längst ausgeräumt, jedenfalls öffentlich. Immer, wenn wir die Osteria betreten, wiederholen wir die seit Jahren bewährte Formel, dass jeder seinen Sieg zu Recht errungen habe. Wir sprechen extra laut, damit die anderen Gäste und natürlich unsere Jungs den Eindruck gewinnen, dass auch extreme Fans in der Lage sind, anderen den verdienten Triumph zu gönnen. In Wirklichkeit denke ich natürlich was anderes. Aber das ist privat.

Während Hans an seinen Trüffelnudeln gnuffelt, besprechen wir die abgelaufene Woche. »Cro«, sagt die Chefin und grinst. Ach du Schreck, völlig verdrängt. Wieder so ein öffentlicher Auftritt, bei dem man sich als Erwachsener verstellen muss. Ich hatte Hans zum Geburtstag Karten für das Konzert des Teenie-Rappers Cro geschenkt, ein Jüngling aus Stuttgart mit Panda-Maske. Vielleicht handelt es sich aber auch um einen Panda, der Schwabenkostüm trägt. Man muss Cro nicht groß youtuben. Auf Radio Teddy läuft der Konfirmanden-Rap durchgehend, der wie Helene Fischer funktioniert: Man tapst automatisch mit, um sich dafür zu hassen, dass man mittapst, um gleich darauf wieder mitzutapsen.

Karl, der Große, lachte sich schlapp und ernannte mich zum Senioren-Teenie. Hat der Lümmel vergessen, wie wir einst im Hamburger Stadion der wechselnden Namen froren, um einen live völlig überbewerteten Eminem nicht mal mit dem Feldstecher zu erkennen? Mona empfahl, den Kleinen an der Pforte der Max-Schmeling-Halle abzugeben, um die kommenden zwei Stunden im Prenzlauer Berg Bier zu trinken. So hielten es die meisten Eltern: Manche lungerten vor dem Eingang, andere parkten mit ihren Potsdamer SUVs den Kiez zu.

Ich aber wagte mich in die Höhle des Pandas, wo mittelcoole Eltern ungelenke Tanzschritte vollführten. Die Muttis gingen noch, die Vatis dagegen litten an Schnappatmung, weil die Jeans von damals an Elastizität eingebüßt hatte. Manche trugen zur Vorwärtsverteidigung ein T-Shirt von Bob Dylan, Neil Young oder Bruce Springsteen, die Kastelruther Spatzen des Gitarrenrock. Dabei war Abgrenzen unnötig: Cro lieferte eine grundsolide Show mit Harmonien, die er von den Stranglers, Jay-Z oder Bobby Hebb zusammengeklaut hatte. Die Texthärte entsprach den Flüchen der Chefin beim Autofahren.

Nach einer halben Stunde zog Hans an meinem Gürtel, weil ihm die Musik zu laut war und die Lieder nicht so rund klangen wie im Radio. Privat mochte das Kind ein Cro-Fan sein. Aber der öffentliche Auftritt an der Seite seines hüftkreisenden Vaters war ihm offenbar unangenehm. Pah – peinlich oder nicht, die 40 Euro pro Ticket würden abgetanzt bis zum letzten Cent. »Da vorn sind welche aus meiner Schule«, murmelte Hans unter einer behelfsmäßigen Panda-Maske, die er sich aus Werbeprospekten gebastelt hatte. Mir doch egal. Ich wollte das Finale mit Feuerwerk und Konfettikanone nicht verpassen.

Am Ausgang kauften wir ein Cro-T-Shirt, ein paar Nummern zu groß, denn ich will es zuerst tragen, im Büro, und zwar so lange, bis das Piepen im Ohr verschwunden ist. Hans kann solange mein Neil-Young-Shirt haben.

Inzwischen hat sich Hans natürlich doch das Cro-Leibchen gegriffen, nur um es jetzt mit der Käse-Trüffel-Soße zu sprenkeln. Die Chefin hat ihr Gemüse-Genuss-Gesicht aufgesetzt, Karl späht über den Tisch, wo noch was abzugreifen ist, und bohrt seine Gabel in Hansens Nudeln. Königsfrage: Spendieren wir den Kindern noch einen Nachtisch, damit uns die Umsitzenden für lockere Zeitgenossen halten, oder folgen wir der inneren Stimme, die unablässig wispert: »Zucker ist das neue Heroin, Zucker ist das neue Heroin ...«?

Ich mache einen Kompromissvorschlag: Wir gehen jetzt raus, auf die kleine Wiese vor der Osteria, spielen ein wenig Frisbee, damit man mich in meinem Kiez für einen sportlichen Vater hält, der mit seinen Kindern voller Begeisterung spielt, um uns dann ein Waffeleis zu holen. Kollabieren werde ich dann ganz privat auf dem heimischen Sofa. Karl hat das Frisbee bereits unter seinem Stuhl hervorgezaubert. Die Chefin übernimmt die Rechnung. Wir sagen »Ciao, belli« und stürmen raus, also die Jungs. Mich befällt plötzlich dämonische Schlappheit. Fresslähmung? Oder ist dieser Schwindel beim Aufstehen Vorbote einer tödlichen Krankheit? Würde ich jetzt Frisbee spielen, wenn ich wüsste, dass ich nur noch sechs Wochen zu leben habe? Egal. Leute gucken zu. Also lächeln und ab auf den Rasen.

Das Frisbee kommt angeflogen. Fast hätte ich gefangen. Ich gebe der Plastikscheibe einen eleganten Spin. Nun schnapp schon, ungeschickter Sohn. Stattdessen lässt Hans das Frisbee eine Schneise ewiger Freundschaft über die Wiese ziehen. Mit meinem eleganten Wurf hätte ich fast ein Baby geköpft, einen Balancierer von seiner Leine befördert und einen glänzenden Container verbeult, der auf ein Rad geschraubt ist. Höchste Zeit, die Schuldfrage zu stellen: Sind wir Hyperaktiven das Ärgernis, die wir uns gern ein wenig im öffentlichen Raum bewegen? Oder nerven vielmehr jene Zeitgenossen, die mit zahllosen Freizeitgerätschaften in jedem Park unerträglichen Dichtestress erzeugen?

Alle üben sich in der Lust darstellenden Familienlebens: alle aktiv, alle Tonnen Spielgerät dabei, alle perfekt, alle total nett. Sind sie erst wieder daheim, werden sie sich angiften. Dann hört ja keiner mehr zu.

Karl, Hans und ich haben bald genug vom ausgelassenen Treiben auf der Wiese. Die Chefin kommt aus der Osteria geschlendert. Die Jungs dort seien ja so verständnisvoll, sagt sie schwärmerisch. Alles klar. Offenbar wurde mit dem Restaurant-Personal mal wieder Privates ausgetauscht. »Papa hat keine Lust mehr, mit uns Frisbee zu spielen«, petzt Hans. Am Konzept der Vertraulichkeit müssen wir noch ein wenig arbeiten.

13. Spießer vs Hippies

Alle Eltern eint der Wunsch, auf gar keinen Fall spießig sein zu wollen. Die traurige Wahrheit ist: Es gelingt kaum jemandem. Außer uns natürlich.

Wenn ich am Sonntagabend den Tisch decke, achte ich peinlich genau auf kunstvolle Unordentlichkeit. Auf gar keinen Fall darf jeder das gleiche Besteck haben. Wir haben zum Glück eine große bunte Auswahl an Geschirr, weil von ursprünglich sechs oder acht gleichen Tellern bis heute maximal drei überlebt haben. Oder Servietten. Ich nehme eine von Weihnachten, eine aus der Osterkollektion, einmal das Modell Emil Nolde und weiter hinten im Schrank finde ich immer noch ein Käpt'n-Blaubär-Modell von einem jener frühen Kindergeburtstage, als die Kleinen noch süß waren, jedenfalls in der Erinnerung. Ein kunterbunter Essenstisch, das ist meine Kampfansage an die bürgerliche Gesellschaft.

Ich bin bro-mäßig lässig, wenn Karl die Küche betritt, aber in Wirklichkeit hoch gespannt. Wird der Große die Augenbrauen lüpfen und ein kurzes »Mrmh« knurren? Und was mag dieses »Mrmh« heute bedeuten? Zustimmung? Kritik? Verletztsein?

Den Begriff »reden« definieren wir bei unseren Jungs relativ großzügig. Ganze Sätze sind es nicht, streng genommen versteht man nicht mal einzelne Wörter. Mit dem Erreichen der siebten Klasse geschehen ja seltsame Dinge im Sprachzentrum von Knaben. Schlagartig verkümmert die Artikulationsfähigkeit; noch ein Beweis, dass die Evolution rückwärts funktioniert. Unser großes Kind spricht vorwiegend Neandertalerisch. Der Junge macht Geräusche, vor allem eines, das klingt wie ein abgehacktes Röcheln mit einem variabel modulierten brummigen Unterton, ungefähr wie »Mrmh«. Seit wir die Party zum 18. Geburtstag bezahlt haben, sind wir fest überzeugt, dass das Brummige etwas weniger geworden ist. Er meint es sicher nur gut mit uns; er will uns nicht überkommunizieren. Deswegen wird mit »Mrmh« jede Frage beantwortet, jede Debatte bestritten, was immer dann zur Interpretationsaufgabe wird, wenn es um Fakten geht.

Fragt der teilnahmsvolle Vater »Wie war's denn in der Uni, mein Junge?«, dann kann man sich für das »Mrmh« was Passendes aussuchen. Auf die Frage der leistungsorientierten Mutter, wie denn die Klausur benotet worden sei, ist ein »Mrmh«« wenig hilfreich. Wir übersetzen dieses »Mrmh« aus emotionalem Selbstschutz mit einer Note zwischen Zwei und Drei, weil der Junge eine Eins sicher stolz und klar ausgesprochen hätte, eine Fünf hingegen mit einer Tirade über die mangelnde pädagogische Qualifikation des Lehrpersonals erklärt worden wäre.

Eigentlich hat der Junge recht. Man muss nicht alles kommentieren oder jeden bewusstlos quatschen. Dafür gibt es Facebook. Im persönlichen Umgang dagegen zwingt uns ein »Mrmh«, endlich wieder auf Zwischentöne zu achten. Auf die Frage »Brauchst du Geld?« kommt etwa ein sehr viel entschlosseneres »Mrmh« als auf die Bitte, den sorgenvollen Eltern gnädigerweise mitzuteilen, wann der junge Herr am Sonntagmorgen nach Hause zu torkeln gedenkt. Das ungehaltene »Mrmh« kann alles heißen, von Mitternacht bis Morgengrauen. Die Mutter bangt inzwischen, ob der Junge je wieder richtig spricht. Unsinn. In der männlichen Entwicklung gibt es nun mal zwei Schweigephasen, vor der Beziehung und währenddessen.

Am meisten fürchte ich mich vor dem »Mrmh«, das übersetzt etwa lautet: »Das ist doch wieder so eine bürgerliche Scheiße.« Das Bürgerliche ist ja eine Grundkonstante unserer Gesellschaft: Es gibt bürgerliche Parteien, gutbürgerliche Küche und bürgerschaftliches Engagement. Daran ist nichts auszusetzen, außer: »Bürgerlich« ist eine Chiffre für »spießig«. Und wenn sich Eltern und Kinder in einem einzigen Punkt einig sind, dann hier: »Spießig« ist rundherum abzulehnen und bestenfalls als ironisches Zitat akzeptabel. Eintopf zum Beispiel. Eigentlich super bürgerlich-spießig, aber lecker, wenn genug Karotten darin schwimmen.

»Leistung« ist auch so eine Spießer-Kategorie. Wir sind natürlich eine egalitäre Familie. Elite ist uns unheimlich, da sind wir ganz SPD. Nicht auffallen, schon gar nicht mit Leistung. Gewinnen ist peinlich. Gleichheit ist unsere Religion. Wir wollen nichts Besseres sein. Naja, eigentlich wollen wir schon, besonders die Chefin, aber wir trauen uns nicht. Weil sonst jemand sagt, dass wir wohl was Besseres seien. Oder spießig.

Wir lassen das mal lieber mit der Leistung, vor allem in der Schule. Für gute Noten entschuldigen wir uns bei anderen Eltern, um nicht als bürgerliche Aufstiegshirnis zu gelten. Natürlich tragen wir die Gene der Hochbegabung in uns; irgendwo müssen die Jungs ja ihre unglaubliche Kreativität beim Ausreden-Erfinden herhaben. Aber wollen wir die Einsamkeit des spießigen Strebers durchleiden, der beim Aufzeigen schnippt und in Partizipien spricht? Manchmal aber werden wir dazu gezwungen. Am Ende der vierten Klasse zum Beispiel.

Früher war die Schule wie Berliner Fußball. Mit einem »genügend« hatte man seinen komfortablen Mittelplatz gefunden, Ausnahme Sport, Werken und Handschrift. Später gingen trotzdem alle aufs Gymnasium. Die beiden mit dem besten Abitur wurden Ärzte, um später die Alkoholprobleme jener zu therapieren, die erst in die Soziologie und dann in die Medien abgerutscht waren.

Heute kann man Viertklässlern den Zauber des Genügens nicht mehr nahebringen. Seit Wochen kommt Hans mit neuen Flüstermeldungen nach Hause. »A geht aufs Canisius«, wispert er, »B geht aufs Goethe« und »C geht aufs Wegscheider«. Willkommen, oh Sinnhaftigkeit des Berliner Bildungssystems. Weil die Finnen lange gemeinsam zur Schule gehen und einst so gut bei Pisa waren, sollen alle Berliner Schüler bis zur sechsten Klasse zusammen lernen. Das hilft zwar nicht bei Pisa, aber dafür bleiben die Berliner Kinder auch nicht wirklich beisammen.

Denn es gibt eine Ausnahmeregel: Wer auf ein Spezialgymnasium möchte, das ab der fünften Klasse Latein anbietet, Russisch, Spanisch oder Tischtennis, der kann nach der vierten Grundschulkasse rübermachen zur bürgerlichen Bildungselite. Das ist natürlich peinlich, weil bürgerlich unfinnisch, andererseits: Sollen unsere Kinder auf der Brot- oder Butterseite des Lebens landen? Eben.

Hans hat keine besonderen Fähigkeiten oder Interessen, woher auch? Unser Sohn kann nicht mal »Alea iacta est« aus Asterix zitieren. Aber die meisten seiner Kumpels verlassen die Grundschulklasse, weil der Sozialstatus es so will. Die Bedingung: Das Kind muss Latein lernen wollen. Da gehen wir natürlich mit. Also auf zum Bewerbungsgespräch bei den Elite-Gymnasien. Die Chefin hat schon ihr Business-Kostüm gebügelt, und ich habe die Strickkrawatte rausgeholt. Wichtig: kein Knoblauch am Vorabend, mit Hans »Bitte« und »Danke« üben und keine Witze über alleinstehende Veganerinnen. »Reiß dich zusammen«, bellt die Chefin, einfach so. Dabei habe ich gar nichts gemacht. Das Leben in der Champions League ist mir schon unheimlich, bevor es begonnen hat.

Wir kennen diese Prüfungssituationen. Mit sehr bürgerlicher Panik erinnere ich mich an die Schuleingangsuntersuchung, die die schlichte Frage beantworten soll: Ist unser Sohn mit sechs Jahren reif für die Grundschule? Eigentlich eine klare Sache. Wären da nicht diese Restzweifel, die mit unserem pädagogischen Unvermögen korrelieren.

Ausdauernd haben wir dem Kleinen griechische Buchstaben in den Joghurt gemalt, die Grundrechenarten mithilfe von Gummibärenhaufen geübt und ein Fachbuch mit den gebräuchlichsten Sinnsprüchen der Welt durchgearbeitet. An der Königsdisziplin »Schuhezubinden« sind wir leider knapp gescheitert.

»Du musst nicht nervös sein«, erklärte ich Hans an der Klingel des Kinder-TÜV mit bebender Stimme. Er guckte mich fragend an. Ihm war die Tragweite der nächsten Stunde nicht bewusst. Vorsichtshalber hatte ich ihm drei Mal die Zähne geputzt und kontrolliert, ob er aus Versehen zwei gleiche Socken angezogen hatte, ohne Löcher, was praktisch unmöglich ist.

Im Wartezimmer saß ein griechischer Vater mit seinem Prinzen. Während Hans das Spielzeug lärmend auseinanderwarf, debattierte der Sohn Hellas' mit dem Herrn Vater über Getriebetechnologie bei Mondautos. Hans versuchte, die Lampe mit Bauklötzen zu treffen. So hat Dirk Nowitzki auch angefangen, beruhigte ich mich. Wenn hier versteckte Kameras angebracht waren, käme der Bengel bestenfalls zur Baumschule.

Endlich an der Reihe. Hans wurde gewogen und vermessen, barfuß. Dummerweise hatte ich die Zehennägel vergessen, seit Weihnachten ungefähr. Sind Maulwürfe in der ersten Klasse zugelassen?

Stufe zwei: Eine Kinderärztin mit Röntgenblick. Sie sagte dumme Dinge wie »Marangula«, »Kiribiri« und »Fangofänger«. Hans lachte sich schlapp, wiederholte aber fehlerfrei. Doch ein Wunderkind. Dann Kreise bunter Punkte, in denen sich angeblich Zahlen verbargen. Ohne LSD erkannte ich bestenfalls eine 438,7. Hans dagegen fand 5 und 9 beim ersten Blick. Verstohlene Tränen des Vaterstolzes.

Schließlich das große Finale: Wörter ergänzen. »Schoolade« ging fehlerfrei, »Kro-odil« auch, nur bei »Flugzeu-« sagte Hans »Flugzeugträger«. Frau Röntgen guckte mich fragend an. »Er arbeitet mit seinem großen Bruder manchmal historische Bücher durch«, erklärte ich fast wahrheitsgetreu. In Wirklichkeit hockten die beiden zu oft daheim vor dem Fernseher, um gebannt Krawall-Dokumentationen über Kriegsgerät und historische Schlachten zu gucken. Jede Klasse braucht einen Clausewitz. »Alles in Ordnung«, sagte Frau Doktor und wies uns die Tür. »Ohne Flei- kein Prei-«, erklärte ich Hans auf dem Weg zur Eisdiele. Darauf erst mal zwei Kugeln Scho-olade, in der Waffe-.

Geht es uns eigentlich allein so, oder wollen fast alle Eltern irgendwie total flippig sein, superlocker und in tiefem Vertrauen auf die Zukunft durchs Leben schweben anstatt dieser ewigen Spießerei? Ich gestehe: Mentalmäßig sind wir Hippies. Ein VW-Bus mit Pril-Blumen ist mir allemal lieber als ein scheckheftgepflegter SUV. Es sind wirklich nur wenige Bereiche, in denen meine Bürgerlichkeit durchbricht. Korrekter Gebrauch unserer Sprache zum Beispiel.

Neulich hat Hans die deutsche Rechtschreibung neu erfunden, eine wissenschaftliche Großtat. Höchste Zeit für die nächste Rechtschreibreform, die letzte ist ja ewig her. Und ausgerechnet unser Sohn gibt wesentliche Impulse. Vielleicht haben wir ja doch ein Wunderkind? Nein, lieber nicht. Es gilt schließlich: Um normal talentierten Nachwuchs für hochbegabt zu halten, müssen die Eltern ziemlich spießig sein.

Hansens Reform zielt auf das Groß- und Kleingeschreibe, das Hans »groß- Und kleingeschreibe« geschrieben hätte. Denn »Groß« ist ein Adjektiv, das kleingeschrieben wird, während »das Und« einen Artikel hat, weshalb es großgeschrieben wird. Eine Weile habe ich es mit Argumenten versucht. »Großgeschreibe« sei kein Adjektiv, sondern ein Substantiv, weil immer das entscheidet, was hinten im Wort steht, so wie bei »Klassenarbeit« oder »Zimmeraufräumen«. Und »Geschreibe« sei ein Substantiv, wenn auch in seiner Spezialform als substantiviertes Verb, weshalb man ein »das« davorsetzen könne.

Hans nickte. Neulich schrieb unser Groß- und Kleinreformator: »Der Lehrer Spielt am klawir.« Der Satz hat viel Schönes, zum Beispiel eine betörende Portion Logik und immerhin drei von fünf Wörtern korrekt geschrieben, wenn auch mit »Lausiger« (kommt von »die Laus«, also groß) »klaue« (»klauen« ist ein Verb, also klein). »Der Lehrer« ist zu Recht großgeschrieben, weil erstens Satzanfang und zweitens Artikel; darauf immerhin haben wir uns inzwischen verständigen können. Aber warum »Spielt«?

Hans guckte mich an wie einen Lernverweigerer. »Ist doch wohl klar, Paps«, sagte mein Schlauberger, »es heißt doch ›das Spielen‹. Also groß. Und ›klawir‹ hat keinen Artikel, also klein.« Matt merkte ich an, dass man ja auch »das Klavier« sagen könne, der Artikel mithin nicht immer zwingend vor dem Substantiv stehe. Die Korrektschreibung des Tasteninstruments schenkte ich ihm, weil ich die Begründung schon kannte: Ein »klawir« macht Musik, der »wir« alle zuhören.

Praktischerweise wird der Vokal in »wir« lang gesprochen trotz fehlendem Dehnungs-e, weshalb ein formal falsch geschriebenes Wort auf einmal die überwältigende Anmut der akustischen Richtigkeit ausstrahlt.

Kinder schreiben nicht falsch, weil sie dumm sind, im Gegenteil: Aus einem Haufen wirrer Anweisungen picken sie jene heraus, an die sie sich erinnern.

Genau an diesem Punkt geraten mein innerer Hippie und mein innerer Oberstudienrat in einen heftigen Streit. »Lass das Kind doch mal in Ruhe. Der macht schon seinen Weg«, sagt der eine, während der andere entgegnet: »Je früher wir diese Fehler bekämpfen, desto weniger hat das Kind später damit zu tun, all den Unsinn wieder loszuwerden. Es gibt nun mal Regeln, und die kann, nein, die muss man lernen.« Ergebnis des inneren Zwistes: unentschieden.

Auf einen anderen spießbürgerlichen Wert wiederum kann mein innerer Hippie sehr gut verzichten: Pünktlichkeit. Es sei denn, der Vater hat gekocht und alles wird kalt, nur weil die Familie »ganz schnell« noch mal im Internet was gucken muss. Es gilt: Wenn andere unpünktlich sind, darf ich mich verletzt fühlen. Wenn ich selbst eine Sekunde zu spät komme, ist es Ausdruck meiner John-Lennon-haften Lockerheit, die es zu tolerieren gilt.

Wollen wir in einem Land leben, wo eine Viertelstunde ein Verbrechen ist? Auch für Eltern gelten Menschenrechte, das freie Verfügen über die eigene Zeit zum Beispiel. Leider sehen das nicht alle Mitbürger so entspannt wie wir. Neulich etwa bekam ich von einer pädagogischen Fachkraft einen gehörigen Anpfiff, nur weil ich Hans Montagmorgen als Letzten vor der Schule abgesetzt hatte. Die Autouhr zeigte 19:32, was angesichts von Sommerzeit und gelegentlichen Batterieausfällen leider alles Mögliche bedeuten kann. Klar, dass das Kind mit Ranzen, Frühstücksbeutel, Turnzeug und Bilderrolle nicht ganz so schnell sprinten kann wie sonst. Aber wer verlangt denn den ganzen Klimbim? Eben. Die Pädagogen.

Das Problem ist recht einfach: Weil ich Spießigkeit ablehne, haben wir kein Schlüsselbrett, was wiederum zu allmorgendlichen Ritualen führt, die in ihrer Zwanghaftigkeit schon fast bürgerliche Züge annehmen. Wir waren natürlich spät dran. Der Junge musste zur Schule. Ich tastete meine Taschen ab. Ich verhörte den Sohn. Wer sollte den Schlüssel sonst haben? Doch er guckte ausnahmsweise nicht schuldbewusst. Verstellte er sich?

Ich spähte ins Kinderzimmer: Nichts zu entdecken. Spielzeuge und Autoschlüssel sehen ja inzwischen nahezu gleich aus. Ich durchforstete Ranzen und Brottasche, die abfahrbereit im Flur standen. Banger Blick auf die Uhr. Selbst mit dem Helikopter wären wir zu spät gekommen. Ruhe bewahren, nicht aufregen, noch mal von vorn. Im frühmorgendlichen Delirium legt man Dinge ja gern an wunderlichen Orten ab. Zahnbürsten, Brieftaschen, Kontoauszüge sind zuverlässig im Kühlschrank zu finden. Aber kein Schlüssel, auch nicht unter dem Käse. Ich vergrößerte den Fahndungsring. Bestimmt im Bad. Kramen im Zeitschriftenstapel. Prüfblick durch die Klorolle. Kein Schlüssel. Blieb der Mülleimer. Rechtzeitigen Tütenwechsel predige ich so oft, wie ich mich nicht daran halte. Bürgerliche Konventionen. Sollte ich da jetzt hineingreifen? Gütig verdeckte das Kaffeepulver den Blick auf die Salatreste. Wir sollten mit dem Trennen beginnen: Glas, Flaschen, Plastik, Bio, Schlüssel. Aber Mülltrennen ist echt bürgerlich. Ich tastete den Beutel ab. Von außen fühlte sich alles an wie Autoschlüssel.

Da kam mir der erlösende Gedanke: klar, die Waschmaschine. Eben erst angestellt. Bei wie viel Grad kann man Autoschlüssel waschen? Color-Waschmittel dürfte jedenfalls nicht verkehrt sein. Hans saß an seinem Schreibtisch und malte Buchstaben. Das tat er sonst nie. Ein unterbewusstes Schuldeingeständnis? »Wenn du den Schlüssel irgendwo versteckt hast, gibt es ein Jahr lang kein Fernsehen«, drohte ich. Das Kind weinte fast. Ich auch.

Sprint ins Bad. Die Waschmaschine lief seit einer Viertelstunde. Not-Abbruch! Sofort. Tropfnasse Wäsche in den Korb. Jedes Kleidungsstück durchfriemeln. Kein Schlüssel. Hans guckte mir über die Schulter. Wehe, du grinst jetzt, Bengel. Ich werde dich enterben. Und deine Mutter gleich mit. Bestimmt hatte sie den Schlüssel eingesteckt. Anruf auf dem Handy. Mailbox. Verzweiflung. Exakt jetzt bimmelte die Schulglocke. Welche Story hatten wir der Klassenlehrerin noch nicht aufgetischt? Anruf beim Autohaus. Ersatzschlüssel würde vier Tage dauern, Programmieren und so. Last exit Drahtbügeltrick. Hilft leider nicht in Zeiten versenkter Türknöpfe. Früher war alles besser, auch das Autoknacken.

Ich verhörte das Kind erneut. Leibesvisitation. War heute Klassenarbeit? Spielten wir so ein dämliches Spiel, das er im Fernsehen gesehen hatte? Oder war ich der künftige Star des Youtube-Filmchens »Bekloppter Vater sucht Autoschlüssel«? Robben unter den Küchentisch. Alle Sofapolster hochheben, schütteln. Mit dem Besenstiel unter die Sitzmöbel.

Kapitulation. Stolz wie Bolle stieg Hans ins Taxi zur Schule. Kollabierender Vater.

Am Nachmittag ein Anruf aus der Schule. Hans hatte den Autoschlüssel im Sekretariat abgegeben. Also doch. Die kleine Mistkröte. Bei der abendlichen Inquisition erklärte mir mein Sohn in aller Ruhe, dass der Schlüssel aus dem Turnbeutel gefallen sei – den leider ich am Morgen gepackt hatte. »Kann doch mal passieren«, sagte ich beim Elterngespräch. »Aber nicht so oft«, entgegnete ein sichtlich aufgebrachter Pädagoge. Bürgerlicher Spießer.

Die Wut des Lehrers mochte auch damit zu tun haben, dass wir ausgerechnet wenige Nachmittage zuvor wegen eines kleinen technischen Problems schlicht vergessen hatten, den Sohn aus der Nachmittagsbetreuung zu holen. Es standen widersprüchliche Informationen in unserem gemeinsamen digitalen Kalender. Vielleicht sollte die Schule einfach kostenpflichtige Übernachtungsmöglichkeiten anbieten, kuschelig unter der Schulbank. Da hätten alle was davon: Eltern, das unterfinanzierte Bildungssystem und die Kinder, die Abenteuernächte toll finden.

Im Herbst immerhin haben wir das Kind einmal überpünktlich abgegeben, eine Dreiviertelstunde vor der Deadline, was uns selbst am meisten verblüffte. Wir hatten einfach die Umstellung von Sommer- auf Winterzeit übersehen. Drei Tage später hatten wir unsere individuelle Pünktlichkeit aber zurückgewonnen und kamen zuverlässig wie immer, auf den letzten Drücker.

Wir haben nun mal unterschiedliche Rhythmen, diese spießige Gesellschaft und wir lockeren Vögel. Stünden wir früher auf, wären alle noch müder. Gingen wir früher ins Bett, würde der Familie die Quality Time fehlen. Wird höchste Zeit, dass Schlafmeilen eingeführt werden: Für jede Stunde, die der Ernährer nach Mitternacht in die Falle kommt, darf er den Spross eine Minute später wahlweise bringen oder holen. Wir melden uns dann gleich mal für ein Upgrade in die dritte Stunde.

Die schlimmste Form der Spießigkeit ist die verbreitete Nippes-Neigung. Stolz stellen bürgerliche Eltern die Kunstwerke ihrer Kinder in der ganzen Wohnung aus, an Wänden, auf Fensterbänken, oft schon an der Wohnungstür. Nein, Salzteig-Türschilder sind nicht lustig, nicht mal als ironisches Zitat. Wir hatten diese Phase auch, und wie. Die Bastelarbeiten der Kinder machten unsere Wohnung nahezu unbewohnbar. Aber man will den Fleiß und die Kreativität sichtbar lobpreisen, weshalb jeder freie Platz zur Ausstellungsfläche wird.

Vor lauter Osterhasen und Schneemännern der Jahrgänge 1998 bis 2015 konnte man kaum noch durch unsere Fenster spähen. Letzte Sichtlöcher boten die ausgeschnittenen

Schneeflocken, bis der Große begann, in Großserie graffitiartige Schriftzüge zu produzieren, die je eine halbe Wand füllten. Wahrscheinlich übte er zu Hause schon mal, was er demnächst auf Nachbars Garagentor sprühen wollte.

Die verklebten Fenster heben keinesfalls den Wohnwert, sondern sind in klassisch-bürgerlicher Manier vor allem ein Signal an andere Bürgerliche: Seht her, unsere empfindsamen Kinderseelen erfahren tagtäglich Wertschätzung durch das repräsentative Ausstellen ihrer Werke. Zarten Elternseelen bleibt die Fensterputzerei erspart. Und Ökos freuen sich über die Wärmedämmung. Reststrahlen fahlen Sonnenlichts weisen auf die Bedeutung der Materialauswahl hin. Nimmt man billiges Papier, gilben die Fensterflocken mit den Jahren, als hätte ein Hund in den Schnee gemacht. Weit schlimmer sind Naturmaterialien. Neulich erst kollabierte der Kürbis, den wir zu Halloween ausgehöhlt und mittels kühner chirurgischer Schnitte in eine Art orangenen Altmaier verwandelt hatten. Wir wollten die Feldfrucht eigentlich so lange in der Küche stehen lassen, bis der Adventskranz den Platz einnehmen würde.

Auf dem Küchenbord liegen unter einem Fettfilm begraben seit Kita-Tagen zwei Tonklumpen. »Schäferhunde«, hatte Hans einst erklärt. Von der Wohnzimmerlampe baumelt ein zähelbiges Wäscheklammerkrokodil. Immerhin löst sich der Klorollenhalter auf Kleiderbügelbasis langsam auf.

Nichts ist ja quälender als bastelarbeitsfreie Flächen in der Wohnung. Sonst denkt der Besuch noch, unsere Kinder seien nicht kreativ. Als der Kürbis zusammenfiel, staubte es gewaltig. Flach atmen, Fenster auf. Sind Schimmelsporen eigentlich tödlich oder Abhärtung für die Kinder? Vielleicht sollte ich doch die Bundeswehr anrufen, Abteilung chemische Kampfstoffe. Ach was: Wer drei Tage getragene Jungssocken überlebt, weiß, dass Augenbrennen vergeht.

Eine Weile freuten wir uns, wenn in der Schule wieder die Weihnachtsgeschenkproduktion angeworfen wurde. Kerzenhalter kann man nicht genug haben, vor allem wenn die Fenster mit Bastelarbeiten vollverdunkelt sind. Bei Weihnachtsgeschenken komme es nicht auf Größe und Preis an, sondern auf die vielen guten Absichten, die damit verbunden seien, las ich neulich in einem Erziehungsratgeber. Okay, Kinder, das nehmen wir dann mal ernst. Ab sofort bastelt Vati gnadenlos zurück. Ich drohte, in der Domäne Dahlem einen Strohballen zu erwerben, aus den Latten vom Babybett eine Krippe zusammenzunageln und mich in ein Ochsenkostüm zu zwängen. Zu Weihnachten gibt es ein Krippenbild mit der Chefin als Jungfrau Maria. Aus dem Reststroh würde ich mit Lassoband dicke mannshohe Sterne basteln, die die Türen zu den Jungszimmern schalldicht verschlössen. Damit ich das Geheule nicht hören müsste, wenn es statt Elektronikschrott zum Fest nur Selbstgebasteltes von den Eltern gäbe, total herzlich, mit ganz viel guten Absichten.

So langsam haben die Jungs kapiert, dass man erstens basteln können muss und zweitens die Ergebnisse wirklich mögen sollte. Mein innerer Hippie brüllt: »Beides nein.« Und der Bürgerliche in mir hält ergeben die Klappe.

Unsere Einstiegsdroge in die Bastelphilie war die Kastanie. Vor knapp 20 Jahren, als unser Großer seinen ersten Herbst in einer Kinderaufbewahrungsanstalt zubrachte, erduldeten wir erstmals das Oktoberritual: Kastanien sammeln, Blätter dazu und was sonst noch so rumliegt. Traumatische Erinnerungen an die eigene Kindheit: Kurz nach dem Krieg hatten wir uns den Herbst ebenfalls mit Sammeln vertrieben. Nur fehlte damals dieser Kirchentagsblick. Wir klaubten halt Blätter auf und zerpflückten sie. Wenn Großstädter heute buntes Herbstlaub sehen, werden sie umgehend von Naturgefühlen ergriffen, fangen an zu meditieren und bestellen was mit Filz aus dem Manufactum-Katalog.

In unserem ersten Jahr mit Kind und Kita waren wir noch sehr gerührt, wie die Erzieherinnen die bunten Blätter auf ein Blatt Papier klebten, während die Kinder sich über das Fernsehprogramm austauschten. Stolz hängten wir das Herbstbild in die Küche, wo es sich den Winter über im Dampf der

Kürbissuppe in Kompost verwandelte. Zu den Blättern kamen die Kastanien. Wegen der Verletzungsgefahr erledigte das pädagogische Personal das Anbohren der Früchte, weshalb die Kinder nicht basteln lernten, sondern zugucken. Die Stelzen aus ökologisch unbedenklichen Zahnstochern hielten natürlich nicht. Streichhölzer sind zwar giftig, aber stabiler. Was kein Vorteil sein muss, weil die Viecher dann bis zum Frühjahr herumstehen. Bis heute rätseln wir, ob es Maden oder Würmer waren, die aus den Kastanien krochen. Zusammen mit dem gammelnden Blätterbild ergab sich jedenfalls ein hübsches Biotop, das wir mit Rücksicht auf die zarten Seelen erst entsorgten, als die Kinder schliefen.

Nun gehen wir etwa in die zwanzigste Saison Herbstmüll. Unsere Naturbegeisterung hat nachgelassen. Biobilder hängen wir nicht mehr auf, sondern lassen sie gleich aus der Schultasche in die braune Tonne gleiten. Den Kindern ist das wurscht; sie haben die Bilder nur gemacht, weil sie glaubten, die Erwachsenen freuten sich darüber, was wiederum extra Computerzeit bedeuten könnte. Herbstbilder beruhen auf einem Missverständnis: Kinder langweilen sich, Eltern wissen nicht, wohin damit, alle wären glücklich, wenn die Kleinen was Zeitgemäßes im Kunstunterricht versuchten, Greg-Zeichnen zum Beispiel oder Graffiti-Skizzieren.

Was den Hippie wirklich vom Bürgerlichen unterscheidet, ist der Ordnungsbegriff. Ordnung ist ein Haltegriff für Menschen mit schwachen Nerven. Ein gepatchworkter Abendbrottisch ist für einen Spießer ein Albtraum. Für die Kinder leider auch. Immer wenn Hans den Tisch deckt, will er vier gleiche Teller, weil das seinem Gefühl von Gerechtigkeit und Team Spirit entspricht. »Das sind doch bürgerliche Konventionen«, sage ich dann und decke verschiedene Teller. Hans tippt sich an die Stirn, die Chefin lächelt milde.

Wir sind total stolz auf unsere total antibürgerliche Familie.

14. Computer vs Buch

Kinder sind computersüchtig und reagieren allergisch auf Bücher. Klare Sache: Um das Ende des Abendlandes hinauszuzögern, versuchen wir es mit unkonventionellen Belohnungsmodellen.

Heute bin ich mit der Chefin allein. Gut so. Endlich darf ich mal Gerichte auftischen, die wir mögen. Wir haben uns für Kalbsleber entschieden, mit in Balsamico gedünsteten Zwiebelringen, Kartoffelpüree und, vom italienischen Standardrezept abweichend, einem Klecks Apfelmus. Hommage Pommage an Berlin. Dazu schwerer Rotwein. Hans übernachtet bei einem Kumpel, der über ungehinderten Zugang zum heimischen WLAN verfügt und zugleich über einen Techno-Fuhrpark der Extraklasse in seinem Zimmer. Karl ist auf einem Turnier für E-Gamer. Und die Chefin und ich starren in die Rotweingläser und fragen uns, wie das alles werden soll. Wir stammen ja aus einer Zeit, als die Musikkassette gerade erfunden worden war und die Schlacht um das Videoformat tobte: Beta vs VHS. Knutschen dauerte maximal 20 Minuten, weil dann die Platte umgedreht werden musste. Fernsehen war erst ab 18 Uhr erlaubt, dann gab's »Trickfilmzeit mit Adelheid« und natürlich »Väter der Klamotte«, gesprochen von Hanns-Dieter Hüsch.

Heute gibt es Computer. Und Smartphones. Und WLAN. Und Flatrates. Und Verzweiflung. Die Kinder sind süchtig nach Bildschirmen. Und wir leider auch. Wenn das WLAN zickt, verfällt die komplette Familie in Panik. »Lest doch mal ein gutes Buch«, sage ich dann, um gleich darauf in die Knie zu gehen.

»Papa muss Schranktauchen«, jubiliert Hans, wenn ich mal wieder die Scheuerleiste vom Bücherregal entferne, um darunter den Router oder wie dieses Ding mit der gelben Lampe heißt, neu zu starten, bis das Licht endlich grün wird. Hans trommelt auf meiner angespannten Kehrseite, was ich lustig zu finden versuche. Das muckende Netz ist wahrscheinlich eine Initiative der Bildungssenatorin, damit die Bürger wieder mehr lesen, Bedienungsanleitungen zum Beispiel, die aber dummerweise im Netz stehen, das gerade nicht funktioniert. Wehe, es lacht noch mal jemand, wenn ich mir Internetausdrucke abhefte.

Als ich eines Tages mal nicht unter dem Schrank tauchte, kam Hans und fragte: »Du, Papa, wie wird man Programmierer?« Tja, nun, also, zuerst mal muss man wohl Soziopath sein, lichtscheu und Pizza mögen. Mathekenntnisse helfen. Unterm Strich erfüllt unser Sohn etwa zwei Kriterien (lichtscheu, Pizza), die Chefin eine weitere und ich auch. Selbst zu dritt ergäben wir keinen Programmierer.

Die Chefin dachte wieder mal nur an eines, nämlich die Zukunft des Landes, und durchforstete das Netz, das bereits seit zwei Stunden ruckelfrei lief, nach Programmierkursen für Kinder. »Das heißt Coden«, hatte uns Karl, der Große, erklärt. In manchen Schulen soll wegen Zukunft und Standort angeblich eine frühe Form der Informatik gelehrt werden; was man auf dem schuleigenen C64 halt so hinbekommt.

Das Ergebnis unserer Fortbildungsrecherchen war niederschmetternd: Es gibt nichts. Entweder war Google kaputt, oder die NSA hatte bereits die entsprechenden Seiten gesperrt, weil den USA sofort klar geworden war, dass aus unserem Haushalt die digitale Aufholjagd beginnt, was wiederum das Ende des Silicon Valley bedeutet.

Ich faltete einen Papierflieger und forderte Hans auf, mein Kunstwerk nachzubauen; da muss man auch logisch denken. Die Chefin aber ließ nicht locker bei unserer Bildungsoffensive und fahndete nach Programmierunterricht. »Vielleicht Herr Lehmann«, grübelte sie. Unser Nachbar? Na gut, er wohnt allein, ist pensionierter Ingenieur, trägt Zopf und sitzt den ganzen Tag vor seinen Rechnern. So stellt sich Hans sein Leben auch vor. Aber ob das wirklich Programmieren ist, wenn alleinstehende Männer auf Bildschirme starren?

»Ihr müsst nach Kalifornien umziehen«, riet Karl. Endlich ein konstruktiver Vorschlag: ich mit den Jungs im VW-Bus auf Hippie-Bildungsreise. Ein Blick der Chefin genügte, um den Plan zu begraben. Und wie soll der Junge nun Programmieren lernen? Wir werden wohl ein Buch kaufen.

Leider hatte ich den Fortbildungswillen unseres Jüngsten unterschätzt. Derzeit überzieht mich Hans mit einem ungewohnten Redeschwall, wie ihn nicht mal Fidel Castro hinbekommen hat. Der junge Mann filibustert über »Texture Packs«, das »Konvertieren von Zip-Dateien« und seinen aktuellen »FPS-Wert«. Es geht um »Seeds«, um »Mods und Shader« und »PvP-Strategien«. Die Hacks sind der Hammer, Alter. LOL. Ich sage »Hmm« und »Aha« und »Ach nee«, und Hans redet weiter.

Nach Jahren passiver Redezeit habe ich hilfreiche Reflexe entwickelt, mit dem Ohrengewitter umzugehen. Traumwandlerisch sicher lasse ich ein interessiertes »Aha«, das affirmative »Hmm« oder wohldosiert das erstaunte »Ach nee« in den Redefluss plumpsen, wie Bojen, damit mein Gesprächspartner in der Fahrrinne seiner Gedanken bleibt und nicht auf die Idee kommt, einen Dialog zu beginnen. Ich weiß ja gar nicht, worum es geht. So ist allen Seiten gedient: Das Mitteilungsbedürfnis ist gestillt, mein rarer Hirnspeicherplatz bleibt frei, und ich finde mich ganz schön achtsam.

Man könne nicht nicht kommunizieren, stellte einst der US-österreichische Wissenschaftler Paul Watzlawick fest. Oder war es Marshall McLuhan? Egal. Wir sind jedenfalls nah dran. Ja, ich sollte mich mehr für digitale Themen interessieren. Nennt mich einen Rabenvater, aber ich schaffe es nicht. Die Geschichte wird mich freisprechen, wie bei Playmobil, Lego, Fußballkarten. Das Minecraft-Fieber wird eines Tages abgeklungen sein. Erziehung ist Ausdauersport – Warten gewinnt.

Es begann damit, dass die Chefin und ich im Sommer

ein paar Tage allein verreist waren. Wir sind manchmal ganz schön abenteuerlustige Biester. Karl, der Große, hatte Semesterferien und durfte auf seinen kleinen Bruder aufpassen. »Ein gewaltiger Vertrauensbeweis«, hatte ich feierlich gesagt, den Kühlschrank gefüllt und zur Freude des Pizza-Lieferdienstes einiges an Bargeld hinterlassen. Das Programm der elternfreien Tage war minutiös besprochen: Freibad, Skateboard, Vokabeln wiederholen, wohldosierter Fernsehkonsum, keine Partys mit Facebook-Einladung, Bettruhe gegen Mitternacht. Sicherheitshalber hatte ich den Feuerlöscher aus dem Auto in die Küche gestellt, die Nachbarn vorgewarnt wegen möglicher seltsamer Geräusche und das Desinfektionsspray im Kühlschrank platziert, neben den Ketchup. Da wird es garantiert gefunden.

Unsere gespielt lässigen Anrufe waren recht einsilbig beantwortet worden; immerhin waren im Hintergrund keine Polizeisirenen zu hören, dafür ausdauerndes Geklackere, das nach einer Tastatur klang. Zurück daheim stellten wir fest, dass unser großer Sohn seinen Erziehungsauftrag sehr liberal interpretiert hatte. Die Weiterbildung von Hans war offensichtlich vor allem per Computer erfolgt. Das Berufsziel des Elfjährigen lautete nun: »Youtuber.« Sein Pizzageld hatte er gespart, weil er sich einen »ordentlichen« Rechner anzuschaffen gedachte. Die väterliche Hardware war nicht traumjobkompatibel: Maus, Tastatur, Kopfhörer, Aufnahme- und Schnittprogramme – alles zu schlecht, zu langsam oder gar nicht erst vorhanden. Klar, Sebastian Vettel geht ja auch nicht im Borgward an den Start. Hansens Idole heißen jetzt nicht mehr Papa, sondern »ConCrafter«, »DieBuddiesZocken« oder »Abgegrieft«; wohlfrisierte Teens, die handyproduzierte Shows präsentieren, mit tatsächlich beeindruckenden Klickraten. Und ich bin seitdem Opfer von endlosen Monologen über Hacks und Mods, offenbar Grundlage für die Karriere. Hat Julian Draxler die Schule nicht auch mit 17 verlassen, ohne Abschluss? Genau das ist das Problem: Millionen wollen Draxler werden, aber nur einer wird tatsächlich Millionär.

Bis Youtuben Schulfach ist, beauftragte mich die Chefin, die digitale Karriere zu managen. Aber wo erfährt man, wie der Ausbildungsweg eines Youtubers verläuft? Klar, auf Youtube. Interessant, wie viele Anbieter mit wenigen Hundert Followern dort in gebührenpflichtigen Lehrfilmchen erklären, wie man erfolgreicher Youtuber mit vielen Tausend Followern wird. Wie bei den Schnäppchen im TV-Shopping: Wäre die Ware wirklich fast geschenkt, warum kauft sie der Moderator nicht einfach selbst?

Während Hans ausdauernd über »Bloghitter« und »lackende Druckplatten« referiert, ersuche ich bei einem befreundeten Vater älterer Söhne um Telefonseelsorge. »Ach, die Minecraft-Phase ...« – kehliges Lachen – »... dauert höchstens noch ein Jahr. Dann kommt FIFA. Oder World of Warcraft.« Toller Trost. Solange werden wir jedenfalls nicht mehr allein in Urlaub fahren.

Ich bin nicht ganz sicher, wie lange ich mir in der Rolle des Internetskeptikers noch gefalle. Wer gegen Technik ist, ist ja oft auch gegen Zukunft. Aber ist es Zukunft, den ganzen Tag auf sein Handy zu starren? Traue ich meinem Wohnungsschlüssel oder einer App, die meine Tür öffnet? Warum soll ich den Toaster schon im Tiergarten vom Rad aus in Betrieb setzen? Damit mich ein Küchenbrand empfängt? Hans erklärt uns dauernd, was man mit Smartphones alles machen kann. Er weiß das aus der Schule, wo »alle anderen« einen Großbildschirm mit Telefonfunktion besitzen.

Meinen ersten eigenen Fernseher mit Zimmerantenne besaß ich als Student, die Bildschirmdiagonale entsprach einem Käsebrötchen. Auch bei laufendem Apparat war ein Blick in die Programmzeitschrift vonnöten: Sportstudio? Rudi Carrell? Oder Wort zum Sonntag? Früher wurde mehr geraten. Heute wird mehr gewusst, wegen der Smartphones. Glauben Eltern. Denn kaum tönt die Schulglocke, rennen die Kinder aus dem Raum und reißen ihr Smartphone heraus. Checken. Aber was? Wikipedia? Ob Jogi Löw auf der Mailbox ist? Tweet von Trump? Welche lebenswichtigen Nachrichten sollten Viertklässler in der kleinen Pause erhalten, nachdem Mutti erst vor 45 Minuten mit feuchten Augen von der Lehrerin sanft vor die Tür geschoben wurde? Natürlich wird gedaddelt.

Eingabe bei der Schulleitung: Lässt sich herausfinden, ob tägliche Bildschirmstarrdauer, schulische Leistung und fortgeschrittene Adipositas zusammenhängen? Leider nicht möglich, hieß es, der Datenschutz. Unterdessen werden alle Kommunikationsdaten der gesamten Schule in Echtzeit in die USA gesaugt.

Neulich meldete Hans, er habe eine Apple Watch am Arm eines Mitschülers blinken sehen. Toll. Statt sturem Nach-unten-Glotzen kommt die neue Blickvariante »schräg links« dazu. Fast schon Sport.

Mal ganz ehrlich: Smartphones sind lästig. Hans etwa wird nie mitten in die Mathearbeit hinein angerufen, weil seine besorgte Mutter unbedingt mitteilen muss, dass auf ihrer Wetter-App die Regenwahrscheinlichkeit um dramatische drei Prozent gestiegen ist, weshalb das Kind bitte die Regenjacke anlegen möchte, die aber dummerweise zu Hause hängt, was wiederum der Vater in der Konferenzschaltung wissen lässt. Fazit: Das Kind muss sich selbst helfen, was vermutlich auch ohne Handy passiert wäre. Zuvor aber steht ein Besuch beim Direktor an, weil das Mobiltelefon verbotenerweise im Unterricht bimmelte. Die Wartezeit vorm Lehrerzimmer vertreibt der Schüler sich mit geSMSten Unschuldsbeteuerungen an die Eltern, die wiederum einen nicht ganz unaggressiven Dialog darüber führen, wer die Regenjacke vergessen hat einzupacken.

Alle abgelenkt, alle stinkig, aber wieder zwei Dutzend SMS abgesetzt. Man will ja seine Flatrate ausnutzen. Kurzum: Mit einem Handy lässt sich der Vormittag wunderbar rumkriegen, ohne ernsthafte Tätigkeiten verrichten zu müssen. Warum nur mögen die Matheleistungen schlechter werden in der digitalen Wissensgesellschaft?

Zu einsamer Meisterschaft in digitaler Zeitvernichtung hat es unser Großer gebracht. Neulich kam er wieder mal entrüstet nach Hause. »Treffpunkt 13 Uhr, U-Bahn Hallesches Tor«, hatte die Nachricht eines Kumpels gelautet, der Hilfe beim Zusammenstecken schwedischer Latten brauchte, die im Idealfall eine Art Wohnungseinrichtung ergeben. Leider hatte Karl seinen Akku leer gesimst, weshalb er nicht mitbekam, dass der Treffpunkt verlegt worden war, man sich dafür aber erst um 14 Uhr einfinden möge.

Das ist ja das Tolle an mobiler Kommunikation: Man kann Pläne jederzeit ändern, am besten im letzten Moment, weil jemand anderes seine Pläne auch geändert hat. Der digitale Irrsinn entfaltet erst in der Kettenreaktion seine ganze Schönheit, weil alle denken, man könne ja spontan noch was Optimaleres machen. So verwandeln sich Zusagen in Optionen. Was früher im klassischen Schnurtelefonat in fünf Minuten zuverlässig verabredet worden wäre, braucht in mobilen Zeiten ein ganzes Wochenende. Zuerst treffen sich die jungen Menschen an einer zentralen U-Bahn-Station, wo alle mit ihren Freunden mailen, um die Optimalste aller Partys zu finden, die leider in Berlin-Buch steigt. Noch während der Fahrt Richtung Stadtrand gehen Nachrichten ein, dass niemand mehr in Buch sei, weil die beste Party im Z-Klub steigt, in Mitte. Also zurück nach Mitte, während ein Kumpel mailt, dass bei Andis Geburtstag die Post abgeht, in Spandau.

Der Abend endet in einem Buswartehäuschen bei Dosenbier. Statt wenigstens einer mittelmäßigen Party gab es stundenlang S-Bahn. Immerhin brauchte der Junge keine Regenjacke.

Zu den Ungerechtigkeiten im Leben von Brüdern mit über zehn Jahren Altersabstand gehört es, dass der eine ein Smartphone hat und der andere nicht. Aber wir sind ja keine Unmenschen. Aus unserer Schublade für Elektronikfossile durfte sich Hans immerhin eines unserer guten alten Handys aussuchen. Eines war so groß wie ein Ziegelstein, ein anderes hatte die Heckklappe verloren, das Display eines weiteren war so scharf wie mein Studenten-TV. Hans war mitteleuphorisch. Dann fand er mein ultracooles Klapphandy, das man lässig mit dem Daumen aufschnipsen kann. Tetris ist leider noch nicht drauf.

Die Chefin schlug vor, einen Apfel auszuschneiden, auf die eine Klappe zu kleben und auf die andere mit Tipp-Ex »iPhone X9 retro« zu schreiben. Hans schüttelte den Kopf. Zwar hatte er nun ein Mobiltelefon, aber der Zeigestolz hielt sich in Grenzen. Frechheit. Wenn der Bengel nicht mehr Dankbarkeit zeigt, gibt's zu Weihnachten doch keine SIM-Karte.

In pädagogischen Fachzeitschriften liest man, dass gelegentlicher Naturkontakt gut für die Entwicklung des Kindes sei, Waldspaziergang mit Volkslied und Stockschnitzen. Wir haben es versucht. Leider waren wir bei den Klassikern nicht textsicher und haben »Westerland« von den Ärzten angestimmt. Es nieselte. Die Stöcke erwiesen sich als schnitzresistent. Langsam verheilen die Schnittwunden. Fortschritt, das ist nicht Waldbodenfrost, sondern Zentralheizung und eine Steckdose voller Ökostrom, der unseren Technologiepark antreibt. Er müsste noch eine Runde »Pflanzen gegen Zombies« spielen, erklärte Hans, sonst könnte er sich am Montag auf dem Schulhof nicht blicken lassen.

Klingt nach anspruchsvollem Lernspiel. Wenn alle anderen Eltern ihre Kinder mit Internetspielen coachen, sollten wir unsere Zukunft nicht mit altmodischen Sachen wie Wasserfarben gefährden. Verblödung kann man reparieren, Isolation aber erzeugt lebenslanges Trauma.

Wichtig ist allerdings der dazugehörige Koalitionsvertrag: Bringt der junge Mann Bestnoten, verzichtet er auf morgendliches Trödeln, nimmt er gar ein Vitamin zu sich, dann darf er wochenends jene Minuten abdaddeln, die er zuvor Gitarre geübt hat. Kollateralnutzen: Ich kann mir eine Runde »Papa gegen Sofa« gönnen.

Ein verschwitzter Kinderfinger in meinem Ohr weckte mich unlängst. Hans säuselte Zärtlichkeiten wie »... bester Papa der Welt ...«. Klang nach emotionaler Korruption. Aufgeregt erklärte er mir, dass sein Dorf zerstört werden würde, wenn er erst am nächsten Wochenende wieder spielen dürfte.

Einige Erläuterungen später verstand ich das durchtriebene Geschäftsmodell: Das Onlinespiel ist gratis; erhalten wird das Erbaute aber nur durch tägliche Rückkehr oder durch gebührenpflichtige Schutzmaßnahmen, die das Taschengeld übersteigen.

»Wie wäre es, wenn wir deine Gitarrenminuten in Waldspaziergängen verrechnen?«, fragte ich vorsichtig. Hans winkte mit dem Pflasterfinger. Na gut, ich zahlte – »aber nur dies eine Mal«. Hans grinste. Es ist wie mit Chips oder Pkw-Maut: Hat man einmal angefangen, gibt es kein Zurück mehr. So verspielen wir das Erbe unserer Kinder.

Extrem wichtig beim Kampf gegen den Computer sind glasklare Regeln. Deswegen ist nach einer halben Stunde Schluss, maximal nach vierzig Minuten. Nach einer Stunde ist dann aber wirklich Feierabend. Gibt ja noch den Fernseher.

Computer machen doof, sagt der Gehirnforscher Professor Manfred Spitzer in seinem Bestseller »Digitale Demenz«. Kenn' ich. Früher war das Fernsehen schuld, vor allem Zeichentrick, die Hackebeil-Szenen mit Tom und Jerry. Da kam ich noch mit. Computerspiele sind dagegen ein Graus, weil ich schon lange nicht mehr folgen kann. Meine beiden Bengel haben längst aufgegeben, mir die Feinheiten eines simplen Jump-and-Run-Spiels zu erklären. Ich bin froh, dass ich Tetris beherrsche, wenn auch nur auf den Stufen eins und zwei. Memory kann ich auch ziemlich gut, mit bis zu acht Pärchen.

Durch Zufall haben wir unsere Rechner nun in eine perfekte Lernmaschine verwandelt. Weil ihr die Nuss-Nugat-Creme auf den Tasten missfiel, hat die Chefin ein Passwort eingerichtet. Heulend kam Hans neulich sonntags in mein Bett gestürmt und fluchte über seine Mutter. Aus diplomatischen Gründen habe ich geschwiegen. »Mama hat ein Geheimwort«, greinte der Kleine, verzweifelt wegen dieses dramatischen Vertrauensbruchs. Gurrend schwebten wir alsdann in ihr Gemach. »Schahatz«, flötete ich ins leise Schnarchen. Hans nahm Anlauf und sprang einen zweieinhalbfachen Auerbach in die Decke. Großer Fehler. Schmerzensschreie sind kein guter Auftakt, wenn man der Chefin im Tiefschlaf ein Geheimnis entlocken will.

»Ist es unser Wort?«, fragte ich zärtlich. Wir haben ein gemeinsames Geheimwort, das niemand kennt außer uns, nicht mal die Kinder. Leider erntete ich nur ein: »Haut ab!« Na gut, du hast es so gewollt, Gattin, dann werden wir deinen Rechner eben hacken. Hans und ich überlegten: Wie könnte Mamas Passwort lauten? Wir versuchten all unsere Vornamen. Leider erfolglos. Aber ein prima Schreibtraining für den Kleinen, weil wir die Namen im Anschluss auch rückwärts testeten. Als Nächstes kamen die Geburtsdaten. Hans kramte unsere Ausweise aus der Schublade und schaffte es zum ersten Mal in elf Lebensjahren, eine »4« mit »April« gleichzusetzen. Hacken bildet. Kleines Problem: Alle denkbaren Kombinationen aus Namen, Zahlen und Geburtsorten erwiesen sich als falsch.

»Vielleicht ihr Studienfach«, mutmaßte ich zuletzt. Hans grinste und tippte inbrünstig: »z - ü - c - h - o - l - o - g - i«. Ein Hammer-Passwort, super kryptisch, in Lautschrift. Das musste es sein. Vorsichtig drückte Hans auf »Enter«. Aber nein. Wieder nicht. Vielleicht doch ein Showstar, überlegten wir. Hans versuchte noch »b - r - e - d - p - i - t«. Auch erfolglos. Wir gaben auf und gingen Brötchen holen. Immerhin hatten wir Rechtschreibung und logisches Denken geübt. Danke, lieber Computer.

Es ist ja nicht so, dass die Kinder am Rechner gar nichts lernen. Andererseits entdecken wir immer wieder bizarre Verhaltensweisen. Hans beispielsweise schläft seit Kurzem in Jeans und Hoodie. So spare er morgens Zeit, sagt er, und könne die Pünktlichkeitsdoktrin erfüllen. Bald würden wir seinen Geruch bemängeln, bemerke ich zartfühlend. Hans zieht eine Sprühdose hervor, Erbstück vom großen Bruder. Giftdeo der Marke »Dark Temptation«. Wir geben auf.

Besonders kreativ wird unser Kleiner beim Verhandeln übers Computerspielen. Es gibt drei tückische Argumentationsmuster. Erstens: Alle anderen in der Klasse ... Sollen wir

Miteltern anrufen und so unser Misstrauen gegenüber dem eigenen Kind illustrieren? Elternabend hätte geholfen. Zweitens: Minecraft sei gar nicht schlimm. Hans zeigt auf Bauklötze, die sich auf dem Bildschirm stapeln. Nirgendwo Leichenteile. Drittens, Killerargument: Das Spiel sei pädagogisch wertvoll. Dummerweise stand es genauso in der Zeitung, die wir oft und gern lesen. Bislang dachten wir, Kinder wüssten nicht mal, wozu diese Papierbahnen da sind. Aber kaum steht was über die Heilkraft des Computerspiels zu lesen, ist Zeitung plötzlich alt, aber sexy.

Unsere Eltern fanden früher, dass die Metzeleien von Karl dem Koyoten schlecht für die kindliche Seele seien. Wir haben dann was Lateinisches aus Asterix zitiert, weshalb zumindest Väter ohne Latinum vom pädagogischen Wert des Comics überzeugt waren. Hans zitiert Zeitung – das ist so gut wie Latein heutzutage. Und dort steht, dass Minecraft wichtige therapeutische Funktionen habe. Hans weiß nicht, was »therapeutische Funktionen« sind, vermutet dahinter aber Geheimes aus der Welt der Großen, wahrscheinlich so langweilig wie »vegetarisch«.

Der Therapeut Michael Langlois behauptet, das Klötzchenspiel Minecraft helfe, Entscheidungen zu treffen, hebe das Vertrauen in die Gestaltungskraft, und besseren Sex habe man auch. Unmerklich horcht die Chefin auf. Außerdem schule das Spiel fürs Leben, weil man klein anfangen müsse. Um dann verzweifelt aufzugeben, dachte ich milde.

Früher gab es Menschen, die den Kölner Dom aus Streichhölzern nachgebaut haben. Bei Minecraft hat man es darüber hinaus mit »Schweinezombies« zu tun und mit Magmaschleim, der immer mehr wird, wenn man ihn bekämpft. Die türkische und die chinesische Regierung haben das Spiel verbannt, was keine schlechte Empfehlung ist. Am Sonntag sitzen wir jetzt gemeinsam vorm Rechner und verstecken uns vor Schweinezombies. Wir haben die Schlafanzüge noch an. Das spart Zeit.

Karl, der Große, wiederum erklärte uns neulich in einem

viertelstündigen Referat alles über Symptome, Inkubationszeiten und Ansteckungswege von Ebola und anderen globalen Seuchen. Woher mag der Junge sein Fachwissen beziehen? Die Schule hat spätestens bei der Pest im Mittelalter aufgehört. Ganz einfach: Karl hatte »Plague« auf sein Handy geladen, ein heiteres Game. Der Spieler sucht sich eine Seuche aus, entscheidet über Verbreitungswege und -gegenden mit dem Ziel, die Menschheit möglichst schnell auszurotten. Ein Zähler gibt an, wie viele Millionen Opfer bereits gesammelt sind. Das Problem ist Grönland: weit weg, zu kalt für Seuchen, zu wenig Menschen, um sich ordentlich anzustecken.

Netterweise hatte Karl seinem kleinen Bruder Hans dieses pädagogisch wertvolle Game umgehend erklärt. Die Chefin schnaubte »menschenverachtend«, schnappte nach dem Handy und hätte »Plague« sofort gelöscht, wenn sie gewusst hätte, wie. Ich wiederum brachte Milde ins Spiel. Schließlich hat das Kind in 13 Jahren Schule weniger über Geografie, Medizin und Hygiene gelernt als in einer Woche Handyspiel.

Wie lehrreich digitales Spielen ist, erfuhren wir wenig später auch von Hans, der plötzlich über die Lage in Syrien vortrug und den Diktator Assad verdammte, der Giftgas gegen die eigenen Bürger einsetzte. Und woher hatte er seine Weisheiten? Von Youtube natürlich. Die Videoplattform nimmt uns die Erziehung ab, weil dort Dinge gezeigt werden, die Eltern einfach nicht draufhaben, zum Beispiel, wie man aus den Bauklötzen von Minecraft einen Hubschrauber bastelt. Das Lehrvideo war mit sachlich einwandfreien Kommentaren zu Syrien unterlegt, die Hans schneller auswendig gelernt hatte als einen Song von Cro.

Die Chefin und ich überlegen, ob wir bald einen heiteren Youtube-Kanal eröffnen. Im Keller habe ich noch ein Bibo-Kostüm. Das finden die Jungs bestimmt lustig. Ob ich damit die Computersucht wirksam bekämpfe?

»Wir müssen uns strenger an die eigenen Regeln halten«, sagt die Chefin unvermittelt und schenkt aus der zweiten Flasche nach. Wir hatten mal die Regel, pro Abend maximal eine Flasche Wein zu trinken. Ich bin ein großer Befürworter von Regeln, fürchte aber zugleich den Moment, wenn die vereinbarte Computerspielzeit für Hans abgelaufen ist, der Junge sich aber nicht lösen kann und den Vater mit blinder Wut straft. Sind wir die einzige Familie, die einen aussichtslosen Kampf gegen den Machtsog des Gaming führt? Offenbar nicht. Neulich hatten wir uns bei Freunden zum Abendessen eingeladen und wurden Zeugen, wie die Dame des Hauses zorneslila anlief. Zum ersten Mal hatte sie 15 Minuten vor Essensbeginn nach ihrem Sohn gerufen, dann fünf Minuten vorher, schließlich exakt im Moment des Servierens. »Habe gelernt«, erklärte der Knabe, als die Mutter über den abgekühlten Knödeln grollte. Immerhin hatte er das Smartphone in die Hosentasche gleiten lassen.

Klar, Computerspiele sind wahre Kunstwerke: tolle Grafik, spannende Storys, weit mehr als stumpfes Geballer. Jajaja, ich weiß: Inzwischen verdienen Kids mit E-Gaming mehr als Mesut Özil, Youtuber sammeln für ihre kommentierten Spielszenen Millionen Clicks ein. Wie kaltherzig und ignorant muss ein Vater sein, der seinem Sohn den Zugang zu globaler Jugendkultur verwehrt? Mögen mich digital gechillte Eltern für einen Steinzeit-Analogen halten, der die Zukunft unserer Jugend, ja unseres Landes durch modrig-altlinke Technikfeindlichkeit aufs Spiel setzt; ich bleibe dabei, dass Computerspiele vielleicht nicht in allen, aber ziemlich vielen Kinderhirnen eine Extraportion Durcheinander anrichten.

Warum sonst wäre das Auftauchen aus der Spielewelt mit so viel echten Schmerzen verbunden? Warum hört man so oft von Schülern, bei denen verschärftes Zocken und Leistungsabfall auffallend korrelieren? Wir haben in den Sommerferien versucht, Computerspielen durch Hyperkonsum zu entzaubern. Vergebens: Ein Junkie wird mit noch mehr Heroin ja auch nicht clean.

Wikipedia definiert Sucht als »unabweisbares Verlangen nach einem bestimmten Erlebniszustand. Diesem Verlangen werden die Kräfte des Verstandes untergeordnet. Es beeinträchtigt die freie Entfaltung einer Persönlichkeit und zerstört die sozialen Bindungen.« Wir brauchen keine neurologische Fachliteratur, um festzustellen, dass Daddeln weder 11- noch 22-Jährigen dauerhaft guttut. Wer spielt, ist im Flucht- oder Kampfstress, ständig auf Adrenalin.

Unser Fazit, das man für eine Kapitulation halten kann: Ganz ohne Games ist das Leben, mal abgesehen von zwei Tagen Entzugsschmerz, deutlich angenehmer. Plötzlich taucht wieder ein normales und oft sogar nettes Kind auf. Dafür leben wir mit dem Makel, den Jungen von modernen Kommunikationsmitteln fernzuhalten und seine Chancen auf einem Abstraktum namens Weltmarkt zu ruinieren. Aber: Wer Computerspiele beherrscht, ist noch lange kein Programmierer. Wer pausenlos Fußball guckt, wird ja auch nicht zwangsläufig ein guter Kicker.

Manchmal immerhin gelingt uns der digitale Detox, wenn auch unfreiwillig, im letzten Sommerurlaub zum Beispiel, den wir auf Wunsch der Chefin in der Oberpfalz verbrachten.

Hans hatte sich auf unsere Wandertage zwischen Altmühl und Vils gefreut. Denn wir würden im Hotel übernachten, was der Kleine mit WLAN und Fernsehen satt übersetzte. Das versprochene Schloss lag in einer wirklich romantischen Einöde, leider ohne Park, Pferdekoppel oder Ballsaal. Immerhin gab es nobel knirschenden Kies auf dem Parkplatz, den ich noch näher kennenlernen sollte. Je nach Stimmung durften wir uns exklusiv oder einsam fühlen; andere Gäste gab es nicht.

Langsam kapierte ich, dass 50 Euro pro Nacht kein Schnäppchenpreis gewesen war, sondern angemessen. Aufgeregt durchstöberte Hans unsere rustikale Unterkunft: Wo sich wohl der Fernseher verbarg? In edlen Häusern werden Bildschirme ja gern hinter Edelholztüren versteckt. Fernsehen könne man im Gemeinschaftsraum, erklärte die rosige Schlossherrin. Da gebe es auch dieses Internet, allerdings etwas langsam. Auf dem Parkplatz sei der Empfang besser. Fortan kauerte ich öfter mal kurz vor Mitternacht in der Kofferraumklappe, um im Nieselregen eine immens wichtige Mail mit sehr großem

Anhang zu versenden. Mit nassen Schuhen ließ ich den Kies knirschen, wegen des Schlossgefühls.

Wie alle Eltern wünschen wir uns Söhne, die Bücher lesen, malen, gern an die frische Luft gehen, so wie wir früher, manchmal. Aber unsere Knaben ziehen lieber in digitale Schlachten. Und jetzt? Kalter Entzug. Kein WLAN, das ist schlimmer als Masern. Wimmernd kauerte Hans unter seinem Kopfkissen. »Sind doch nur zehn Tage«, erklärte ich. Hans greinte lauter. Lieber hätte er sich zehn Tage von Quinoa mit rohem Gemüse ernährt. Ich las zum Einschlafen ein paar Seiten aus einem Kinderkrimi vor, in dem sinistre Agenten mit digitalen Waffen Waisenkinder jagten. Literatur hat eben viel mehr Niveau als Computerspiele.

Dennoch wurde mir mulmig. Bei allen bildungsbürgerlichen Vorbehalten birgt die moderne Kommunikation einen lebensverlängernden Vorteil: Kinder, die wie unsere notorisch früh aufwachen, sind ruhiggestellt, bis die Eltern sich aus den Laken geschält haben. Im Badezimmer erwischte ich die Chefin, wie sie ihr Smartphone aus dem Fenster hielt. »2G. Fast zwei Striche«, wisperte sie, bevor sie das Smartphone ausschaltete. »Diese Ruhe«, seufzte die Chefin. »Ja«, sagte ich und dachte an Friedhof. Unter dem Vorwand, einen Abendspaziergang zu machen, ging ich in den anschwellenden Niesel. Auf dem Parkplatz waren es drei Striche.

Am nächsten Morgen der reflexartige Panikgriff nach dem Mobiltelefon. Vielleicht war die Welt untergegangen, und wir hatten es nicht gemerkt, oder eine gute Fee hatte über Nacht LTE in die Oberpfalz gezaubert. Kein Empfang, dafür fast zehn Uhr. Wo war das Kind? Hans musste mindestens drei Stunden wach sein. Hatte er sich davongeschlichen und war in eine Gegend mit Netz getrampt?

Ich lugte aus dem Fenster. Draußen auf der Bank saß mein Sohn, mit diesem Kinderkrimi auf den Knien. Ich weckte die Chefin. Wir hielten uns fest im Arm und weinten. Unser Sohn, er las wirklich. Zum Frühstück wollte er erst folgen, wenn er »noch dieses eine Kapitel zu Ende« gelesen habe.

Faszinierend. Jahrelang haben wir alle pädagogischen Tricks angewandt, gedroht, Buchläden leer gekauft, E-Reader erworben und tapfer allabendlich vorgelesen. Aussichtslos. Er könne leider nicht selber lesen, erklärte unser Kleiner, denn manche Wörter verstehe er nicht, weshalb die meisten Texte sinnlos blieben. Für die sechste Klasse mochte das genügen, für ein Buch nicht.

Ich hatte ein bodenständiges Abenteuerprogramm vorbereitet, mit Kanu, Wandern, Stöckeschnitzen. Was Väter halt planen, wenn das schlechte Gewissen quält, weil man sich den Rest des Jahres zu wenig kümmert. Während ich also paddelte, kletterte und mir in den Finger schnitt, blieb Hans in seine Lektüre vertieft. Er las sogar im Gehen. Nur im Freibad legte er das Buch kurz zur Seite, um seinen Vater beim Bauchklatscher vom Dreier zu beobachten. Am Ende des Urlaubs hatte er vier Bücher inhaliert, mehr als seine Eltern im Jahr.

Meine Mission war klar: Wieder zu Hause würde ich mich eingehend mit diesem elenden Router beschäftigen. Unauffällige Sabotage ist auch eine Art von Erziehung.

15. Weihnachten vs Ich

Einmal im Jahr gibt es einen Supersonntag, einen Turbomegasonntag, der nicht mal auf einen Sonntag fallen muss, um alles, was wir an einem ganz normalen Sonntag zelebrieren, ins Groteske aufzublasen. Richtig: Weihnachten. Fest der Liebe. Stresskulmination. Fluchtfantasien. Und die Nerverei geht schon Monate vorher los, kaum, dass die Grillsachen aus den Supermärkten verschwunden sind.

An diesem Sonntag bleibt die Küche kalt. Denn ich gelange gar nicht erst hinein. Alles voller Pakete. Ich bestelle Pizza. Wir sitzen geduckt auf Kartons und kauen schweigend.

Warum haben wir jemals gesagt, dass wir Pakete für Nachbarn »gern« annehmen würden? Offenbar sind wir die letzten in unserem Kiez, die sich nicht totstellen, wenn es klingelt. Die Zusteller ersteigern unsere Adresse seither wahrscheinlich auf eBay.

Kinderzimmer, Flur, sogar das Bad sind bis zur Decke gefüllt. Das Schnabeltier kam letzte Woche, mit einem Tierspezialversender. Empfänger unbekannt verzogen. Beim Tierheim nahm niemand ab. Kein Kochbuch bietet Schnabeltierrezepte. Also Asyl in der Badewanne. Die Jungs haben es »Rostro« getauft. Aus den Buchpaketen haben wir Säulen gebaut und die längeren Kisten quer darübergelegt. Kriechend und mit Grubenlampen kommen wir ganz gut durch. Dummerweise ist gestern der Schacht zur Wohnungstür eingestürzt. Drei Boten hatten gleichzeitig gelauert, als die Chefin unvorsichtigerweise einen Spalt öffnete. Die Bücherstützbalken hielten dem Dauerfeuer nicht stand. Warum versendet eigentlich niemand T-Träger? Oder Gotcha-Waffen? Mit einem ferngesteuerten Monstertruck gelang es, dieses graue Gerät samt Plastikstift zu mir durchzubringen, um den Empfang zu quittieren.

Immerhin: Die Kartons haben die Familie zusammengebracht. Wir schlafen im Bett der Chefin, bis auf die Nachtwachen. Viele Mitmenschen können ihre Pakete ja nicht so früh holen, weil noch Mitternachtsshopping ist. Wir haben allerdings aufgegeben, nach den richtigen Kartons zu suchen, und werfen irgendwas über das Balkongeländer.

Der Paketwahn beginnt im November, wenn Menschen ihr Weihnachtsgeld offenbar direkt zu den Geschenkeversendern durchreichen. Früher ging man in ein Fachgeschäft, ließ sich beraten, lugte verstohlen in seine Brieftasche und stellte fest, dass zwischen Wünschen und Restbarschaft eine Lücke klaffte. So traf man eine harte, aber finanziell vernünftige Entweder-oder-Entscheidung: Lichterkette oder Lachs. In Zeiten des Immer-alles-Sofort wuchten junge Männer gut gelaunt rund um die Uhr den Müll von morgen ins aufzuglose Dachgeschoss. Bald hat Deutschland die besten Bergsteiger oder die meisten Bandscheibenpatienten der Welt.

Ist niemand zu Hause oder wird die Klingel überhört, dann landen Bücher, Schmuck, Kosmetik, Klamotten und gefüllte Gänse, vakuumverpackt, sowie das Schnabeltier bei uns. Und das LED-Gewitter. Denn wer ernsthaft feiert, braucht auch eine stimmungsvolle Lichtinstallation für den Balkon. Früher standen da zwei Rentiere aus Dioden, heute wird die ganze Bibel in 3-D durchgespielt, Altes Testament inklusive.

Kommt ja immer mal was weg bei diesen vielen Sendungen. Durch Riechen, Schütteln und Absender-Googeln lässt sich der Inhalt ganz gut erraten. Die kunstseidenen Festtagsslips hätten dennoch eine Nummer größer sein können. Dafür ist die Pyramide aus dem Erzgebirge sehr schön. Die Schmorspuren an den umliegenden Kartons, das waren wir nicht. Dummerweise kam die hochfeine Schokoladenauswahl direkt über der Pyramide zu liegen. Den warmen Kakaoregen wird Hans nie vergessen. Die Chefin ist auch glücklich; sie probiert seit Wochen die Kosmetikpäckchen durch, während ich mich durch die Spirituosen-Sendungen koste. Für den Heiligen Abend hätten wir gern noch Entenleber, Kaviar und einen Flachbildschirm.

Am ersten Feiertag setzen wir uns Zipfelmützen auf und verteilen die Pakete im Viertel. Was einst bestellt wurde, haben die Leute nach der ersten Gallenkolik eh vergessen. Zwischen den Jahren machen wir aus den vielen Kartons ein schönes Feuer auf der Straße und spielen Schrottwichteln. Wir hätten da ein Schnabeltier im Angebot.

Vergangenes Jahr wollte ich dem Irrsinn entfliehen, weil: billiger, netter, entspannter, wärmer. Zumal wir alle ja schon eine ordentliche Dosis Weihnachten bekommen hatten. Die erste Weihnachtsfeier in irgendeinem Vergnügungsunternehmen hatte stattgefunden, noch bevor der Halloween-Kater verflogen war. Bis zum Abflug würden die zwei Dutzend voll sein.

Weihnachtsfeiern sind die Pest: Kollegen, die sich das ganze Jahr über anschweigen und meistens zu Recht, setzen sich alberne rote Mützen auf und starren schweigend in den Glühwein, den man in rauen Mengen trinkt, obwohl er hämmernden Kopfschmerz verursacht. Aber irgendwie muss man die bleierne Zeit ja rumkriegen. Weil in Hansens Schule ausschließlich aufgewärmter Johannisbeersaft gereicht wird, fällt der einzige attraktive Programmpunkt weg. Stattdessen stopfen sich die Kinder mit Süßkram voll, um sich dann im Zuckerrausch zu massakrieren. Bethlehem-Feeling kommt nicht mal auf, wenn die selten textsicheren Racker ihre Lieder absingen, angeleitet von einer rotgefleckten Pädagogin, die so laut souffliert, dass man die Kinder kaum hört. Alle Eltern filmen. Wir auch, aus Höflichkeit. Die Filme gucken wir uns nie an.

Schlimmer sind nur Weihnachtsfeiern mit Erwachsenenbespaßung, Wichteln zum Beispiel, eine Unterart der Sperrmüllentsorgung. Jeder darf irgendein Steh-im-Weg von zu Hause mitbringen; der ganze Schrott wird in einem unverständlichen Würfel- und Tauschverfahren reihum verlost. Das Ergebnis ist immer das Gleiche: Die guten Sachen kriegen die anderen.

Ich hatte also genug vom Festtagszauber. Unzählige Wintertage hatten wir Hans die nervige Trilogie aus nadelnder Fichte, Kalorien-Bombardement und Bescherungswahn vorgespielt. Es war höchste Zeit, die rheumatischen Gräten des Ernährers mit Wärme zu therapieren. Karl wollte ohnehin mit Freunden feiern.

Den Weihnachtsmann-Glauben hatte unser blitzgescheiter Spross doch längst überwunden. Aus mehreren Fachgesprächen meinte ich sehr früh seine Zweifel herausgehört zu haben, wie ein älterer Herr denn wohl durch einen zugemauerten Kamin in unser Wohnzimmer gelangen könne. Außerdem bekam er mit, wie sich die Paketabholscheine seit Wochen bei uns stapelten, weil wir vor lauter Paketverwaltung für andere nicht dazu gekommen waren, unsere eigenen in Empfang zu nehmen.

Zwei Tage vor Ferienbeginn erwischte unseren ansonsten sehr robusten Sohn plötzlich ein Fieberanfall. »Psychosomatisch«, erklärte die esoterisch bewanderte Chefin. Kann es daran gelegen haben, dass wir ihm am Abend vorher eröffnet hatten, dass wir das ungemütliche Berliner Weihnachten an einen tollen Strand verlegen würden? Geschenke seien doch in diesem Jahr nicht so wichtig, der Urlaub Präsent genug. Hans hatte seine Begeisterung gut verborgen. Wetter war ihm offenbar egal, er wollte Weihnachten. Musste ich das Übergepäck mit rotem Bademantel und Wattebart noch zusätzlich beschweren?

Die Sicherheitskräfte in Tegel guckten verwundert, als zwei Erwachsene ein bockiges Kind hinter sich her schleiften, das fiebernd »Will Weihnachten, will Weihnachten« wimmerte. Genau so hatte ich mir die Feiertagsflucht vorgestellt; mit Gewissensbissen, eine zarte Kinderseele durch O-Tannenbaum-Entzug nachhaltig zu beschädigen. Der Duty-free-Shop ist ein idealer Ort für Männergespräche. Kinder wissen genau, dass genervte Väter hier ihre schlechte Laune wegkorrumpieren. »Was ist denn so schön an Weihnachten?«, wollte ich beim Bezahlen übertreuerter Flugzeugmodelle wissen. »Die Bescherung«, erklärte Hans.

Na gut. Dann würde ich eben Anfang Januar eine abgeschmückte Schrumpelkiefer von der Straße klauben, wir würden die Best-of-Christmas-CD aus dem Drogeriemarkt einlegen und zuschauen, wie das Kind fünf Quadratmeter Geschenkpapier zerfetzen würde, mit dem die Präsente eingewickelt wären, die wir aus dem Feriendomizil online bestellen und auf dem Weg vom Flughafen nach Hause von der Post abholen würden. Weihnachten entkommt man nicht, nirgends.

Dann eben dieses Jahr wieder zu Hause. Aber nach meinen Regeln, damit das klar ist. Der zarte Hinweis, der Weihnachtsmann erwäge wegen der anhaltenden Nullzinsphase Geschenksparmodelle, wirkt Wunder. Neue Geschirrhandtücher erworben. Die alten rochen nach der Gans 2010. Trotzdem wieder eine bestellt. Ausgiebig Rotwein verkostet. Und Schnaps für danach. Sicherheitshalber die Getränkefolge ein weiteres Mal durchgetestet.

Meinetwegen könnten wir das Fest der Liebe in einer straffen 90-Minuten-Choreografie abfeiern, ganz ohne Baum. Aber nicht mit der Chefin. »Der Heilige Abend ist besonders«, sagte sie. Übersetzung: ein weiterer Akt im alljährlichen Tannenbaumdrama.

Seit Jahren versuche ich, die Familie davon zu überzeugen, dass ein Nadelbaum ökologischer Unsinn ist, zumal sich Nadeln und Baum ja bis zum 24. längst voneinander getrennt haben. Bäume gehören in den Wald und Kinder ins Bett. Wenn ein Hektar Wald im Jahr zehn Tonnen Kohlendioxid aus der Luft filtert und die Deutschen jedes Jahr 25 Millionen Tannenbäume in ihren überheizten Wohnzimmern abnadeln lassen, dann wundert einen der Klimawandel gar nicht.

Weil die Chefin die Tanne ohnehin bis zur Unkenntlichkeit verschmückt, würde ein Kleiderständer genügen oder das schmucke Kunststoffmodell aus dem Internet mit Regenschirmtechnologie. »Wären Tannenbäume Delfine, dann ...« Die Chefin unterbrach meine Hofreiter-haften Ausführungen und befahl: »Besorg diesmal bitte einen anständigen Baum. Nicht wieder so ein mickriges Teil. Und bitte keine Verletzungen.« Vor zwei Jahren wollten wir im nieseligen Brandenburg selbst einen Baum schlagen. »Fällen ist Männersache«, hatte ich selbstbewusst verkündet. Bis Ostern waren meine Fällwunden abgeheilt.

»Los, Papa, wir gehen zum Holländer«, krähte Hans vorgestern. Der Holländer ist berüchtigt im Kiez. Kurz nach den Herbstferien zäunt er eine Freifläche ein und stapelt dort Tannenbäume. Er fahre mit einem Laster in die Ukraine, kaufe unzählige Bäume für ein paar Glasperlen, verscheure die Nadelhölzer zu Mondpreisen und verbringe den Rest des Jahres an einem Strand im Süden, heißt es.

Vor ein paar Jahren waren wir erst am Weihnachtsmorgen zum Holländer gegangen. Was sollte er mit Fichten im Januar? Null Nachfrage gleich Schnäppchenpreis – so läuft Kapitalismus, hatte ich Hans erklärt. Ich hatte auffallend gelangweilt durch die Gitter gespäht. Auf keinen Fall Kaufinteresse zeigen, nicht mal bei diesem Prachtexemplar, das da recht frisch und hochgewachsen lehnte. Der Nachteil an Altbauwohnungen: Bäume unter zwei Metern sehen so verloren aus wie ein Liberaler an einem Montagabend in Dresden. Nachteil an Bäumen über zwei Metern: sauteuer. Wir näherten uns dem nadeligen Kameraden. »80« stand auf ein Schild gekrakelt. Ein Scherz. Der Holländer näherte sich. Ich nahm Hans an die Hand, um meinen ökonomischen Dauernotstand zu belegen, und sagte »30«. Faires Angebot. Der Holländer kam mit einer Bonsaitanne zurück. »Die kostet 50«, sagt er. »30«, sagte ich mit fester Stimme. Hans schwieg. In solchen Momenten kann ein Vater seine über Jahre sorgsam aufgebaute Autorität verlieren. Ein Alt-Hipster mit Gauland-Tweed und fantafarbenen Rolf-Eden-Haaren hatte sich angeschlichen, schnappte nach dem Baum und hielt dem Holländer 80 Euro hin. Hans bebte. Der Holländer grinste. Der Hipster auch. Mir egal. Dann eben eine Fichte, etwas licht untenrum, dafür preiswert. Leider waren nicht mehr viele Nadeln dran, als wir zu Hause ankamen.

Diesmal kauften wir den Baum also rechtzeitig vor dem

Fest, vorgestern. Dann kann er auf dem Balkon sein Gefieder spreizen. Der Holländer lachte, als er mich sah. »Die Fichte vom letzten Jahr hat alle Nadeln verloren«, klagte ich. »Was kaufst du auch Fichte«, fragte er, »die taugt nichts.« Verbraucherschützer, wo seid ihr? Diese Saison seien Ökobäume angesagt, sagte der Holländer. Sind Bäume nicht von Natur aus öko? »Alle gespritzt«, so der Holländer. Und ich dachte immer, die Weihnachtskopfschmerzen stammten vom Sherry. Hans war doch zu Hause geblieben, so konnte ich pädagogisch unvernünftig Geld ausgeben. Die Chefin nickte anerkennend, als ich die drei Meter Ökobaum mit einem Mietkran über den Balkon hievte, unsere derzeit einzig kartonfreien drei Quadratmeter. Das Fest war gerettet.

Morgen geht es weiter mit dem vertrauten Vorweihnachtsprogramm: Metzger Bachhuber wird für jeden abgeholten Festvogel Glühwein spendieren, mit Amaretto-Tuning. Die Jungs werden am dampfenden Becher riechen und sich schütteln. Vati wird kichern. Rasch ins KaDeWe, für Weihnachtsbaumklimbim aus dem Erzgebirge, damit die Chefin glücklich ist. So. Alles erledigt, pleite, Sodbrennen. Und aufsteigende Panik vor dem grausigsten Moment des Jahres: Ruhe. Kirche vorbei. Geschenke getauscht. Gans schwimmt in Amaretto, Rotwein, Kirschwasser, Marzipankartoffeln – ein toxischer Cocktail. Und dann? Die Kinder werden wieder nicht zulassen, dass ich am Lego-Raumschiff mitbaue. Also Rumsitzen, auf Kerzen starren und »Ach ja ...« sagen. Palim auf der Sofalehne. Nach dem zehnten »Ach ja ...« wird mir langweilig. Ist Weihnachten nicht ein Fest? Wird an Festen nicht gefeiert? Aber wie? Feiern, das ist wüste Zigeuner-Hochzeit mit Balkan-Pop aus verbeulten Trompeten, und alle tanzen auf dem Tisch. Aber wie feiert man Weihnachten? Mit Sofasitzen, »Ach ja ...«-Sagen und Palim. Ich könnte die getöpferte Krippe, die ohnehin nur vor sich hin krümelt, mit einem Kasatschok vom Tisch räumen. Oder den Kindern mit billigen Kartentricks ihr Taschengeld abnehmen.

Am schlimmsten wird wieder der zweite Weihnachtstag

sein. Das neue Spielzeug ist kaputt oder langweilig, Mutti leidet psychisch an der übermäßigen Kalorienaufnahme, Vater physisch. Die Geschirrhandtücher riechen wieder nach Gans. Verschärftes Sodbrennen. Palim ohne Pause. Meine Ruhe-Allergie wird unerträglich. Ich will was zu tun haben. Also werde ich das Geschenkpapier noch mal zusammenfalten, diesmal vorher aufbügeln. Und dabei »Drei Nüsse für Aschenbrödel« mitsprechen. Ich könnte unauffällig anfangen, den Baum abzuschmücken. Wenn ich, die Gans war aber auch wieder fett dieses Jahr, diskret zwei Schnäpse nachlege, besteht Hoffnung, auf dem Sofa einzuschlafen und erst am Aschermittwoch wieder aufzuwachen. Leider ist das Kirschwasser immer zu früh alle.

Wir sind aber auch wirklich eine todesmutige Familie. Obgleich uns der Kalender zwischen dem 20. Dezember und dem Schulbeginn 16 sinnlose Tage am Stück beschert, haben wir auch diesmal kein Entertainmentprogramm entworfen, sondern lassen die Leere auf uns zukommen, flankiert vom Jahresendwahnsinn: Steuerunterlagen ordnen, Keller aufräumen, gute Vorsätze überlegen. Mit stiller Gehässigkeit gedenken wir der Skiurlauber, die bei plus zehn Grad auf grüne Wiesen starren. Die Armen müssen doch tatsächlich ihre nagelneuen Daunenwurstglanzklamotten originalverpackt wieder mit nach Hause nehmen. Ich und der Klimawandel, so langsam werden wir Freunde.

»Wir unternehmen spontan was«, wird die Chefin sicher wieder vorschlagen. So spontan fallen mir genau zwei ideale Freizeitvertreibe ein: entweder ins Büro fliehen unter dem Vorwand, die Ablage erledigen zu müssen, in Wirklichkeit aber dösend vom Dienstsofa aus irgendwas auf Eurosport gucken, Snooker oder Pfeilewerfen. Oder allein im Nieselregen bei Optimalpuls durch den Grunewald wackeln in der Hoffnung, dass ein bisschen Gänsefett verbrannt wird. Mit einem Handtuch habe ich mir das Sofa schon Wochen vor dem scheinheiligen Abend reserviert. »Dieses Jahr wird nicht so viel vor der Glotze gehangen«, befiehlt die Chefin. Wir Jungs nicken, denken das Gegenteil und übersehen jene Prospekte mit Niveau, die Mona auf dem Küchentisch ausgebreitet hat, Kindertheater und andere Grausamkeiten, wo überzüchtete Mitte-Kinder heulen oder husten. Kultur bedeutet erhöhte Ansteckungsgefahr. Nur vor dem heimischen Fernseher sind wir sicher.

Wenn wir Glück haben, ruft, wie vor zwei Jahren am Sonntag zwischen den Jahren, wieder die Mutter von Josef an. Mit dem Namen wollte sie dem Jungen bestimmt beim Krippenspiel eine Hauptrolle sichern. Josefs Mutter ist eine überambitionierte Nervensäge, die ihrem Untalent von Sohn wöchentlich ein neues Instrument aufbürdet. Sie wollte mit den Jungs ein paar Tage verreisen, erklärte sie. Ob Hans vielleicht mitkäme? Halleluja.

Plötzlich bestand Aussicht auf einige Tage Ferien, für uns Eltern jedenfalls. Denn die Beschäftigungsinitiative der Helikopter-Mum sah zuerst das Ozeaneum in Stralsund vor, dann einen Erlebnisbauernhof zum Schlittenbauen und an Silvester wahrscheinlich Times Square. Hans winkte zum Abschied. Wie schön.

Vielleicht erbarmt sich dieses Mal wieder eine Mutter und nimmt den Kleinen mit in einen Kurzurlaub: So hätten wir eine reelle Chance, die letzten Kartons zu entsorgen, bis das Kind zurückkehrt. Dann ist der Esstisch auch wieder zu gebrauchen. Es lebe der Alltag.

16. Scham vs Aufklärung

Die Sache mit den Bienen ist doch die natürlichste Angelegenheit der Welt. Kann man ganz offen und unbefangen drüber reden. Aber nur, wenn die Jungs ein wenig Ernst zeigen.

Ich habe mich – soll ich sagen: mal wieder? – selbst übertroffen. Gestern Abend bereits hatte ich den Ochsenschwanz angebraten und im Ofen die ersten vier Stunden unter Hinzukippen größerer Mengen Madeira geschmort. Es gilt auf ewig das Geheimrezept der italienischen Mamma: einfach schmurgeln lassen, je länger, desto besser. Selbst Ignoranten, die sich hinterher nicht die Ochsenschwanzfleischfäden aus den Backenzähnen klauben mögen, die müssen zugeben, dass die Sauce eine der köstlichsten ist.

»Was gibt es heute?«, fragt Karl etwas unemphatisch und starrt in den Ofen. »Ochsenschwanz-Ragout«, sage ich milde und erwarte zumindest einen anerkennenden Seitenblick für 24 Stunden hingebungsvollen Schmorens. »Ist das etwa …?«, beginnt Karl, während Hans erst »Iiiih!« schreit und beide dann kichern. Während Karl, der Große, derzeit seine dritte Pubertät durchmacht, kämpft der kleine Hans mit der ersten. Wörter wie »Schwanz«, für die es nun mal keine kulinarischen Synonyme gibt, führen automatisch zu Albernheiten, von denen selbst ich mich nicht ganz frei machen kann, obwohl ich gerade mal in keiner Pubertät stecke, auch wenn die Chefin das dementieren würde. »Ist doch lecker«, sagt die Chefin, während Karl nur langsam »Och-sen-schwaaanz« sagt, was bei Hans zu haltlosem Gackern führt.

Wir sind eine tabulose Familie. Nacktheit ist eine ganz natürliche Sache, genauso wie die körperliche Liebe oder eben ein Ochsenschwanz. Früher haben wir uns mithilfe der *Bravo* aufgeklärt und bei Schwarzlichtpartys vorsichtige Expeditionen ins geheimnisvolle Reich des weiblichen Körpers unternommen. Ich gebe zu: Über das Wortspiel »Schwanzlichtparty« haben wir damals sehr gelacht. Die *Bravo*-Fummelphase wird heute leider übersprungen, dem Internet sei wieder mal kein Dank.

In unserem elterlichen Leistungsportfolio fehlt eine entscheidende Fähigkeit: Pornokompetenz. Eben diese aber sei dringend gefragt, sobald das Kind seinen Namen halbwegs fehlerfrei schreiben könne, sagen Pädagogen. Die Forschung hat herausgefunden: Mit elf, spätestens zwölf Jahren sehen unsere Kleinen den ersten Film, den sie rein rechtlich erst volljährig betrachten dürften, idealerweise unter der Aufsicht eines Trauma-Experten. Statistisch gesehen kommt auf jeden Spätzünder, der mit 14 sein erstes fleischhaltiges Internetfilmchen sieht, ein anderer, der nicht mal zehn ist. Hans wird demnächst zwölf. Und wir haben keinerlei Pornokompetenz.

Mein selbstloses Angebot, mich im Internet erst einmal unverbindlich informieren zu wollen, zum Wohle des Kindes, wurde von der Chefin entschieden abgelehnt. »Die Kinder müssen Fragen stellen dürfen, da hilft kein verschämtes Wegducken«, zitierte ich die Rostocker Pädagogin Katharina Zillmer von der Landesfachstelle für sexuelle Gesundheit und Familienplanung. Welche Fragen könnte Hans wohl stellen? Warum hängt da ein nackter Mann von der Decke? Wieso trägt die Darstellerin Luftballons dort, wo andere Damen Brüste haben? Und was hat ein Schaf im Schlafzimmer zu suchen? So, und jetzt nicht wegducken, sondern heiter sagen: Mein Sohn, so ist das Leben. Ich habe gerade erst die fortwährenden Hundekopulationen in unserem Kiez erklärt dank Otto Waalkes: »Der Bernhardiner ist blind. Und der Pudel schiebt ihn über die Straße.« Bislang hat Hans sich mit dieser Erklärung zufriedengegeben.

Ich finde, dass die Sexualerziehung inklusive Pornokompetenz in ebenso behutsame wie verantwortungsvolle Hände gehört, also in die der Chefin. Ich sehe meine Aufgaben eher bei Steuern, Versicherungen und der Entlüftung von Heizkörpern. »Porno ist Männersache«, entgegnet Mona.

Ich fühle mich missverstanden und blättere im Programm der Volkshochschule. Zwischen »Politik« und »Programmieren« klafft eine Lücke. Wikipedia und Google bieten auch keine Hilfe. Typisch Internet: Mit den Schereien darf man sich allein und analog herumschlagen. Unwahrscheinlich, dass Filmchen, die auf dem Schulhof kursieren, aus einem Lehrvideo über Bienenzucht stammen.

Neulich kam Hans aus der Schule und sagte, dass der Sportunterricht »voll porno« gewesen sei. Ach du Schreck: War meine nicht vorhandene Kompetenz plötzlich gefragt? Ein kurzes Informationsgespräch später war ich beruhigt. Meine Mutter errötete seinerzeit, wenn wir »geil« sagten und »dufte« meinten. »Porno« scheint das neue »geil« zu sein.

Sexualität war früher ja schon ein heikles Thema, doch heute ist es toxisch. War das Wannenbad einst ein samstägliches Ritual der Reinlichkeit, setzt sich der Vater heute sofort dem Verdacht des Missbrauchs aus. Mit jeder Pädophilie-Debatte tauchen Fragen auf, die sich die meisten Eltern früher nie gestellt hätten. Ganz selbstverständlich wurde ich kurz nach dem Krieg am Strand der westfriesischen Insel Ameland fotografiert, wie ich textilfrei im Priel nach Einsiedlerkrebsen fischte, in einem Alter, da man sich weder Gedanken um Problemzonen noch Perverse machte. Lag damals hinter jeder Düne ein Irrer, der nackte Kinder fotografierte und die Bilder weltweit feilgeboten hätte, wäre das Internet erfunden gewesen? Waren wir arglos? Sind wir heute hysterisch? War der Maler Balthus ein Krimineller, weil er achtjährige Mädchen aus eindeutig lüsterner Perspektive porträtierte? Hätte eine Ausstellung im Berliner Museum für Fotografie 2013 verboten werden müssen, weil dort Aktbilder minderjähriger Knaben zu sehen waren? Was ist Kunst? Was muss weg? Und was dürfen Väter eigentlich noch?

Um Himmels willen, mag sich mancher Ostdeutsche denken: Wir mussten jeden Sommer nackig rumlaufen. FKK war in den Achtzigerjahren ein Trend, nicht nur an der Ostseeküste. Lebten sich da Lustmolche aus, unter dem Deckmantel von Freiheit und Natürlichkeit?

Neulich hörte ich vom Fall eines Vaters, der sich im Scheidungsgetümmel erklären musste, warum er mit seiner kleinen Tochter in der Badewanne gesessen hatte. Die Mutter hatte dem Richter Handy-Bilder präsentiert, die Missbrauchsabsicht beweisen sollten.

In manchen Berliner Sportvereinen wird ein Duschkrieg geführt. Eltern verbieten ihren Kindern, sich in der Kabine zu entkleiden. Früher war das Duschen eine Mischung aus Mutprobe und Initiationsritus. Die Kleinsten verdrückten sich nach dem Training ungewaschen und angstflackernden Blickes, während die Größeren lässig das Handtuch um die Lenden geschlungen hatten. Erst wer sich traute, die Sporthose abzulegen und mit den anderen zu duschen, der gehörte dazu; ein Segen übrigens für Eltern und erste Freundinnen.

Und heute? Wachen die Eltern in der Kabine, ob ihre Jungs auch Badehosen zum Duschen tragen. Trainer grummeln, weil ein unausgesprochener Vorwurf schwer in der Kabine hängt. Was ist berechtigte Sorge? Was ist Hysterie? Und was ist, wenn tatsächlich was passiert?

Und vor allem: Was wird aus unserem Familienbaden? Wenn Hans in der Schule erzählt, er hocke mit seinem Vater unbekleidet und ohne juristische Grundlage in der Wanne, wird das Jugendamt bei uns einmarschieren? Die Leichtigkeit ist jedenfalls dahin. Vielleicht sollten wir so viel Spielzeug in die Wanne laden, bis überhaupt kein Wasser mehr dazwischenpasst. Dann müssen wir uns gar nicht ausziehen und können im Kinderzimmer bleiben. Und wie wird das Kind sauber? Wir könnten es bei Regen auf den Balkon stellen. Aber dann fotografiert bestimmt jemand von gegenüber.

Müssen wir die Aufklärungsarbeit endgültig ans Internet delegieren? Das Ochsenschwanz-Ragout haben sich die Jungs dann doch schmecken lassen, auf einer großen Portion Nudeln. »Schwanz auf Nudeln«, hatte Karl geprustet. Und Hans hatte krähend mitgelacht.

17. Großzügigkeit vs Strenge

Konsequenz ist die Grundlage erfolgreicher Erziehung. Aber Prinzipienreiterei ist abstoßend. Wo verläuft nun die Linie zwischen klarer Regel und sinnlosem Prinzip? Und warum lasse ich mich immer wieder erweichen?

Heute gibt es Würstchen mit Kartoffelsalat. Das mögen alle. Die Nahrungsaufnahme macht aber nur die Hälfte unseres sonntäglichen Familienrituals aus. Auf der anderen Seite wartet die Erziehungsarbeit. Hans zum Beispiel hat die Aufgabe, den Tisch zu decken. Früher hat er aus dem Besteck kleine Skulpturen gebaut. Das weist nach meiner Ansicht klar auf Hochbegabung hin, aber in den Augen der Chefin ist es einfach nur mangelndes Benehmen. Der Junge habe zu kapieren, dass Gabel links und Messer rechts und überhaupt: Wo sind die Servietten?

Schon richtig. Wenn unsere Jungen das Pech haben sollten, sich in eine höhere Tochter zu verlieben, dann werden sie beim Antrittsbesuch den fehlerfreien Umgang mit dem Tischinstrumentarium demonstrieren müssen. Andererseits: Was sollen diese bürgerlichen Konventionen? Sind Regeln nicht auch zum Übertreten da? Der Rulebreaker ist doch ein allseits akzeptiertes gesellschaftliches Leitbild, Bohlen und so. Womit wir bei einem zentralen Erziehungskonflikt wären: Wo drückt man ein Auge zu oder beide? Und wo lässt man Strenge walten?

In der Grauzone zwischen radikaler Rechtsauslegung und gelassener Großzügigkeit gilt erst mal: Charmanten Kavaliersdelikten oder kleineren Versehen des Vaters ist mit maximaler Milde zu begegnen, den Delikten aller anderen hingegen mit Härte, vor allem bei älteren Geschwistern.

Als Karl, der Große, sich neulich von Hans' Schreibtisch

einen Radiergummi nahm und nicht sofort zurückgelegt hatte, empörte sich der Kleine über Diebstahl. Zu Recht. Sein Eigentum war nicht vorübergehend geliehen, sondern dauerhaft entwendet worden. Im Ernstfall – unangekündigte Überprüfung der Federmappe durch die Chefin – wäre Hans haftbar gemacht und die Ausrede »hat Karl geklaut« als billig abgetan worden. Maulfaul hätte der große Bruder nichts zur Aufklärung beigetragen. Und eher hätte man in einem Heuhaufen einen Sack goldener Stecknadeln gefunden als in Karls Zimmer einen Radiergummi. Wir lernen: Nicht immer können Ordnungshüter alles regeln. Der Rechtsstaat ist wie eine Karaokebar: Wenn nicht jeder freiwillig ein bisschen mitmacht, läuft der Laden nicht.

Testfall für Eigenverantwortung und Rücksicht ist stets die Küche, die die hohen hygienischen und gestalterischen Ansprüche der Chefin zu erfüllen hat. Jungs wiederum haben diese einzigartige Fähigkeit, jedes liebevoll arrangierte Ensemble innerhalb von Sekunden in einen Ort des Grauens zu verwandeln – für ein Nutella-Brot. Daher gilt: Wer Unordnung macht, muss auch aufräumen. Und am Ende erledigt es grummelnd der Vater.

Es ist wie mit den Zehn Geboten: Der gute Wille ist manchmal da. So üben wir uns in der staatsbürgerlichen Pflicht zu Recht und Ordnung: Wechselgeld vom Einkaufen ist samt Bon abzuliefern, es sei denn, es wird mal vergessen. Körperliche Attacken dürfen nur mit Zustimmung des Opfers erfolgen, also praktisch nie, was gelegentlich ignoriert wird. Und wenn um halb neun das Licht ausgemacht wird, gilt das natürlich auch für den fahlen Schein des Handydisplays.

Heikel wird es nun, wenn das daheim mühsam eingeübte Verständnis für Respekt und Regeln auf die Realität da draußen trifft. Warum, fragt Hans zum Beispiel, darf der etwa gleichaltrige Junge in der Fußgängerzone den ganzen Tag Ziehharmonika spielen und bekommt sogar Geld dafür, während er in die Schule muss? Wie kann es sein, fragt der große Karl, dass Frauen auf offener Straße die Unterwäsche vom Leib gerissen wird, ohne dass die Täter auf der Stelle fest mit Kabelbindern verschnürt und bis zur Gerichtsverhandlung in die nächste Zelle gesperrt werden? Wieso dürfen Menschen mit dem IQ eines Baseballschlägers halbe Stadtteile verwüsten?

Gute Fragen, die leider nur schwer zu beantworten sind, ohne entweder Stereotypen zu bedienen, den Staat und seine Repräsentanten zu dissen oder einfach nur wütend und rechtsstaatlich ziemlich unkorrekt zu werden. Häufig kann man sich Hilfe holen bei Harry Potter, Frodo oder Obi-Wan. Dummerweise aber existiert in keinem dieser Epen eine funktionierende Polizei oder ein für alle verbindliches Rechtswesen. Immer kämpfen wenige Gute gegen übermächtige Böse, was selten ohne Blutbad abgeht.

Neulich brannte nachts ein Auto in der Nachbarstraße. Empört schlug Karl vor, Nachtwachen aufzustellen. Eine Bürgerwehr, wie in anderen Gegenden der Republik inzwischen üblich? Prima Idee, Milizenführer ist in vielen Teilen der Welt ein respektabler Job. Liegt mir aber nicht. Habe ich mein Leben lang Innenpolitiker verteidigt, um jetzt besorgt mit Pfefferspray und Leuchtweste um den Block zu patrouillieren?

Nein, wir werden tapfer auf den Sieg des Guten vertrauen, durch Einsicht, Mitgefühl und die Hüter der öffentlichen Ordnung. Es ist halt wie mit dem Wachtmeister Dimpfelmoser: Das Recht mag ein wenig langsam daherkommen, aber am Ende gewinnt es doch. Keine Chance für Hotzenplotz.

Heikel wird es immer dann, wenn meine mit staatsbürgerlichem Pathos vorgetragenen Weisheiten den Alltagscheck überstehen müssen. Neulich klingelte es gegen acht Uhr morgens, am Samstag. Huch. Hatte das Feierbiest aus dem Hinterhaus sich bei dem Versuch, das Schlüsselloch zu treffen, mal wieder ans Klingelbrett gelehnt? FDP-Werber auf dem letzten Kreuzzug? Die Renaissance des Klingelstreichs? Ich bat Hans zu öffnen, weil er immerhin eine Art Schlafanzug trug.

»Papaaa...«, rief das Kind bange, während ich verkehrt herum in eine Sporthose trat, womit ich einen etwaigen Eindringling optisch abzuschrecken gedachte. Ich hüpfte zur

Tür. »Nicht erschrecken«, sagte das in Schwarz gehüllte Wesen auf halber Treppe. Ich erschrak. Ein Trickbetrüger? Oder ist dieser Polizist etwa echt? Sein Blick, stahlhart wie Zwiebelmett, überzeugte mich. Ich hob die Hände. Hans klammerte sich bebend an die außenliegenden Nähte meiner Hose. »Hol schon mal die Zahnbürste«, sagte ich, »Mama backt uns bestimmt einen Kuchen mit Feile.«

Der Ordnungshüter rang um Amtsblick und zog seinen Block hervor. »Sind Sie der Halter des Fahrzeugs B-L …?« Halter ja, gestand ich, aber für Fehlverhalten im Straßenverkehr ist bei uns die Chefin zuständig. »Wo waren Sie denn gestern Abend gegen 21 Uhr?«, fragte die Staatsmacht. Wie jeden Freitag war ich mit Hans vom Sport gekommen. Und wie jeden Freitag hatte ich unser Auto virtuos in die letzte Parklücke gezirkelt. Ganz ausnahmsweise hatten wir dabei womöglich ein Kleinfahrzeug im Hauchbereich touchiert, aber nach meinem Gefühl ohne jede Spur. Wahrscheinlich wollte da jemand seinen ranzigen Kleinwagen auf meine Kosten umspritzen lassen. Ich holte Luft, um mich zu empören, jeglichen Zweifel an meiner Fahrkunst zu zerstreuen, an die Bösartigkeit der Nachbarschaft zu gemahnen und überhaupt.

Da traf mich der Blick meines Sohnes, ängstlich, fragend, gespannt. Er erinnerte sich offenbar an jenes kaum zu vernehmende Schabgeräusch vorne rechts, das mir aufgrund altersbedingter Hörschwäche entgangen war. Er hatte nachgeguckt, ich hatte vorsorglich abgewinkt. Ist nichts. Nun musste ich in Promillesekunden eine Grundsatzfrage beantworten: Sollte ich den klassischen Berliner Weg gehen, mich um jeden Preis herausreden, mit Anwalt drohen und dem Kind damit einen Schnellkurs »Drecksack in 30 Sekunden« erteilen? Oder sollte ich das Abenteuer Ehrlichkeit wagen und einfach sagen: Vielleicht war ja doch was? Die nette Dame, die unten zwischen unseren Autos wartete, hatte leider recht: Da klebte tatsächlich unser Lack an ihrer Stoßstange. Sorry, das werden wir fair regeln.

Hans hat nicht weiter über den Vorgang geredet. Aber es

bleibt so ein Gefühl, dass an diesem Morgen so was wie Erziehung durch Vorbild stattgefunden haben könnte.

Ein weiteres Spannungsfeld zwischen Kann-man-gerade-noch-so-durchgehen-lassen und Tut-man-auf-gar-keinen-Fall ist der Umgang mit allem, was auf dem weiten Feld der Stereotypen, Vorurteile, Rassismen und Diskriminierungen durchs Land fleucht.

Neulich kam der Kleine aus der Schule und fragte mit verschlagenem Blick, wie denn der polnische Triathlon funktioniere. Ich guckte ratlos. War mir etwas entgangen? Grinsend präsentierte mein Erstklässler mir die Antwort, die hier nicht wiedergegeben werden soll. Es herrschte jedenfalls pädagogischer Notstand. Wie kommen solche Bösartigkeiten in die Hirne? Und vor allem: Wie bekommt man sie wieder heraus? Ich zählte unsere polnischen Bekannten auf, allesamt feine Leute. Nicht lustig. Hans nickte einsichtig.

Hatte mein völkerverständigender Vortrag gefruchtet? Natürlich nicht. Am nächsten Tag lauerte die nächste politisch völlig unkorrekte Frage: »Warum stehen die Gegner der Holländer am Ende des Spiels nur noch mit fünf Spielern auf dem Platz?« War mir noch gar nicht aufgefallen. Ob ihnen die wässrigen Tomaten aus niederländischer Produktion nicht bekommen waren? Übelkeit von den Spritzmitteln auf den Gurken? »Weil die Holländer alle anderen Spieler kaputt getreten haben«, krähte der Sohn. Nun ja, in der Tat sind die Männer in Orange nicht zimperlich im Zweikampf. Kann auch sein, dass mir unlängst gegen den Schwalbenkaiser Arjen Robben eine Unflätigkeit entglitten ist. Aber das war doch kein Rassismus, höchstens leicht.

Da war sie wieder, diese feine Linie zwischen Lustigkeit und Diskriminierung, die immer dann in den Nebel der Undeutlichkeit verschwindet, wenn man sie am dringendsten ziehen müsste, vor allem, wenn Schulhofparolen mit nach Hause kommen. Der Schulhof ist wie Internet: Wenig Halbwissen und viel Emotion führen zu stabilen Meinungen, die wir zu Hause wieder korrigieren dürfen.

Karl angelt sich das dritte Würstchen aus der Schüssel, obwohl ihm nur zweieinhalb zustehen. Streng genommen müsste er erst fragen und dann teilen. Hans winkt gnädig ab, die Eltern auch. Wir halten fest: Großzügigkeit ist leichter als Strenge.

18. Schule vs Leben

Ich bin den Lehrern wirklich dankbar: Zehn bis 15 Jahre nehmen sie den Eltern die Kinder ab, an einigen Vormittagen jedenfalls. Leider bleibt die Schule ein schwarzes Loch für uns; Informationen aus der Lehranstalt dringen eher spärlich durch.

Unser sonntägliches Familien-Dinner hat einen gewaltigen Wettbewerbsvorteil: Die Mahlzeit muss einfach nur besser schmecken als in der Schule oder in der Uni-Mensa. Eine relativ einfache Aufgabe: Denn das wochentägliche Essen aus dem Warmhalte-Styropor sorgt zuverlässig dafür, dass die Kinder eine gewisse Dankbarkeit zeigen, sobald die Eltern zum Kochlöffel greifen. Ob schlichte Bolognese, ein edler Braten oder toter Fisch – fast immer stürzen sich die Jungs gierig auf meine Hausmannskost, die ohne viel Talent, aber mit viel Liebe angerichtet wird.

Zu den Klassikern des Tischgesprächs gehört die elterliche Frage nach dem aktuellen Stand in der Bildungseinrichtung. Natürlich wollen wir keinen Druck ausüben. Andererseits ist es immer wieder peinlich, wenn man erst von anderen Eltern erfährt, dass Klassenkameraden in der Notaufnahme landeten, die Lateinarbeit grottig ausgefallen ist oder ein paar Kinder beim Direktor antanzen mussten. Unsere sind natürlich nie dabei, oder? Leider doch. Nur erfahren wir es sehr selten. Und wenn, dann erst Wochen danach.

Der klassische Dialog beim Abendessen lautet:
»Habt ihr Hausaufgaben auf?«
»Nö!«
»Schreibt ihr die kommende Woche eine Arbeit?«
»Nö!«
»Sonst alles okay in der Klasse?«

»Hmmhm!«
Am bequemsten wäre es nun, den Kindern einfach Glauben zu schenken. Vertrauenskultur ist ein feiner Ansatz, nur leider mit der Realität kaum zu vereinbaren. Kaut Hans zum Beispiel erst den Mund leer, bevor er antwortet, dann lauert Ungemach. Plötzliches Benehmen ist grundsätzlich verdächtig. Die Wahrheit antwortet auch mit vollem Mund, das schlechte Gewissen versucht, Zeit zu gewinnen.

Wenn ich frage, ob denn der Ranzen gepackt sei, blickt der Kleine nur eine Millisekunde schuldbewusst über den Tellerrand und beeilt sich dann, ein fröhliches »Klar!« zu rufen. Erwischt, Kollege. Körpersprache, Gesichtsausdruck, Stimmmodulation – alle Indizien sprechen für Chaos in der Schultasche. Deswegen haben wir die Regel eingeführt, dass wir vor dem Zubettgehen gemeinsam den Ranzen schön machen.

Ich wuchte einen Doppelzentner Papier aus den Tiefen der ergonomisch wertvollen Kiepe, während Hans zum dritten Mal beteuert, dass rein gar nichts zu erledigen sei. Aber Nachgucken hat noch nie geschadet, schon wegen der Gewichtsoptimierung. Befreit von antiken Resten der Käsestullen, Bergen angefangener Zeichnungen und Einwickelpapieren aller Art wiegt der Ranzen mindestens drei Pfund weniger. Zwischen dem Altpapier finde ich die Fragmente eines Englischtests, von dem wir wieder mal nichts wussten. Offenbar hatte unser Sohn versucht, das Ergebnis mit Apfelstücken unleserlich zu machen. »Warum hast du uns nicht erzählt, dass ihr einen Test schreibt?«, frage ich einfühlsam. »Vergessen«, sagt Hans. Das Kind leidet an einer dramatischen Partialamnesie. Fernsehen vergisst es nie, Nachtisch erst recht nicht. Dafür Gitarre üben, Eltern ehren und eben Tests.

Ich versuche, die Papierfetzen zusammenzusetzen. Hans malt derweil ein Monster im Karohemd. Ich weiß genau, wen er meint. Das Kind hatte wohl gehofft, das Dokument würde sich im aggressiven Mikroklima seines Ranzens von selbst auflösen. Aber Detektiv Dad hat die Schnipsel gerettet. Und versucht nun, die vielfältigen Spuren des Rotstifts nachzuverfolgen. Es ist eine ganze Menge rot, aber wahrscheinlich nur verlaufen. Unser Kind macht nämlich keine Fehler, normalerweise, und wenn, dann nicht aus Doofheit, sondern eher aus Versehen.

Wir müssen auch mal die Größe haben, die Schwächen unserer Kleinen zu übersehen, was natürlich schwerfällt, wenn man praktisch perfekt auf die Welt gekommen ist wie fast alle Eltern. Oft wird der Nachwuchs ja gecoacht, als ginge es um die Harvard-Zulassung. Wir üben nie. Wann auch, wenn man gar nicht erfährt, dass der Test überhaupt stattfindet. »Ist doch egal. Ist ja keine Arbeit«, erklärt Hans. Tjaha, entgegnet der Herberger-weise Vater, aber nach der Note ist vor der Note. Und da kann man das Gefühl ja schon mal trainieren, den Prüfungsstress, diese kalte Angst vor dem Versagen, wenn schon mit elf Jahren das ganze Leben im Eimer ist, so ohne Studienplatz in Stanford. Vor allem aber das verzweifelte Schweigen der Eltern, deren tränenfeuchte Blicke sagen: Wir haben uns so viel Mühe gegeben, Nächte durchgewacht, um dir Wittgenstein vorzulesen, uns die Hochbegabtentests vom Munde abgespart. Warum tust du uns das nur an, eine ... – Schluchzer – ... Zwei? Haben wir dich bei Klangschalenmusik chinesische Schriftzeichen abmalen lassen, damit du Tätowierer im Wedding wirst?

Ich fürchte mich vor meinen künftigen Gefühlen. Zur Beruhigung spitze ich die verbliebenen Buntstifte. Rot ist schon wieder verschwunden. In der Schule muss es einen geheimen Raum geben, wo Tonnen von Rotstiften gelagert werden, vorsorglich, wenn die Klassenarbeit meines Kindes zur Korrektur ansteht.

Weitere Fundstücke in der Ranzenhölle: eine Einladung zum Kindergeburtstag, der an diesem Wochenende stattgefunden hat, leider ohne uns, drei angefangene, aber nicht mal fragmentarische Hausaufgaben sowie ein in relativ ernstem Ton verfasstes Schreiben der Klassenlehrerin, dass Hansens Arbeitsmaterialien (»erneut!«) nicht vollständig vorhanden seien. Unmöglich: Wir kaufen praktisch wöchentlich eine neue Grundausstattung, außer vielleicht Rotstifte.

Grundsätzlich mag ich Lehrer. Sie sind nicht perfekt, aber: Ohne Lehrer wäre das Elternleben deutlich anstrengender. Wer einem wochentags die Kinder abnimmt, zwölf Jahre oder länger, der kann kein schlechter Mensch sein. Außerdem kann man die Erziehungsverantwortung delegieren. Bildung, das wissen wir aus jeder Landratsrede, ist der Schlüssel zu allem. Wer produziert Bildung? Eben. Dummerweise delegieren die Lehrer zurück mit der unschönen Feststellung, dass gewisse Kulturtechniken daheim gelernt werden müssten. Das ist unfair: Wenn man den ganzen Tag für SUV, Luxus-Kaffeemaschine und Rotwein-Verkostungen rackert, dann bleibt nun mal keine Zeit, den Kindern noch was beizubringen, Ordnung, Disziplin und derlei Sachen. Wofür zahlen wir denn Steuern?

Gerade Pünktlichkeit artet schnell in Hysterie aus. In Hansens Grundschule kam es leider auf Sekunden an – eine immense Gefahr für den empfindlichen Biorhythmus der Eltern. »Unterrichtsbeginn ist um 8:30 Uhr«, stand bei der Einschulung auf einem der vielen Zettel, mit denen wir Eltern zurück in ein geordnetes Leben geführt werden sollen. Wir waren so froh, dass Karl, der Große, seit einigen Jahren selbstständig aufstand und lostigerte. Wie ernst können Mahnzettel gemeint sein? Berliner Bildungssystem, Laissez-faire allenthalben, überall Achtundsechziger an den Schaltstellen der Macht. Wer morgens nur bis sieben pennt, gehört schon zum Establishment.

Gut, hin und wieder würde ich wirklich gern pünktlich sein. Aber immer kommt was dazwischen. Zum Beispiel Hans. In seiner Kindergartenzeit stand er verlässlich um kurz nach halb sechs auf, unwillig, sich allein zu beschäftigen. Mit Karacho hechtete er auf einen vermeintlich weichen Deckenhaufen, der seinen wehrlosen Vater begrub, im komatösen Tiefschlaf, jedenfalls bis zum Aufprall des kindlichen Projektils.

Exakt am ersten Schultag änderten sich Hansens Schlafgewohnheiten fundamental. Als wir kurz vor acht aufwachten, spurteten wir umgehend ins Kinderzimmer. War der Kleine entführt worden, erstickt oder mit sich selbst beschäftigt? Nein. Er schlief einfach nur. Versuche, ihn mit Füßekitzeln, zarten Rippenstößen und einem klatschnassen Waschlappen zu wecken, schlugen fehl. »Super, heute ist Schule«, frohlockte ich mit gespielter Begeisterung, während ich in das zweite Hosenbein zu schlüpfen versuchte. Hans erwachte vom Aufprallgeräusch, das sein Vater verursachte, als er wegen gefesselter Beine in die Legokiste kippte. Hans gähnte: »Keine Lust.« Dieses Argument zählt bei uns nicht, jedenfalls nicht bei den Kindern. »Los jetzt«, drängelte ich, »sonst musst du noch ein Jahr in den Kindergarten.« Hans zuckte zusammen. Alles, nur nicht zurück zu den Nervzwergen.

Wir schafften den Einmarsch mit dem letzten Bimmeln der Schulglocke. Mit dem hilflosen Lächeln des chronisch überforderten Mannes, das bei Frauen eigentlich immer gut ankommt, versuchte ich zu kaschieren, dass Hans wieder zwei unterschiedliche Socken trug. Wir werden es als sein Markenzeichen eintragen lassen. Die relativ sachliche Notiz der Pädagogin im Mitteilungsheft zeigte, dass meine Taktik nicht ganz funktioniert hatte. Am nächsten Tag regnete es, am übernächsten hatten wir den Turnbeutel vergessen, am dritten heulte Hans, weil in seiner Frühstücksbox keine Wurst mit Gesicht lagerte. Die gute Nachricht: Wir würden uns an den neuen Rhythmus gewöhnen. Die schlechte: Noch war nicht sicher, ob zwölf Jahre dafür ausreichen würden.

Seither diktiert der Schulkalender unser Leben. Wie kann man sich nur so verzeugen? Wir waren etwa 30, als der kleine Karl unser Leben bereicherte, zumindest um Erfahrungen. Als wir die ersten Jahre Aufzucht und Hege einigermaßen verdrängt hatten, wurde Hans gemacht, mit elf Jahren Bedenkzeit. Wir haben also praktisch zwei Einzelkinder. Das wäre nicht weiter schlimm, wenn nicht deren Schulzeiten nahtlos aneinander anknüpften. Wir sind praktisch direkt von Karls Abifeier zu Hansens Einschulung gegangen. Überall aufgeregte Erstgebärende im mittleren Alter. Dazwischen wir Vollidioten, die sich durch eine trottelige Familienplanung nur fast ein Vierteljahrhundert Schule, Elternabende, Vokabeln und Verhütungsdialoge eingehandelt hatten.

Zu den größten schulischen Herausforderungen für Eltern gehört die Vorferienzeit, die ja schon kurz nach Ostern beginnt. Kaum hat man Berge von Hasen-Basteleien gar nicht mal so schweren Herzens auf die Mülltonnen verteilt, zieht die Schule das Bildungsprogramm für die Eltern deutlich an.

Zuerst war Theater-AG. Zwei Stunden auf Grundschulstühlen ersparen ein Yoga-Wochenende. Die Luft in der Turnhalle, treffender »Kleinlagerraum«, versetzt den Ernährer in Sekundenschlaf. Ausgerechnet bei Hansens Aufmarsch war ich weggenickt. Zum Glück hatte er eine Rolle, die ihn das ganze Stück über auf der Bühne hielt, zugleich aber zu völlig ungewohntem Stillstehen zwang. Aus der Papprolle heraus konnte er nicht mal winken. Alle Kinder sollten einmal einen Baum gespielt haben.

Die Woche darauf lud die Musik-AG ein. Hans traktiert zwar kein Schulinstrument. Aber wenn wir nicht zum Orff'schen Trommelterror antreten, boykottieren die Musiker-Eltern unsere Theater-AG. In der folgenden Woche würde mein Kreislauf beim Turnier der Schach-AG ins Bodenlose sacken, die Chefin würde danach das Sportfest absolvieren. Weil alle anderen Eltern filmten, musste ich auch. Gerade im frühschulischen Bereich würde elterliche Zuwendung über das weitere Leben entscheiden, sagte die Chefin. Also gut, hielt ich eben ein Smartphone hoch. Der Akku war leer, aber den Film würde sich eh nie wieder jemand angucken. Grundschulaufführungen haben den Vorteil einer gewissen Berechenbarkeit: in letzter Sekunde ankommen, dösen, klatschen, Lehrer überschwänglich loben, mit überdrehtem Zwerg nach Hause taumeln. Alsbald aber würde es unberechenbar werden. Denn der Große würde das ultimative Kapitel elterlichen Schulleids aufschlagen: den Abiball.

Meinen Hinweis, den eigenen Ball aus gesellschaftskritischen Motiven geschwänzt zu haben, ließ die Chefin nicht gelten. Mein zweiter Hinweis, dass das Ballkleid in all den Regenwochen bestimmt eingelaufen wäre, wurde mit körperlicher Gewalt beantwortet. Der dritte Hinweis auf unsere finanzielle Lage wurde gekontert mit dem Befehl, eines meiner Rennräder auf eBay zu verhökern. Also gut, kein Entkommen.

Problem: Was ist eigentlich ein Abiball? Muss man sich benehmen? Können die Noten mithilfe hochprozentiger Bestechungsgetränke noch korrigiert werden? Ab wann darf ich mich betrinken? Und vor allem: Muss ich tanzen? Die Vorabinformationen unseres Herrn Sohnes waren dünn. Es würde eine »Performance« geben, außerdem wäre er für die Moderation des Abends auserkoren worden. Es würde lustig werden. Basta. Was wäre, wenn er auf der Bühne erzählte, wie sehr sich der Ernährer mit den Hausaufgaben gequält hatte? Und was sollte ich anziehen? Den speckigen Smoking, der ein wenig spannte? Mehr Business-Style? Oder ein Lehrer-Soli-Sakko in Tweed mit einer gewagten Cordhose in Pistazie? Und dazu eine Holzfliege, wegen der Nachhaltigkeit.

»Papa, du bist peinlich«, sagte der Abiturient, als ich ihn in meine modischen Überlegungen einweihte. Klar, dafür reicht die elterliche Kompetenz immer. Aus Rache würde ich im Trainingsanzug kommen, feinste Ballonseide, Modell Wedding 1983. Die Kids würden mich bestürmen, woher ich dieses scharfe Teil hätte.

Soweit ich mich erinnere, überlebte ich den Abiball in einem kleinen Kreis solidarischer Mitväter. Wir hatten uns in Reichweite des Zapfhahns zusammengerottet und wurden zunehmend ausgelassener. Als der Abiwalzer angekündigt wurde, versteckten wir uns kichernd im Klo. Fast wie früher.

Deutlich schlimmer sind die Elternabende. Lieber drei Beerdigungen. Wegen peinlicher Auftritte hatte mir die Chefin schon vor Jahren Elternabendverbot erteilt. Wie schade. Doch eines Abends war es wieder so weit. Mona war unpässlich, ich musste an die Front. Kein Entrinnen. Ich überlegte, mich mit einer Extraportion Valium zu sedieren. Dann würde ich auch den Schmerz nicht merken, den ich im Schulgestühl umgehend verspürte.

Der erste Krampf ereilte mein Bein nach drei Minuten, als ich versuchte, unterm Tisch auf meinem Handy Tetris zu spielen. Während die anderen Eltern empört guckten, traf mich das mitfühlende Lächeln der Klassenlehrerin wie ein Sonnenstrahl. Da verzeiht man einen einstündigen Vortrag zu Pädagogik und Lernzielen gern – nur die Nachfragen nicht. Manchen Eltern geht es, vier Wochen nach Beginn des Schuljahres, nicht schnell genug. Oder es ist zu ruppig für ihre Porzellanzwerge: Pausen, Ausflüge, Konfrontationen ohne Rechtsbeistand üben, dafür immer noch keine Differenzialrechnung, weder Mondraketenkunde noch Hirnchirurgie. Einige Kinder seien etwas hart im Handgelenk, was die Sauklaue eventuell erkläre, sagte die Pädagogin. Namen wurden nicht genannt, was der Vater von Nicht-ganz-Hochbegabten sehr taktvoll fand.

Bebend lauschten die Erzeuger, als es um »Pluskurse« ging, kleine Gruppen Hochbegabter, die schon Slavoj Žižek inhalierten. Ich durchwühlte meine Taschen nach Geldstücken, die ich der Pädagogin meines Vertrauens in einem unbeobachteten Moment zuzuschieben gedachte. Vielleicht gab es ja Pluskurse in Ethik, Star Wars oder Ausmalen; da war Hans wirklich stark, sofern die schwarzen Linien nicht so schmal waren. Da zeitgleich alle Väter in ihren Taschen kramten, war davon auszugehen, dass mit Klimpergeld nichts auszurichten war.

Es folgte die übliche Einstunden-Debatte über Religion, Ethik und die Kombination beider Fächer, ebenso beharrlich wie ergebnislos geführt. Mein vorsichtiger Hinweis, dass in Norwegen alle Besprechungen als missraten gelten, die über 60 Minuten dauern, wurde mit weiterer Empörung quittiert. Immerhin erfolgreich vor der Wahl zum Elternsprecher gedrückt.

Ein weiteres Ärgernis sind die ewigen Noten; das war früher bei uns schon so. Es lebe die Reformpädagogik, wo alle immer eine Eins bekommen und sehr viel Wertschätzung. Immerhin: Auch die Regelschule drückt sich am Anfang davor, eindeutige Leistungsbeurteilungen abzugeben. Hansens erstes Zeugnis etwa hinterließ uns ratlos. Wie würde der Chinese dieses Dokument eines Tages interpretieren, wenn sich Hans dort als Niedriglohn-Dienstleister bewarb?

Ganz früher, die Älteren erinnern sich noch, gab es Noten von Eins bis Sechs, später dann Pädagogen-Lyrik, die sich anmutig um die Schwächen des Kindes schlängelte. Und jetzt: Kreise, in Vierteln ausgemalt. Warum keine Achtel oder Sechzehntel, wegen der Differenzierung? Ich hätte den vorletzten Elternabend nicht schwänzen sollen. Dort hätte ich mitbekommen, wie die Lehrerin nervöse Profi-Erzieher mental vorbereitet hatte auf den Zeugnisschock. Man dürfe die Kreise nicht so ernst nehmen, hatte die Pädagogin gesagt, was die Eltern augenblicklich in höchste Alarmbereitschaft versetzte. Sagen Sie mal Jérôme Boateng, er solle das nächste Spiel nicht so ernst nehmen.

Weil wir die Kreise also sehr ernst nahmen, gab es keine, die ganz voll oder ganz leer waren. Die Pädagogen wollen sowohl Hochbegabungsfantasien als auch Vollpfosten-Ängste dämpfen. Ein schlichtes Viertel fällt auch aus, weil es ambitionierte Eltern zur Klage vor dem Verwaltungsgericht praktisch zwingt. Auch ein halber Kreis ist nicht schön. Bei Klassenarbeiten galt früher, dass die Hälfte der Aufgaben ordentlich beantwortet sein müsse, um der Fünf zu entgehen. Also darf man den Halbkreis mit einer Vier minus übersetzen. Bleibt eigentlich nur der Dreiviertelkreis als optischer Notenkorridor, der von Zwei bis Vier alles heißen kann.

Die Verschleierungssymbolik der modernen Pädagogik überfordert mich. Hätten wir ja gleich zu Waldorfs gehen können. Aus Tortenvierteln und auf Verletzungsfreiheit angelegter Lehrerlyrik darf ich mir zusammenreimen, ob unser Spross fit ist für die Globalisierung oder als Gegner derselben in einem Kreuzberger Bauwagen enden wird. Es sei ein sehr gutes Zeugnis, erklärt Hans. Ob die anderen Schüler auch nur halbe oder Dreiviertelkreise hätten, wollte ich wissen. Hans zuckte die Schultern. Noten sind kein Thema, sondern Minecraft.

Immerhin: Unser Junge hatte auch einen vollen Kreis, im Fach »Sagt seine eigene Meinung«. Keine Ahnung, wo er das herhat. Vor allem: Was bedeutet das? Dass er dauernd dazwischenquatscht? Kriegen Salafisten-Kinder auch einen vollen Kreis? War es wirklich originell gewesen, ihn abwechselnd mit Che-Guevara- und Angela-Merkel-T-Shirt loszuschicken?

Zum Glück gibt es am Ende immer noch die gute alte schriftliche Beurteilung. Dort stehen Worte wie »lebhaft« und »bemüht sich«. Früher waren das Chiffren für IQ-Mangel und ADHS. Na prima. Ganz der Vati. Was wir aus diesem Zeugnis lernen? Eigentlich nichts, außer: Je differenzierter und gerechter eine Beurteilung sein soll, desto mehr Interpretationsoptionen rauben den Eltern den Schlaf. Wir würden es mit diesem Zeugnis halten wie mit unseren eigenen: Sie würden später aus unerfindlichen Gründen verschollen sein. Ein Wasserschaden im Keller, Sie wissen schon. Aber sie waren astrein, bis auf Mathe vielleicht, und Physik, und Latein. Sport war jedenfalls immer bombig.

Kollateral geraten mit den unscharfen Noten auch die gewohnten Belohnungsmodelle ins Rutschen. Früher gab es für eine Eins eine Mark, für eine Zwei ein Schulterklopfen und für alles andere was hinter die Löffel. Fünf Mark und eine Tüte Gummibären waren fette Beute am Zeugnistag und halfen über die erste Ferienwoche, wenn alle Kumpels schon in den Urlaub gefahren waren und ich einsam durch die Straßenschluchten streunte.

Während wir über einen Umrechnungskurs von Kreisvierteln in Euro sannen, kam Hans bereits mit einer ersten Tarifforderung: »Schenkt mir doch einfach was richtig Großes.« Ein optimistischer Ansatz. »Ich weiß ja gar nicht, ob dein Zeugnis gut oder schlecht ist«, entgegnete ich. »Gut, sehr gut«, erklärte Hans, schließlich seien in jedem Kreis Viertel zu finden. Und die einsamen zwei bei »Subtrahieren im Hunderterraum« stammten von einem Computerfehler, das hätten alle, obwohl das Thema noch gar nicht bearbeitet worden sei. Immerhin: eine neue und nicht unoriginelle Erklärung für schlechte Noten. Außerdem, ergänzte unser Wunderkind, habe er den Füllerführerschein gemacht und gelegentliche Anwesenheit in Religion gezeigt. Mit einem Lego-Raumschiff in Schrankwandgröße würde er sich adäquat belohnt fühlen. Ich bot fünf Euro und eine große Tüte Gummibären. Die Verhandlungen zogen sich hin.

Wollen wir mal nicht so geizig sein. Geld verdirbt den Charakter, sagt der Dalai Lama, also weg damit. Neues liegt ja auch überall herum. Wenn Hans mit dem Taschengeld wieder nicht auskommt, krabbelt er einfach unter die Vordersitze vom Auto. Neulich hat er dort ein Markstück gefunden. »Aufbewahren!«, habe ich befohlen. Griechenland schwächelt ja schon wieder.

Womit wir bei der Unmöglichkeit eines verlässlichen pekuniären Anreizsystems für das Zeugnis wären. Seit Hans auf der höheren Schule ist, bekommt er richtige Noten und wir mit dem Zeugnis eine Art Rechnung, die es jedes halbe Jahr wieder neu zu verhandeln gilt: Was bringt eine Eins? Ein heikles Thema. In den ersten vier Schuljahren gab es nur drei Noten, was zu einem übersichtlichen Belohnungsmodus führte: fünf Euro plus für die Eins, fünf Euro minus für die Drei und nichts für die Zwei. Rückstände aus dem Halbjahreszeugnis können gegen künftige Gewinne verrechnet werden.

Auf dem Gymnasium hat sich das Tarifgefüge ausdifferenziert. Nichts gegen das pädagogische Personal, alle Fächer sind uns gleich lieb, ehrlich, aber: Ist eine Grundschuleins in Religion so viel wert wie eine Drei in Latein? Wiegen Kunst und Sport die Mathenote auf? Und: Bringt ein präpubertärer Burn-out Sonderpunkte?

Hans schlug neulich eine Art Fußballprofi-Vertrag vor, mit Grundgehalt (Anwesenheit), Auflaufprämie (relative Pünktlichkeit), Torbonus (Noten) und Titelzulage (Versetzung). Nichts da, mein Freund, Überleben allein ist keine Leistung, höchstens bei Vätern. Ich kontere mit einem ausgefeilten Drei-Stufen-Modell: Businessfächer wie Mathe, Latein, Englisch bringen drei Punkte, Economy wie Erdkunde, Geschichte und Deutsch noch zwei und, nun, wie sagen wir's ohne Lehrerdiskriminierung, also Neigungsfächer wie Musik, Sport, Kunst und Religion sind einen Punkt wert. Naturwissenschaften sehen wir dann.

Wird ein »Sehr gut« mit zwei Euro belohnt, das »Gut« mit einem, und mit den jeweiligen Punkten multipliziert, dann würde ein Zeugnis voller Einsen 50 Euro bringen, eine Serie von Dreien rein gar nichts und Hansens bunte Mischung knapp 20 Euro.

»Zu viel«, findet die Chefin, während sie im Schuhprospekt blättert. Karl, der Große, assistiert. Er habe früher viel weniger bekommen. Früher, früher – da waren wir froh, wenn überhaupt Papier für Zeugnisse da war. Früher, da galt die Vier noch was. Ich sehe ein anderes Problem: Was ist, wenn das Kind eines Tages wider Erwarten einen Sack voll exzellenter Noten nach Hause bringt? Muss ich dann meine Räder ins Pfandhaus tragen?

Als ich Hans vorschlage, dass wir zur Feier seines Zeugnisses in den Zoo gehen, lacht der Junge unsicher. Er hält meinen Vorschlag für einen Scherz. »Was würdest du denn mit fünf Euro machen?«, frage ich. Hans guckt beklommen. Ich ahne die Antwort. Das Kind würde sich ausgiebig schämen, weil alle anderen in der Klasse mehr kassieren, was unfairerweise auch daran liegt, dass es in Patchwork-Familien mehr Großeltern gibt.

Ich überlege, den Jungen mit Zeugnis und der goldenen Pappkrone vom Burgerbrater bei den Nachbarn klingeln zu lassen. Verspätetes Sternsingen plus Eins in Religion wird ja wohl eine Spende wert sein. Die Chefin hat eine bessere Idee: Ich soll zwei Fünf-Euro-Scheine unter den Vordersitzen vom Auto verteilen.

Das Schöne an der Schule ist der ständige Kollateralnutzen für die Eltern. Kinderlose Menschen investieren viel

Zeit in Meditationsseminare und Burn-out-Prävention. Wer ein Kind durch die Schulzeit manövriert hat, bekommt tibetische Gelassenheit quasi umsonst. Katastrophen sind plötzlich keine Katastrophen mehr, sondern Alltag. Schule härtet ab, gegen alles.

Neulich lag ich mit der Chefin auf dem Sofa, wobei eigentlich nur sie lag, während ich sprungbereit auf dem Rand kauerte, um zügig all jene kleinen Dienstleistungen zu erbringen, die Basis einer glücklichen Ehe sind. Die Chefin kratzte sich. Das tut sie öfter, vor allem, wenn ich Dienstleistungen zu langsam erbringe. Erneutes Kratzen. »Ich glaube ...«, sagte sie. Ich sollte den Satz jetzt hellseherisch ergänzen. Um Zeit zu gewinnen, kratzte ich mich ebenfalls. Die Chefin inspizierte die Kratzfinger und erbleichte. Kleiner, spitzer Schrei.

Sie überließ mir kampflos das Sofa. Schabe-, Fluch- und Heulgeräusche aus dem Bad. »Was ist denn, Schatz?« Schweigen, was ein Befehl ist: sofort antreten! War sie ohnmächtig? Ein Bild des Elends erwartete mich: Die stolze Chefin klebte wimmernd am Badewannenrand. Eine Bürste auf den Fliesen. »Läuse!« Ich kratzte mich und ging in Gedanken meine Schädlingshistorie durch: Zecken jeden zweiten Sommer, ganz früher mal Blutegel, Milben wohnen in jedem Kopfkissen. Aber Läuse? Nie. Ich kratzte mich erneut, wobei nicht klar war, ob es sich um Juckbekämpfung handelte, um Phantomjucken oder habituelle Loyalität zur Chefin.

Klar, was jetzt kam: zuerst die Schnellkur googeln, dann die Schuld delegieren. Konnte ja nicht sein, dass die Chefin selbst das Ungeziefer eingeschleppt hatte, sie, die unsere Reinlichkeitstabelle anführt wie der FC Bayern die Liga. Ich hatte mich die vergangenen Wochen nur in klimatisierten Räumen ohne Tageslicht aufgehalten. Läuse mögen Atomkriege überleben, aber keine zweitägigen Konferenzen. Außerdem glauben wir Jungs ja an die Macht der natürlichen Schutzschichten, die durch übertriebenes Waschen zerstört werden. Dennoch würde ich meinen Kopf bei Gelegenheit unauffällig ins Eisfach halten. Die Viecher mögen keine Kälte.

Wir identifizierten Hans als Täter, weil er dauernd Kontaminationspunkte wie Schule und Sportverein besuchte und der Kleinste war.

Binnen Stunden hatte die Chefin eine Allianz gegen den Läuseterror geschmiedet. Egal, wo sie sich versteckten, wir würden sie finden, und zwar vor Nikolaus. Schon zum dritten Mal innerhalb von 24 Stunden zog sie mir mit einem feinzinkigen Metallkamm die letzten Haarwurzeln vom Schädel und hinterließ blutige Furchen. Sollten die Läuse in meinem Blut ertrinken? Trotz des garstigen Geharkes hatte die Chefin nicht ein einziges Tier bei mir gestellt, was sie wurmte. Die Jungs waren komplett verseucht, hatten es aber nicht mal bemerkt. Es folgten die Tage des Bodenkampfes: Jedes Kissen, jede Mütze, jede Parkettfuge wurde ausgekocht.

Flankierend wurden Chemiewaffen eingesetzt. Der Apotheker empfahl ein Wundermittel, das dummerweise in zwei Güteklassen gereicht wird: Economy muss die ganze Nacht durch die Kopfhaut ätzen, während Premium nur eine Stunde braucht. Die Chefin hatte sich selbst Premium gegönnt, während ich für die Jungs nur Economy angeschafft hatte. Schon bei der dritten Anwendung hatten wir den Wirkzeittrick entdeckt.

Und dann natürlich die Kommunikation. Auf keinen Fall die VW-Strategie und jedes Tier einzeln vermelden, sondern schonungslose Offenheit von Anfang an. Macht auch gar nichts: Läuse kommen praktischerweise immer von anderen, womit die Schuldfrage vergesellschaftet wäre. Lehrer lachen, Trainer auch und selbst zwielichtige Mitmenschen gestehen: »Hatten wir auch schon.« Das Mantra lautet: »Hat nichts mit Hygiene zu tun.« Sagen jedenfalls Läuseopfer. Als jemand, der sein Leben lang läusefrei war, sah ich das etwas anders. Ich wartete auf den Laus-Alarm-Anruf aus dem erweiterten Schulbekanntenkreis. Ich würde lachen, das Premium-Mittel empfehlen und sagen, dass es mit Hygiene nichts zu tun habe.

Als wir beim Nachtisch angelangt sind, kratzt sich Hans

ausgiebig am Hinterkopf. Denkt er über fehlende Hausaufgaben nach? Steht eine Klassenarbeit an? Oder marschieren die Läuse wieder? Die Schule ist immer wieder für Überraschungen gut.

19. Lecker vs Gesund

Heranwachsende Jungen beweisen, dass Ernährungsfimmel überschätzt werden. Die beiden stopfen wie Waschbären alles in sich hinein. Und dann entdecken sie den Tierschutz. Über die Unmöglichkeit, einfach nur zu essen.

Heute habe ich mal nicht gekocht, sondern nur gedünstet. Es ist einer dieser Sonntage, an denen unsere Familie christliche Rituale übt, die inzwischen zu einem Teil des allgemeinen Optimierungswahns geworden sind: Die Wohlstandsverwöhnten hungern. Wer nach Aschermittwoch nicht fastet, kann gesellschaftlich einpacken. Auch die Selbstbeschränkung kann zur Sucht werden, weiß der Hedonistenphilosoph, aber das ist der Chefin egal. Die anderen Frauen fasten, jedenfalls behaupten sie das, da kann Mona schlecht mit einem Döner in der Hand zugucken. Also habe ich ihr heute Abend ein paar Fenchelstreifen gedünstet, während die Jungs freie Wahl haben. Kinder im Wachstum sind nicht fürs Fasten gemacht.

Knabenmägen sind wie Fließbänder: immer rein, egal was, dafür ohne Unterlass. Zootiere sterben, wenn sie Kronenkorken, Plastiktüten oder Handy-Akkus verschluckt haben. Unsere Kinder rülpsen da höchstens, aber leise, was wir für einen Erziehungserfolg halten.

Ich habe angeregt, dass wir Handy- oder Fernseh- oder Computerspiel- oder Schlechte-Witze-Fasten könnten. Mäßige Resonanz. Könnte an den Kopfhörern gelegen haben. Eine Stunde ohne Nahrung ist für die Jungs jedenfalls unvorstellbar. Ein Kilogramm Nuss-Nugat-Creme ist bei uns exakt nach 48 Stunden verschwunden. Und ich hatte davon allenfalls ein Löffelchen.

Eltern wissen: Erziehen heißt Vorbild sein, Führen durch Vormachen. Deswegen sind wir ausgesprochen diszipliniert beim Fasten, aber nicht dumm. Ich habe mir vergangenes Jahr auferlegt, keinen Wein zu trinken, an ungeraden Tagen keinen Roten und an geraden keinen Weißen, was man aber auch umgekehrt halten kann, je nach Menüfolge. Dieses Jahr stehen zur Fastenauswahl: Siegmund Gottlieb, Fenchel und Feuilletonisten, die ihre eigene schlechte Laune in Weltuntergangsaufsätzen verstecken.

Männerfasten ist tendenziell auf den Verzicht schlechter Laune angelegt, während Frauenfasten eine ernste Angelegenheit ist. Die Chefin setzt jedes Jahr ihren düsteren Detox-Blick auf und raunt: »Ich faste ab jetzt!« Früher, als ich noch dachte, dass das Geheimnis langjähriger Beziehungen ein möglichst synchrones Leben und Reden sei, habe ich leichtfertigerweise gesagt: »Klar Schatz, ich auch!« Fehler.

Ich bin einfach nicht der Fastentyp; ein Hochleistungsmotor fährt ja auch nicht mit Gemüsebrühe. Die Chefin schnaubt verächtlich und blättert in ihrem Fastenbuch, das jedes Jahr neu angeschafft wird. Fastenbücher sind wie Bibeln: Seit tausend Jahren steht dasselbe drin. Wir haben bestimmt zwei Dutzend, jeder Jahrgang in einer anderen Farbe.

In dieser Saison ist optimistisches Grün dran, das farblich fast zum Sauerkrautsaft aus ökologischem Anbau passt, der plötzlich in der Küche steht. Sauerkraut ist eine leckere Beilage zum Schweinebraten, aber als Saft verschenkt. Schmeißt man Pommes weg und trinkt das Frittierfett? Eben. Hans besieht sich die Flasche genauer und hofft, sich verlesen zu haben. Aber »Sauerkirsch« gibt die Farbe nicht her. Wir ahnen: Diese Küche sollten wir in den kommenden Wochen nach Geschlechtern getrennt nutzen. Kampffasterinnen und Spaghetti Bolognese sind wie Merkel und Seehofer. Und der Sauerkrautsaft ist ein Mahnmal, dass früher doch nicht alles besser war.

Fasten ist eine globale Angelegenheit. Katholiken und Protestanten legen los und darben Februar und März, die Orthodoxen im April, Muslime im Juni, dann überbrücken die Profi-Faster die Grillsaison mit Gottesmutterfasten, die Juden hungern an Jom Kippur im Oktober, was die Orthodoxen mit Adventsfasten kontern.

Buddhisten fasten während der Regenzeit von Juli bis Oktober, oder jeden Tag ab 12 Uhr. »Warum tun die das?«, fragt Hans unschuldig. Ich bitte den Sohn sich vorzustellen, seine Mutter wäre Tochter eines orthodoxen Vaters und einer katholischen Mutter und ich wiederum Abkömmling einer buddhistischen Familie – die armen Kinder. Wir hätten aber immer einen tipptopp Darm.

Während die Chefin schlechtlaunig im Westflügel in ihr Fastentagebuch greint, führe ich die Jungs auf eine Currywurst aus. Kauend überlegen wir, worauf wir verzichten würden. Bei unseren Landsleuten liegt Alkohol (67%) vor Süßigkeiten (66%), Fleisch (38%), Fernsehen (33%) und Computer/Internet (21%) sowie Autofahren (15%).

Ich schlage vor, dass wir uns dieses Jahr in der völlig ungewöhnlichen Kunst des Fastenfastens üben und extrem selbstdiszipliniert auf nichts verzichten, außer auf Gewissensbisse. Wir könnten uns mit Bier, Limo und Gummibärchen vor den Fernseher legen und, Laptop auf den Knien, Kabanossi nagen. Nachher fahren wir noch eine Runde Auto, aufs Land, dorthin, wo das Sauerkraut wächst, und kaufen für die Chefin einen ganzen Kasten leckeren Saft.

Auch wenn wir nicht gerade fasten, ist Essen eine komplizierte Angelegenheit. Was waren das für ausgelassene Zeiten, als wir eine große Tüte Schokolinsen in uns reinstopften, heldenhaft das Sodbrennen ertrugen, aber keinerlei schlechtes Gewissen hegten wegen Kalorien, Farbstoffen, der Dritten Welt oder dem Tierwohl. Bestimmt müssen unschuldige Kreaturen auch für Schokolinsen leiden.

Es ist vor allem die Chefin, die dafür sorgt, dass unser Essen durchgehend problematisiert wird. Und die Kinder machen mit, sobald ein Lebensmittelskandal die wohlstandssatte Schnäppchenrepublik erschüttert. Neulich erst ging es mal wieder ums Ei.

Hans hat immer gerne Eier gegessen. Doch unlängst

fragte er plötzlich inquisitorisch, ob unser Rührei garantiert dioxinfrei sei. Auf meine Fangfrage hin, was denn Dioxin überhaupt bedeute, hob das Kind zu einem halbstündigen Fachreferat an. Schon gut. Hätten wir einen Hund, wäre das Rührei unterm Tisch verschwunden. So erkaltete die gelbe Masse, bis der Hausherr am frühen Nachmittag den Giftskandal vergessen und einen Hungeranfall zu bekämpfen hatte. Ich schmeckte genau hin. Da war kein Gift, jedenfalls nicht viel. Ein großes Glas Kakao würde die Chemie neutralisieren.

Neulich hörte ich, dass die Weinbrandbohne das optimale Ökokonzept für rückstandfreies Aufbewahren von Flüssigem in Festem biete. Ich trinke noch ein Glas Kakao. Davon haben wir reichlich, weil Hans erstens das Laborgutachten über die Qualität unserer Milch abwartet und zweitens den Bericht von Amnesty, ob die Kakaobohnen auch fair getradet worden sind. Früher waren die Kinder katholisch oder evangelisch. Heute sind sie ökologisch.

Na gut, ich gestehe: Manchmal gerät rein zufällig ein Schnipselchen Plastik mit ins Altpapier. Was soll ich denn machen, wenn Briefversender den Materialmix für unheimlich originell halten? Mit dem Skalpell das Sichtfenster aus dem Umschlag trennen? Wenn Hans noch lange mit seiner Detektivausrüstung durch unseren Altpapierkorb spürt, hat er Beweismaterial genug gesammelt, um mich für zwei Jahre hinter Gitter zu bringen. Der beängstigend dynamische Justizminister hat bestimmt schon einen Ökoknast in Planung, mit Gitterstäben aus Recyclingdosen. Ich würde ja gern noch viel akribischer unseren Müll trennen, aber sechs Tonnen im Hof sind einfach nicht genug. Wohin zum Beispiel mit unserem alten Windrad? Dem Bausatz für die Solarmodule, die dann doch nicht auf den Balkon passten? Braune Tonne, blaue oder doch gelbe, weil recycelfähig? Wenn wir die Fahrradständer abbauen, in die graue Tonne treten und dann noch den Rhododendron roden, dann wäre reichlich Platz für mehr Wertstoffcontainer. Ich wünsche mir einen ganz neuen, sehr bunten, schallgeschützt und mit schmaler Futterklappe – für Kinder, die ihren Eltern ein schlechtes Gewissen machen.

Nehmen wir nur die Fleischfrage: Tiere kommen nur als Mahlzeit ins Haus, so lautet eine der wenigen Regeln, die ich erbarmungslos durchsetze. Meerschweinchen fiepen, Mäuse ködeln, Hamster stinken, und alle sorgen beim werktätigen Menschen schon deswegen für anhaltend schlechte Laune, weil sie nichts tun außer fressen, schlafen, verdauen oder schnackseln. Wie soll man den Kindern ein tugendhaftes Leben beibiegen, wenn im Käfig nebenan Berghain nonstop herrscht?

»Vielleicht eine Schildkröte«, meinte die Chefin. Klar, damit das Winterhalbjahr der Kühlschrank von einem Winterschläfer belegt ist? Warum nicht gleich einen Therapie-Wellensittich, der die ganze Nacht das Beste aus der »Mundorgel« zwitschert? Gelegentliche Läusebesuche und die dauernde Untermiete der Hausmilbe stillen meinen Tierbedarf völlig.

Leider ist Viecherskepsis nicht vererblich. »Ich will einen Hund«, jammert Hans einmal im Monat. Mein stummer Blick auf die allmorgendlich von Fahrradreifen bereits verbreiterten und vermutlich noch warmen Fladen unserer nachbarlichen Problem-Pudel schrecken den Kleinen nicht. »Das mache ich weg.« Wahrscheinlich genauso akribisch wie all die anderen Leinenschwinger, die sich nur dann mit ihren durchfallfarbenen Plastikbeuteln zu Boden beugen, wenn sie sich beobachtet fühlen.

Natürlich sind wir eine tierliebe Familie, aber das heißt doch nicht, dass welche bei uns wohnen müssen. Im Fernsehen gucken wir Dokumentationen über Königspinguine und vom Balkon aus Fiffis, die in unseren Vorgarten machen. Ist ja praktisch Dünger. Hans wünscht sich seit Jahren ein Haustier. Ich finde, ein großer Bruder genügt. Zwei Jungs verbrauchen exakt so viel Gedulds-, Futter-, Reinigungs- und Bespaßungsressourcen, wie die Chefin und ich zu bieten haben.

Seit einigen Wochen haben wir nun doch eine Art Haustier, Biest und Baby zugleich, tapsig, frech, verfressen, also genau so wie die Jungs. Es begann damit, dass wir eines Nachts in unserer Laube von heftigem Rascheln geweckt wurden. Normalerweise raschelt hier nichts, erst recht nicht morgens um halb vier. Bewaffnet mit einer Badeschlappe (war es Flip oder Flop?) wagte ich mich zur Tür, die ich mit Angstgebrüll aufriss. Oha. Der Müllbeutel war explodiert. Überall Würstchenfolien, Kartoffelschalen und Chipstüten. Der Anschlag eines militanten Mülltrenners? Schlimmer. Hinter einem Baum sah ich ein Panzerknackergesicht, das mich verschlagen angrinste. »Husch«, sagte ich. Grienen. Zum Glück habe ich mit meinen Autoritätslücken zu leben gelernt.

»Wasnlos?«, murmelte die Chefin.

»Ein Tier«, antwortete ich.

»Wasnfüreins?«

»Tja ...«

Bin ich Bernhard Grzimek? Eine Steinlaus war es nicht, ein Königspinguin auch nicht. Für einen Fuchs zu grau, für eine Katze zu groß, für einen Hund zu selbstbewusst. Ich sammelte den Müll ein. Das Tier guckte immer noch, obwohl die Chefin in der Tür erschienen war.

»Was? Wir haben einen Waschbären?« Hans war außer sich vor Glück. Er umarmte abwechselnd die Chefin und mich mit einer Hand und tippte mit der anderen die Nachricht vom Haustier ins Handy. Exklusivitätsstolz. Katzen? Hamster? Goldfische? Alles Tierhandlungsschnäppchen gegen unser wildes, putziges, sonnenbrillencooles Viech. »Haustier« trifft es allerdings nicht ganz. Zwar kommt der Waschbär zum Haus, vor allem, wenn er Hunger hat, also immer, ansonsten wohnt er in einer hohlen Eiche in etwa sechs Metern Höhe, wohin unsere Leiter garantiert nicht reicht. Mit seinen gierigen Griffeln fingert er dort in Spechtlöchern, auf der Suche nach Eiern.

»Wir müssen ihn füttern«, rief Hans.

»Wir müssen ihn abrichten«, forderte die Chefin.

»Wir müssen ihn braten«, dachte ich und versuchte mich

an das peruanische Erdnusssaucenrezept für gegrillte Meerschweinchen zu erinnern. Dass man mit einer Waschbärenmütze fast wie Cro aussieht, fand Hans nur mäßig komisch. Er wollte das Tier mit nach Hause nehmen, das Bett mit ihm teilen, die Schulbank, das Leben. Der Geruch von Jungssocken reicht mir eigentlich.

Waschbären sind wie Donald Trump, sie polarisieren. Die Geschichten aus der Gartenkolonie machten das Mögen schwer: Waschbär im Vorzelt, wo er Sonnenmilch (Faktor 20) probiert hatte. Waschbär greift Hund an. Waschbär verkotet Buddelkiste. Vielleicht haben Waschbären auch das BER-Chaos angerichtet?

Erste Frage: Sind die Biester alle so? Und die zweite, noch dringendere: War das womöglich immer unserer? Gewährten wir womöglich einem Intensivtäter Unterschlupf? Oder hatte sich bereits ein ganzer Clan strategisch über das Kleingartengebiet verteilt, um es zu entmenschen? Offenbar kennen Waschbären nur ein Ziel: die Weltherrschaft. Während Hans vorsorglich wimmerte, dachte ich ans Abendland und erklärte dem Panzerknacker den heiligen Krieg: das Tier oder wir.

Zunächst habe ich es mit Krach versucht und unten am Waschbär-Baum ein Medley von Helene-Fischer-Songs angestimmt. Es war sicher Spaß, dass der Nachbar bald mit einer Schrotflinte drohte. Damit soll er mal lieber sechs Meter höher zielen. Dann habe ich die Waschbärenhöhle mit dem Gartenschlauch malträtiert. Notwässerung. Als Hans gerade nicht da war, habe ich noch Silvesterknaller in den Baum geworfen. Wegziehen sollst du, Untier. Ja, ich bekenne mich zur animalischen Gentrifizierung.

Neulich nachts raschelte es wieder. Komisch. Ich hatte den Müll doch in den Schuppen geräumt. Ich sah zwei Waschbären, die den Müll vom Nachbarn vor unsere Tür geschleppt hatten und inspizierten. Ich imitierte ein Maschinengewehr. Zwei Panzerknacker guckten mich erheitert an, mit diesem spöttischen Putin-Zug um die grillsaucenverschmierten Mäuler.

Warum um Himmels willen sollen wir uns Tiere ins Haus holen? »Weil es toll ist«, sagte Hans. Und es kam noch schlimmer.

Wir hätten nicht in Urlaub fahren sollen, jedenfalls nicht in diesen. Denn plötzlich hatte Hans doch einen Hund. Er hieß Mike, gehörte dem Pensionsleiter und war offenbar das Resultat einer wilden Hunde-Swinger-Orgie in einem Vorort von Bukarest. »Wo ist Mike?«, fragte Hans jeden Morgen, als selbst die Vögel noch zu müde zum Zwitschern waren. Wie jedes vernünftige Wesen schlief Mike natürlich. Ich leider nicht mehr, weil ich die Stunden zwischen Sonnenaufgang und Frühstück damit verbrachte, Hans von einem Besuch bei Mike abzuhalten. Leider war Mikes Körbchen in der Scheune zu klein, um Hans für den Rest der Ferien dort unterzubringen.

Psychologen behaupten, ein guter Urlaub bestünde darin, auch mal Zeit zu vertrödeln. Gilt wohl als Erfolg, wenn man 14 Tage ununterbrochen zuschaut, wie sich ein Junge und ein Hund gegenseitig an einer Leine durch die Gegend zerren. Vergeblich hoffte ich auf den Abnutzungseffekt: Irgendwann würde der Junge die Lust am Tier verlieren. Das hatte noch bei jedem Schulfach funktioniert. Aber nicht bei Mike.

Zum Glück übernahm die Chefin den undankbaren Job, dem Jungen zu erklären, dass wir das Tier nicht mit nach Hause nehmen und uns daheim auch keine vierbeinige Kotmaschine anschaffen würden. Wie pulverisiert man den Hauch von Erholung, den man sich mit alltäglichem Sekundenschlaf mühsam zusammengedöst hat? Richtig: mit einem heulenden Sohn auf der Rückbank.

Der Kleine hat mit der Moralkeule zurückgeschlagen: Weil er Hunde so süß findet, wolle er fortan fleischfrei leben. Mit der geräucherten Kehrseite des gemeinen Hausschweins, einem medium rare gebratenen Filet oder einem Klacks Teewurst, lieber der feinen, hatten wir bislang keine Probleme. Moral ist nun mal ein überaus situativer Wert, den der Mensch erst dann bemüht, wenn ihm was nicht schmeckt.

Hans war bislang ein großer Fan der Cervelatwurst, am liebsten ohne viel Brot. Doch plötzlich erklärte unser kleiner General, er sei ab sofort »Vete..., ääh, Tege..., also einer, der keine Tiere isst. Ferkel und Kaninchen und Küken sind süß, die will ich nicht aufessen.« Mir blieb die Leberwurststulle im Hals stecken. Offenbar war in der Schule nach Glyphosat, Braunkohle und Plastiktüte ein neues Top-Weltuntergangsthema debattiert worden, womöglich der nahenden Osterhasen-Saison wegen. Alle Kinder wollen im Frühling Kaninchen, die sich im Schmortopf allerdings deutlich besser machen als im Gemüsebeet oder gar inkontinent unter dem Sofa.

Hans hatte den drohenden Blick des Tierschützers aufgesetzt und salzte sich ein karges Butterbrot. Ich deckte die Aufschnittplatte mit der Tageszeitung zu und schob den Heringssalat noch rasch darunter. »Eine tolle Entscheidung«, lobte die Mutter vorschnell. Fand ich nicht. Sie hat uns jetzt eine wöchentliche Kiste mit Inklusionsgemüse bestellt. Es gibt so viele arme Kartoffeln, Möhren und Kohlrabi, die nicht rund und prall und leicht schälbar sind, sondern Beulen, Kanten und krumme Silhouetten aufweisen. Diese Randgemüse liegen tagelang einsam im Regal, übersehen, verlacht, verachtet. Keiner will die krumme Karotte. Nasenkartoffeln werden gemobbt. Haha, ich bin was Besseres, triumphiert die glatte Linda, wenn sie in die Tüte gleitet. Dann muss die Nasenkartoffel bitterlich weinen.

Zum Glück gibt es Menschen wie uns, denen vegetabile Schicksale nicht gleichgültig sind. Wir polieren unser Karma, indem wir die Schiefen, Krummen und Hubbeligen in unsere tageslichtdurchflutete Altbauwohnküche holen. Da die Jungs an einer massiven Gemüseallergie leiden, bereiten die Chefin und ich wohlschmeckende Gerichte zu, bei deren Verzehr wir uns versichern, dass so ein Inklusionsgemüseauflauf viel besser sei als mit Fleisch oder straffen Zutaten. Und dann machen wir ein Selfie, wie ich die kleine Kartoffel im Arm trage. Schrumpelmöhren sind die neuen Hundebabys.

»Warum esst ihr eigentlich Tiere?«, fragte Hans unerbittlich. »Nun«, erklärte ich, »in so einer Teewurst ist praktisch gar kein Tier drin, sondern nur Wasser und Salz und Gewürze und höchstens ein bisschen Gemahlenes, was das Schwein sowieso nicht braucht, Borsten und Klauen.« Die Chefin guckte angewidert. Wir sind in pädagogischen Stilfragen nicht immer einig. Schweigend verschlang ich die Reste der Stulle und griff zu einer Gurkenscheibe, die wir eigentlich nur zur Dekoration auf den Tisch stellen.

»Bald kommen die Mücken wieder«, sagte ich beiläufig. Hans grinste mordlustig. Seitdem ich ihm beigebracht hatte, die Stechviecher mit dem zusammengerollten Sportteil – Print wirkt – zu erlegen, tötete er sie im Dutzend, was unseren Tapeten wohnungsweit ein lustiges Muster beschert hatte. »Vegetarier lassen sich gern von Mücken stechen«, erklärte ich. Hans guckte irritiert. »Naja, Tier ist Tier. Auch Mücken haben eine Seele, so wie Kaninchen und Ferkel«, fuhr ich fort, »und echte Tierfreunde müssen gerade die Kleinen und Schwachen füttern.« Hans grübelte, wie er seine neue Religion und Mückenjagd würde vereinbaren können.

Vermutlich gar nicht. Wie jedes kluge Kind würde er bald die Segnungen der situativen Ethik für sich entdecken: In der Schule bei den Mädchen würde er eindrucksvoll den Tierversteher geben, daheim dann Mücken klatschen mit einer Salamistulle in der freien Hand.

Anders als mit Flexi-Moral ist das moderne Leben gar nicht zu bewältigen: Entweder ist es lecker, dann ist es ungesund, oder es macht dick, dann ist es auch lecker, oder es nutzt der Umwelt, dann ist es nicht lecker, oder es ist gesund, dann lachen die Mitschüler.

Früher hatten wir das dauerheikle Ernährungsthema noch mit Tricks zu bewältigen versucht. Die Chefin zum Beispiel glaubt fest daran, dass schulische Höchstleistungen und Gemüsekonsum positiv korrelieren. Wie sonst wollen wir gegen die Chinesen bestehen, die ihre Weltmacht nur Reis und Tofu zu verdanken haben und nicht Cola und belgischen Waffeln.

»Ich habe dir Gurkenmonster geschnitzt«, habe ich früher oft gut gelaunt zum Frühstückstisch gerufen, wo ein Erstklässler hinter einem Micky-Maus-Heft schweigend Müsli löffelte. »Ich hätte mich früher total über so tolle Gurkenmonster gefreut«, erklärte ich und versuchte, die Würgegeräusche hinterm Heft zu überhören. In einer Frauenzeitschrift, die ja das neue Männermagazin ist, hatte ich gelesen, dass das Wichtigste an einem guten Schulfrühstück der Tauschwert sei. Noch vor Unterrichtsbeginn scheint es wie auf dem Basar zuzugehen: Alle öffnen ihre Brotboxen und zeigen die mitgebrachten Nährwerte vor. Dann wird getauscht. Der Vegetarier gibt zwanzig vegane Gummibärchen für eine Wurststulle, der zuckerlos Aufgewachsene zwanzig Wurststullen für ein Gummibärchen. Zucchinilappen oder Dinkelbrot entsprechen etwa dem Wert der Drachme. Deswegen bekam mein Sohn Gurkenscheiben mit Grusel-Visage. Trick! So was total Ausgefallenes wollten bestimmt alle haben. Wurst mit Gesicht funktioniert ja auch.

»Was bekommst du eigentlich, wenn du meine total gruseligen Gurkengesichter tauschst?«, fragte ich Richtung Micky-Maus-Heft. Schweigen. »Sag schon«, flehte ich, innerlich bereit für traumatische Verletzungen. »Dennis' Schokolade bekomme ich dafür jedenfalls nicht«, klagte das Kind leise. Albtraum eines Vaters: Wahrscheinlich durfte mein Kleiner allenfalls die Alufolie aufklauben, in der Dennis all seine Schätze eingepackt hatte. Daraus formte sich unser Sohn in einer stillen Ecke dann ein Gummibärchen, das er hungrig anstarrte, während die anderen wüste Zucker-Orgien feierten. Oder er stibitzte sich vom kalten Boden des Pausenhofs die Folie von einem der drei Dutzend Schokoriegel, die Dennis in einem Bollerwagen jeden Morgen in die Schule zog. Und dann schnupperte er den ganzen Tag lang an der Folie, die er schon sieben Mal ausgeleckt hatte. Die Gurkenmonster versuchte mein Kind derweil im Klo wegzuspülen. Mit bitterer Tapferkeit schob ich mittags im Supermarkt an den Süßigkeiten vorbei. Doch warum eigentlich? Paah. Ich lud Riegel, Tafeln und Tüten ein. Ab sofort tauschte das Imperium zurück. Am nächsten Morgen würde mein Junge der König auf dem Pausenhof sein. Zu Hause dünsten wir natürlich artig weiter.

20. Trend vs Verstand

Wir Eltern haben ja schon alle Moden mitgemacht. Aber die Kinder nicht. Deswegen müssen wir uns für Turnschuhe, Sammelkarten und Gummibänder begeistern. Ein neuer Trend? Toll.

Der sicherste Killer für einen harmonischen Sonntagabend mit der Familie ist ein neuer Trend. Früher waren es Pokémon-Karten, dann Gummibandwürste, jetzt, auf der höheren Schule, sind es modische Accessoires, die das Kind unbedingt braucht. Es gibt untrügliche Zeichen dafür, dass wieder ein Trend im Anmarsch ist. Wenn Hans zum Beispiel ohne Widerworte den von mir liebevoll geschnippelten Salat in den Mund schiebt. Er kaut die Biomasse zwar nicht, sondern versucht, das Grün sofort zu schlucken, um jeglichen Kontakt mit den Geschmacksnerven zu minimieren. Aber: Er ist guten Willens, seinen ernährungsbesorgten Eltern einen Gefallen zu tun. Wenn der Kleine tapfer am Salat würgt, dann weiß der erfahrene Vater: Der Junge will was.

Was mag es diesmal sein? Bestimmt Klamotten. Wir sind natürlich eine modebewusste Familie. Zum Einkaufen legen wir Jogginghosen an, um im Schöneberger Alltag nicht aufzufallen. High Heels, falsche Fingernägel und wallendes Blondhaar überlassen wir den Mitbürgern aus München und Moskau. Dummerweise liegt das Stilbewusstsein eines Heranwachsenden zwischen Oligarchen-Schick und Gangster-Rapper-Outfit.

Hansens Style-Phase begann mit der Einladung zu einem Kindergeburtstag. Schon Tage vorher verbarrikadierte er sich im Badezimmer. Merkwürdig: Was machte er dort? War seine Seifenallergie abgeklungen? Es roch merkwürdig durchs Schlüsselloch, eine Mischung aus altem Gel und jenem Deo, das laut Reklame die Frauen irre macht, in Wirklichkeit aber den Benutzer blind.

Hans hatte akribisch gewütet. Im Bad stapelte sich ein halbes Dutzend Tiegel, zudem hatte er zwei Kämme, drei Bürsten und einen Föhn aufgebaut, dazu eine Batterie Duftwässer, mit denen ein geübter Kammerjäger alle Ratten Berlins ins Wachkoma befördern könnte. Ich wagte ein offenes Gespräch unter Männern. »Möchtest du mir etwas sagen?«, fragte ich einfühlsam. Hans schob mich zur Seite, um freie Sicht auf den Spiegel zu haben, wo ein Foto von Justin Bieber klebte. Mein Sohn feilte an seinem Scheitel. Will Hans etwa zu DSDS? Sollte ich meinen Kleinen von Bohlen anpöbeln lassen, damit er den Rest seines Lebens in Großraumdiscos auf dem Land herumzappelt?

Mit Disco lag ich schon ganz gut, allerdings wollte Hans sich zum Einstieg ins Nachtleben erst einmal in städtischen Kleinraumdiscos versuchen. »Geburtstagsparty«, hatte mir die Chefin zugeraunt, »mit Disco.« Wie nett: Zu Rolf Zuckowski kann man bestimmt prima Polonäse machen oder Ententanz. Hans aber hatte andere Vorstellungen. War im vergangenen Jahr noch der Sänger mit Panda-Maske sein Held, hatte unser Kleiner nun auf Marteria umgeschwenkt, ein Berliner Rapper, der für kindgerechte Texte bekannt ist, zum Beispiel: »Alle ham 'nen Job, ich hab' Langeweile« und: »Halt mir zwei Finger an den Kopf und mach Pengpengpeng.« Ja, das ist sie, unsere wunderbare Großstadtkultur, gewaltfrei, liebevoll und zukunftsorientiert.

Während Hans versuchte, die Gel-Klumpen in seiner Tolle mit dem Föhn zu verflüssigen, stöberte ich durch die Fotoalben. Ha, da war es ja, mein Konfirmationsfoto: Mit viel Wasser und Kamm hatte meine Mutter mir die Haare vor gut 30, also eher knapp 40 Jahren helmartig an den Schädel betoniert. Ich riss das Bild aus dem Album, ein Foto von Marteria aus der Morgenpost und klebte beide an den Spiegel, direkt über Justin Bieber. Hans guckte bewundernd: »Marteria hat ja voll dein Styling geklaut«, stellte mein Sohn bewundernd fest. Ich nickte und schwieg. Perception is reality.

Zum Glück ist der Kleine wenigstens aus der Radio-Phase raus, die gleich nach der CD-Phase kam. Seit Hans die CDs selbstständig ins Abspielgerät legen konnte, war ungewohnte Ruhe im Kinderzimmer eingekehrt. Nach zehn Minuten gespenstischer Stille guckten wir sicherheitshalber, ob der Bewohner noch lebte. Aber wie. Versonnen saß er da und sprach die Texte von Harry Potter leise mit. Auswendig lernen, ganz ohne Sinn und Zweck, das ist wahrer Zen.

Leider trat die Medienautonomie in die nächste Phase: Radio Teddy, weil das »die anderen« auch alle hörten. Es mag daran gelegen haben, dass ich den Potter verbannt und dafür griechische Sagen, Business-Mandarin für Hochbegabte und ein bisschen Julian Bream verordnet hatte. Ein klassisch gebildeter, bilingualer junger Mann mit Konzert-Qualitäten an der Laute, das ist unser Zuchtziel. Doch entzog sich der Knabe meinen Plänen. Statt CD lauschte er nun diesem Kinderradio, das man aus Versehen für Zehntelsekunden hört, weil man nicht schnell genug auf den Suchlauf gehämmert hat. Plötzlich aber schallte der Kinderfunk überall, die Frequenz war in der Küche, im Kinderzimmer, im Auto, im Bad eingestellt. Korrigieren half nichts, am nächsten Tag war alles wieder durchteddysiert. Wie in der DDR: nur ein Programm. Wahrscheinlich schlich Hans nachts in der Wohnung umher, um alle Apparate auf Kurs zu bringen.

Radio Teddy sorge für gute Laune, quietschten die Moderatoren. Nur leider nie dann, wenn ich zuhören musste. »Für die ganze Familie!«, lautete der Slogan. Außer für mich. Jeden Morgen zum Beispiel trug ein sehr trauriger Kinderliedermacher vor, dass die Welt jetzt sterben müsste wegen der Umweltverschmutzung. Ich atmete automatisch flacher, um meinen CO_2-Ausstoß zu reduzieren. So startet man doch gern in den Tag. Jetzt hören wir irgendein Hit-Radio, bei dem wenigstens nicht geredet wird. Oder nur manchmal. Meist über Styling. Voll im Trend.

Womit wir bei einem weiteren lästigen Erziehungskonflikt wären. Wenn die Chefin sagt, dass eine Jeans doch ein zeitlos fesches Kleidungsstück sei, rollt Hans mit den Augen und erklärt, dass es mindestens zwölf Sorten Jeans gäbe, die sich in der Größe der Löcher unterschieden, vor allem aber im Kniekehlenhängegrad. Wir ahnen die Botschaft: Alle Kinder haben amtliche Baumeljeans mit fertigen Löchern, nur unser Spross muss sich seiner passenden Hose schämen und die Löcher selbst reinstürzen. Früher habe ich für Fleurop Blumen ausgefahren, um mir die amtlichen Jeans selbst zu kaufen.

Seit Wochen liegt Hans mir in den Ohren, dass er dringend ein Basecap brauche, um fashionmäßig nicht weiter isoliert zu werden. Wir haben ja keine Vorurteile, aber zwischen den Trägern von Schirmmützen und den geistig-moralischen Spitzen der Gesellschaft liegt ein tiefer Graben. Hat man Sir Simon Rattle, die Kanzlerin oder Nobelpreisträger je mit solchen Mützen gesehen? Schirmmützen sind wie Kopfverbände, die man nur nach einem Unfall oder frischer Haartransplantation aufsetzen darf. Und Axel Schulz meinetwegen, der dafür aber bezahlt wird.

»Alle haben ein Basecap«, mault Hans, womit wir in einer unserer bewährten Redundanzschleifen angelangt wären. Ich sage: »Wenn alle von der Brücke springen, springst du ja auch nicht mit.« Hans sagt: »Doch!«, und murmelt verbittert, dass der alte Mann, der leider sein Vater sei, überhaupt keine Ahnung habe.

Na gut, Junge, dann bekommst du's eben sachlich. Das Basecap, erkläre ich mit der Langmut eines Ehetherapeuten, werde entweder von Doof-Rappern oder von Baseballspielern getragen. Baseball aber ist ein durch und durch unverständlicher Sport, bei dem die Akteure sich mit Kautabak dopen, um hässliche Flatschen auszuspucken. Ob er so einer werden wolle, frage ich nicht ohne Suggestionsabsicht. »Ja«, antwortet Hans. Höchste Zeit, die pädagogischen Konzepte zu überdenken.

Seit vergangener Woche tragen die Chefin und ich Basecap, jedenfalls solange das Kind in Sichtweite ist. Die Gattin hat sich für ein Strassmodell aus dem Oligarchinnenbedarf entschieden, ich mache mit Reggae-Farben und Hanfblatt auf Alt-Rasta. »Setz das ab«, knurrt Hans, sobald wir auf der Straße sind. »Das ist doch schick«, entgegne ich und drehe den Schirm supercool nach hinten. Hans will übrigens kein Basecap mehr. Ein Hoch auf die Trend-Buster.

So einfach war es mit den Gummibändseln nicht. Keine Ahnung, mit welchen Marketingtricks dieser Unsinn auf die Schulhöfe transportiert wurde, aber es war eine Epidemie. Zuerst bekam Hans ein geflochtenes Freundschaftsband geschenkt. Wir hielten das farblich zwischen Neonpink und Schlammfarben changierende Schmuckstück für eine Art Heiratsantrag. Völlige Fehleinschätzung. Da war uns einfach nur ein Kind voraus und hatte schon so viele Gummiwürste produziert, dass Familie, Nachbarschaft und Bekanntenkreis überausstaffiert waren. Verschenken, das war die einzige Chance, das Zeug überhaupt noch loszuwerden. Natürlich klebte Hans umgehend in den Fängen der Gummi-Mafia. »So ein Quatsch«, sagte ich. »Lass ihn doch«, erwiderte die Chefin. Einigkeit unter den Eltern ist eines der ganz großen Geheimnisse erfolgreicher Erziehung.

»1000 Gummis kosten nur 75 Cent«, behauptete unser in Zahlendingen nicht immer ganz sattelfester Sohn. In Wahrheit war es natürlich umgekehrt: 75 Gummis kosten etwa 1000 Cent. Gummis? Ja, leider. Während Alt-Hippies auf Ibiza die Bändsel wenigstens noch aus Fäden, echter Wolle, also total biologisch flechten, wird die nächste Generation Strippe aus Gummibändern und auf einer Art supersimpler Strickliesel gefertigt, die sogar Jungen verstehen. Das Produkt ist eine Gummibandwurst, schön bunt, aber nicht wirklich geschmeidig am Handgelenk, erst recht nicht, wenn sich die Armhaare eindrehen, was umso schmerzhafter ist, wenn drei, vier, fünf Gummibändsel zu tragen sind, weil das Kind sonst ja traumatisiert wird.

Als gute Eltern freuten wir uns natürlich unbändig über jedes mit großer Hingabe angefertigte Schmuckstück, was den unschönen Begleiteffekt hatte, dass man immer weiter beschenkt wurde. So hat es bei Wolfgang Petry bestimmt auch angefangen. Die Bänder waren weder schön noch angenehm zu tragen, aber nun mal mit Unmengen kindlicher Liebe aufgeladen. Zum Glück fiel bei der inflationären Produktion gar nicht auf, wenn ich hin und wieder ein Bändchen verlor.

Weil Hans dämmerte, dass die Familie rasch versorgt sein würde, dachte er über einen professionellen Vertrieb nach. Viele Promi-Begleiterinnen haben ihre Karriere schließlich auch als Schmuckdesignerin begonnen oder beendet. Einmal machte sich Hans mit einer Decke und etwa 50 Produkten aus seiner Kollektion Richtung Viktoria-Luise-Platz auf. Prima, endlich Zeitung lesen. Nach einer halben Stunde war er leider schon wieder daheim. Alles verkauft? Von wegen. »Da saßen zehn andere Kinder«, klagte er, »und die haben auch nichts verkauft.« Na gut, mein Kleiner. Dann machst du Papa eben noch ein Bändchen. Aha, es gab nur noch Gummis in Orange, Gold und Rosa? Macht nichts. Genau meine Farben. Und am nächsten Tag würden wir neue kaufen.

Inzwischen sind die Trends deutlich teurer geworden. Wie genau macht man einem Kind begreiflich, dass der Mensch bestimmte Kleidungsstücke wirklich braucht, andere dagegen bestenfalls dem eitlen Schmücken dienen? Damit Karl, der Große, ein Gefühl für den Wert des Geldes bekam, hatte der weise Vater das monatliche Kleidergeld eingeführt, eine Art Zusatzrente zum Taschengeld. Freudig hatte der Junge zugestimmt in Erwartung fantastischer Summen; vier Wochen später hatte unser Geringverdiener gemerkt, dass ein elterlicher Geldautomat ohne Limit komfortabler ist. Aber der war ja nun stillgelegt. Vom Gesparten würden wir uns eine Yacht auf dem Wannsee leisten.

Der Kleine wiederum hat die Anspruchslosigkeit in Modefragen von seinem Vater geerbt. Er trägt alles, was so aussieht wie in Filmen. Leider hat der klassische Knabenhalbschuh im Film nie Karriere gemacht. Gesiegt haben Modelle, die aussehen, als habe man einen Arbeitsstiefel mit den Sprint-Schlappen von Usain Bolt gekreuzt. Ein Kartell von Schuh-Designern hat alle Kreativität darauf verwendet, maximalen Preis und minimale Haltbarkeit zu kombinieren.

Zum Glück gibt es den Hausherrn mit seiner legendären Bescheidenheit, die bis in die letzte Faser reicht. »Du könntest dir mal neue Unterwäsche gönnen«, sagt die Chefin bisweilen, je nach Laune belustigt bis mahnend. Unsinn. Meine Unterwäsche ist prima in Schuss, und zwar seit Jahren. Lieber fast frisch gewaschen als fast neu. Außerdem gilt: Je weniger man die Ursprungsfarbe erkennt, desto weniger ärgert man sich über Farbunfälle in der Waschmaschine, so lautet meine ganz persönliche Slip-Life-Balance.

Ästhetisches Ungemach drohte, als meine Lieblingsjeans unterhalb der rechten Hintertasche nach nur sieben Jahren plötzlich Materialermüdung zeigte. Eigentlich ist so ein Riss ja ganz fetzig, habe ich erst neulich wieder in einem Youtube-Video bei meinem Großen gesehen, vor allem, wenn ein Hauch von Dessous herauslugt. Ich stolzierte mit meiner Zufallsfashion in der Küche so lange auf und ab, bis endlich jemand mein trendy Outfit bemerkte.

»Äh, Papa«, druckste Karl, »du hast hinten ein Loch in der Hose. Und da guckt ein Putzlappen raus.« Wie bitte? Ich hatte Jahre aufopferungsvoller Verschleißarbeit investiert, um cool auszusehen. Und jetzt diese Klatsche. Aber: nichts anmerken lassen. »Das ist aus dem KaDeWe«, log ich. »Niemals«, entgegnete der freche Kerl, »das ist deine gammelige Jeans. Und weil deine Unterwäsche zerfallen ist, wickelst du dir jetzt schon Putzlappen um.« Die Gattin wieherte kommentarlos. Unverschämtheit. Schon wieder eine Verschwörung gegen meine Bescheidenheit.

»Wir gehen zusammen einkaufen, Schatz«, sagte die Chefin gönnerhaft. Nein, gehen wir nicht. Wenig ist peinlicher als ein Ehemann, der sich unter den Blicken von Fachverkäuferin und Gattin vor Spiegeln dreht und alle Gegenwehr aufbieten muss, eine alberne grüne Hose zu verhindern. Zum Glück habe ich ja noch die Cordhose. Und die ist auch noch so gut wie neu. Wenn man lange genug wartet, ist auch Cord wieder im Trend. Nur haben die Kinder keine Geduld. Alles muss immer sofort geschehen, vor allem, wenn es um Trendsachen geht.

Neulich stand Hans um kurz nach fünf vor meinem Bett. Er wollte sich die Haare waschen. Wie bitte? Leidet der Kleine an frühkindlichem Reinigungszwang? Viel schlimmer: Er ist zum Styling-Abhängigen geworden. Schuld ist die Frisörin.

Blöderweise hatte ich Hans beim letzten Besuch im Coiffeursalon allein mit der maliziösen Haargestalterin gelassen. Ein kapitaler Fehler. Wahrscheinlich hatte sie ihm unter der Ladentheke verbotene Bildchen gezeigt, von Fußballer-Irokesen, Popstar-Scheiteln und Trend-Gestrubbel, allesamt gehalten von mindestens einem halben Pfund Klebezeugs. Als ich zurückkehrte, erkannte ich mein Kind nicht mehr. Bislang war er überall verklebt, nur auf dem Kopf nicht. Jetzt war es umgekehrt. »Guck mal, Papa«, sagte er stolz und drehte sich im Spiegel. »Wie Justin Bieber«, sagte ich erschüttert. Hans verstand es als Kompliment. Mein Sohn, gefügig gemacht von der Schmiermittel-Mafia. Ich klage an: Unser Kind wurde angefixt. Jetzt ist Hans ein Gel-Junkie. Unablässig fingert er in seinem Schopf herum.

Abends suchte er nach einer Badebütze, um das Kunstwerk auf seinem Kopf über Nacht zu konservieren. Auf einmal protestierte er gegen mein freundschaftliches Wuscheln. »Du machst ja alles kaputt.«

Weil die Badebützen-Technik natürlich nicht funktioniert, steht seither ein verstrubbeltes Kind allmorgendlich vor meinem Bett und kräht: »Haare waschen!« Klar, die Restschmiere vom Vorabend hatte mein Kind in einen Pumuckl verwandelt. Was auch damit zusammenhängen mag, dass er vorm Zubettgehen noch mal alle Haarpflegeprodukte durchzutesten pflegt, die in unserem Haushalt zu finden sind. Mit Grauen erinnerte ich mich an die kosmetische Laufbahn seines großen Bruders. Nach der Gel-Phase kommt der Duschgel-Irrsinn und schließlich das Deo-Inferno.

Gegen sechs Uhr haben wir dann tatsächlich Haare gewaschen. Nach kaum einer halben Stunde verstopften die Klebereste den Abfluss. Nur mal angenommen, eine halbe Million Berliner Kinder spült sich täglich den Sprotz vom Kopf – mein Respekt vor der Leistung unserer Abwasser- und Klärexperten wuchs ins Unermessliche. Um kurz nach sieben hatten wir die korrekte Gel-Menge an den richtigen Stellen appliziert. Weitere 30 Minuten später war Hans einigermaßen zufrieden mit dem Resultat, das er sich mit zwei bis dahin unbekannten Werkzeugen namens Kamm und Bürste aufs Haupt onduliert hatte. »Du solltest eine Bademütze aufsetzen, um das Prachtwerk bis zur Schule zu retten«, schlug ich vor. Doch das kluge Kind bevorzugte eine Einkaufstüte. Ich sehne die nächste Läusewelle herbei. Dann gibt's rigoros den Mecki, mit unserer Küchenschere.

»Ich hatte ja früher so eine Matte«, prahle ich beim Nachtisch, der ausnahmsweise aus der Tiefkühltruhe des Supermarktes stammt. Gegen Trends haben meine liebevoll komponierten Nachspeisen leider keine Chance. Die Jungs prusten und betteln zugleich: »Nicht schon wieder die alten Fotos, Paps.« Ich bin ein wenig eingeschnappt. Meine Cordhosen bekommt ihr nicht, Jungs. Da könnt ihr noch so betteln.

Ich verstehe, dass es Kindern schwerfällt zu akzeptieren, wie angesagt ihre Eltern sind. Ich trage korrekte Klamotten, Jugendworte wie »krass« in meinem Wortschatz und wippe, sobald angesagter Hip-Hop läuft, aber zurückhaltend cool, nicht dieses seniorenhafte Super-ich-bin-so-stolz-auf-mich-weil-ich-das-Stück-erkannt-habe-Wippen, verbunden mit der Insider-Frage: »Das ist doch Snoop Dog, oder?«

Neulich, als ich ungewohnt pflichtbewusst sehr früh aufstand, hörte ich ein Schaben an der Wohnungstür. Ein Waschbär? FDP-Wahlwerber auf ihrem letzten Kreuzzug? Nein, es war Karl, der das Schlüsselloch suchte. »Moin, Paps«, sagte unser großer Sohn aufgekratzt. »Frühsport?«, fragte ich. »Eher Spätsport«, antwortete das Kind und trottete in jenes Zimmer, das wir »die Höhle« nennen. Er wolle wirklich bald in eine Studenten-WG ziehen, hatte Karl mehrfach versichert, was aber nicht leicht ist in einer Stadt, wo alles gebremst wird außer den Mietpreisen.

Zwölf Stunden später traf ich Karl vor dem Kühlschrank. »Neue Freundin?«, fragte ich. »Neuer Club«, antwortete Karl. Aha. Und da muss man bis sechs Uhr morgens bleiben? Er sei als einer der Ersten gegangen, beteuerte er, und habe prima Pornokaraoke erlebt. Pornowas? Ganz einfach, sagte der Große: Erotikfilme der Achtzigerjahre werden ohne Ton gezeigt, die Gäste liefern den Ton live. Klingt interessant. »Und, waren alle sternhagelstramm?«, fragte ich besorgt. Nö, erklärte der Sohn, Alkoholisches sei abgesagt. Wenn überhaupt, würde privat vorgeglüht, mit Discounter-Spirituosen. Der Eintritt sei teuer genug. Ein Musterjunge, der Lebensfreude und Bescheidenheit zu kombinieren weiß. Was denn der junge Mensch sonst noch so treibe die ganze Nacht, wollte ich wissen. Der Junge hob die Schultern: »Nichts Besonderes, tanzen, quatschen, abhängen.« Genau mein Ding.

Der Blick der Chefin verhieß Zweifel an meiner Zurechnungsfähigkeit, als ich vorschlug, mal wieder auszugehen, so richtig, bis die Wolken wieder lila sind. Was mein großer Sohn kann, das schaffe ich auch. Es musste ja nicht gleich das Berghain sein. Eher was aus der Mittelklasse, wo die Gorillas am Einlass die Lebenserfahrung und Solvenz der Gäste zu würdigen wissen. Die Chefin sagte ihr Mitkommen zu, sie müsse nur vorher noch was Fetziges erwerben. Pah, brauche ich nicht. Jeans und Karohemd sind von zeitloser Szenehaftigkeit.

Unser erster Ausflug ins Nachtleben geriet leider zum Flop. Vor Mitternacht dürfe man auf keinen Fall los, hatten wir in einem Szene-Blog gelesen. Das Problem für zeitweilig Berufstätige: wie wach bleiben? Wir spielten erst Mau-Mau, guckten dann ein wenig »House of Cards«, bis die Chefin schließlich befahl: »Wir dösen ein Weilchen.« Als ich um kurz nach vier auf dem Sofa erwachte, fühlte ich mich nicht mehr so nach Piste.

Ein Wochenende später hatte ich mich mit Espresso satt

in John-Travolta-Form gedopt. Das lebhafte Szene-Schwarz der Chefin würde jeden Türsteher auf die Knie zwingen. Ich registrierte gleichwohl nervöses Beben: Was, wenn wir nicht reinkommen? Was, wenn mich keiner zum Tanz auffordert? Würden uns die jungen Menschen für Zivilfahnder halten?

Um kurz nach Mitternacht hatten wir die Lasterhöhle erreicht. Komisch. Keine Schlange. Der Türmann musterte die Chefin wohlwollend, mich nicht, und winkte uns wortlos durch. Tja, der Mann erkennt Pistenprofis. Drinnen war es, nun ja, eher ruhig. Das Personal schleppte Kästen, man plauderte, der DJ war eher experimentell unterwegs. Als ich Milli Vanilli bestellte, lachte er sehr nett.

Ich hatte gelesen, dass man heutzutage Mate-Limo mit Wodka trinkt, wenn man im Trend sein will. Geht so. Zartbitteres Aufstoßen. Wir taten, als ob es für uns selbstverständlich sei, nachts durch menschenleere Katakomben zu schnüren. Sehr langsam tröpfelten einige junge Menschen ein. Von Pornokaraoke keine Spur. Als wir das Etablissement um zwei Uhr verließen, hatte sich draußen eine Schlange gebildet. Sieht aus, als ob die Kinder warten, bis die Eltern wieder weg sind. Aber nicht mit uns, Sportsfreunde. Wir kommen wieder.

In Trendsachen macht mir keiner was vor, da bin ich krass auf Augenhöhe mit dem Nachwuchs. Schon am Morgen. Ich begrüße meine Söhne zum basischen Frühstück artgerecht mit der ausgestreckten Faust und einem dahingeraunten »Yeah, Bro«. Manchmal murmeln die Jungs was zurück, das klingt wie: »Gut, dass uns keiner sieht.« In der Öffentlichkeit wurde mir diese Begrüßung verboten. Ist ja auch lästig, wenn man den ganzen Tag auf seinen krass coolen Dad angesprochen wird, der in seinen megahammercoolen Kanarienlaufschuhen stylisch daherfedert.

Manchmal jedoch beschleicht mich das Gefühl, dass mir die Jungs nur einen Gefallen tun wollen – wie man das mit Verhaltensauffälligen halt so macht, damit sie nicht weiter rumnerven. Aber ich bin ja nicht verhaltensauffällig, sondern einfach nur krass cool. Früher wollten Väter Bestimmer sein, nicht cool, sondern allmächtig. Heute haben sie nichts zu sagen, sind aber die besten Freunde ihrer Söhne, wobei sie zu fragen vergessen, ob die Buddy-Nummer überhaupt okay sei. Ich muss da nicht groß fragen; die Reaktionen von Klassenkameraden genügen.

Wenn ich mal ein paar von den Bengeln – Yeah, Bro – im Auto mitnehme, kommt meine Paradenummer (Hände vom Lenkrad nehmen, unauffällig mit den Knien steuern) gerade auf der Stadtautobahn immer gut an, vor allem, wenn ich wüste Popmusik aufdrehe, Kajagoogoo und so was, »Limahl« brülle und die Klaus-Meine-Faust recke. Hans versucht dann, sich Augen und Ohren gleichzeitig zuzuhalten, was seine Art ist, Begeisterung zu zeigen. Die Klassenkameraden jedenfalls lachen. Also, sie lächeln, fast. In dem Alter sind Emotionen ja nicht so angesagt. Jedenfalls gucken sie nicht böse. Eher etwas fragend. Klar, so einen Spitzen-Entertainer haben nicht alle zu Hause. Ein Trend-Daddy, wie krass.

Neulich zog mich Karl, der Große, zur Seite, um mir mitzuteilen, dass am Abend Kumpels vorbeikämen, Lerngruppe und so. »Krass«, sagte ich. Ich werde meine Kurzsocken noch etwas weiter in die Laufschuhe zerren, weil das ja jetzt modern ist. Und meine Stretchjeans aufkrempeln, also die neue, ohne Loch am Hintern. »Cool«, sollen die Jungs denken oder besser noch sagen. »Äh, Papa«, druckste Karl. Klang jetzt nicht phatt. »Würde es dir was ausmachen, einfach …, also, gar nicht so doll begrüßen und so?« Wie bitte? Will mein eigener Sohn mich etwa verbergen? »Mmh«, antwortete ich, was Karl als Zustimmung interpretierte. Na warte, Freundchen. Daddy Cool schlägt zurück.

Als es klingelte, raste zuerst Hans zu Tür, weil er große Jungs völlig grundlos mehr bewundert als seinen Vater. Ich lauerte im Zwischenzimmer und beobachtete, wie sich die Bengel mit Faustkontakt und leisem »Yeah, Bro« begrüßten. Ha, doch alles richtig gemacht. Oder sie hatten es bei mir abgeguckt. Wie zufällig schlenderte ich dann herbei. Karls Augen sagten »Au weia«, sein Besuch, zwei angenehme Jungs, die mit ihrem Leben aber auch nicht viel anzufangen wussten, lächelten mir leer entgegen.

Der mental Flinkere von beiden starrte mich an und stammelte: »Krass.« Zu Recht. Ich hatte mein ältestes Hawaiihemd angelegt, nicht mehr ganz farbstark, aber von subtiler Vintage-Maserung, um die mich selbst Tom Selleck beneiden würde. Weil ich nicht overdressed wirken wollte, hatte ich auf das Stirnband verzichtet. Am Ende des Abends hatte ich zwei neue Bewunderer, die sich sogar ohne Widerworte »Can« hatten vorspielen lassen. Ich hatte von Woodstock erzählt, ohne je dabei gewesen zu sein, aber umso souveräner ein Luftgitarrensolo der Jimi-Hendrix-Klasse hingelegt.

Ein paar Tage später ertappte ich Karl an meinem Kleiderschrank. »Wo ist dieses Blumenhemd?«, fragte er kleinlaut. Ich habe es ihm geliehen. Demnächst wird er auch die Tennissocken haben wollen, die Button-Down-Hemden und die Cowboystiefel. In Trendfragen macht mir von den Milchbärten keiner was vor.

21. Wunsch vs Wirklichkeit

Kinder wünschen sich unentwegt was. Die Eltern auch. Wünsche motivieren, Wünsche nerven, Wünsche sind der Treibstoff, der die Familie im Gespräch hält. Manchmal werden Wünsche sogar erfüllt.

Unsere sonntäglichen Abendessen konfrontieren uns immer wieder mit dem Bösen, das man auch Realität nennt. Die Chefin, die Jungs, ich – wir alle haben unsere Erwartungen und Wünsche: Die Chefin möchte Benehmen und Gehorsam, idealerweise auf der Einsicht gebaut, dass sie prinzipiell recht hat. Hans wünscht sich was Leckeres auf den Teller, ein paar platte Scherze von seinem großen Bruder und dass das Essen nicht so lange dauert. Karl möchte ein paar Studiumsweisheiten loswerden, sofern er sich nicht unter seinem Kopfhörer verpanzert, ich wiederum erhoffe mir so etwas wie Synchronizität der Herzen. Ja, so bin ich. Ich will einfach nur eine halbe Stunde harmonischen Miteinanders. Aber dann kommt die Realität. Und macht alles kaputt. Beim Eintopf zum Beispiel.

Wir lieben Eintopf, aber jeder einen anderen. Je nach aktueller Glaubensrichtung darf mal Fleisch enthalten sein, dafür keine Nudeln. Karl schätzt Zwiebeln, Hans fahndet mit der Lupe nach jedem Zwiebelatom, um es vom Teller zu klauben. Karotten sind eigentlich der einzige konsensual akzeptierte Eintopfbestandteil, womit der Kreativität des Kochs enge Grenzen gesetzt sind. Also habe ich heute Borlotti-Bohnen-Eintopf zubereitet, mit viel Karotten, Fleischbrühe, ein paar Nudeln und allen Bestandteilen in einer Größe, dass sie entweder leicht oder gar nicht vom Teller zu fischen sind. Ja, es ist eine Demütigung für den Koch, wenn jeder am Tisch mit mäkeligem Blick auf das liebevoll kuratierte Gericht starrt.

»Du musst deine Erwartungen neu justieren«, erklärt die

weise Chefin. Schon klar. Ich denke nur manchmal nicht daran, zum Beispiel bei einem unserer zuverlässigsten Rituale, dem Streit um Ordnung.

Wie oft verhallt der elterliche Befehl »Räum dein Zimmer auf, bitte!«? Und wenn es endlich so weit ist, wurde das Gerümpel nur kunstvoll in eine düstere Ecke oder unters Bett gekehrt. Wer genauer hinguckt, verliert. Und 20 Minuten später ist der alte Zustand wiederhergestellt. Irre viel Energie aufgewendet für ziemlich wenig Freude. Wie in der Politik: Wir betrachten kluge, weitsichtige, bezahlbare Entscheidungen als normal. Gewohntes Kompromissgewurschtel, das nur Gemaule nach sich zieht, betrachten wir dagegen als Katastrophe.

Oder das Auto. Nur frisch gewaschen sieht es vermeintlich normal aus. Wetter: Nur die Sonne zählt. Oder der Partner, den wir immerfort lächeln sehen wollen, sogar gleich nach dem Aufstehen.

Alles Unsinn: Kinderzimmer sind unaufgeräumt, Autos dreckig und Politik ist ewiges Stückwerk. Das ist normal. Wer mehr verlangt, ist ein Fantast und muss in der Perfektionsfalle schmoren. Zu hohe Erwartungen sind der sicherste Weg zu schlechter Laune, sowohl für den Erwartenden als auch für den, der erwartetes Verhalten abliefern soll.

Wie lösen wir dieses Dilemma? Ganz einfach: Wir müssen umdeuten. Bislang neigten Eltern dazu, ein aufgeräumtes Kinderzimmer für den Normalzustand zu halten und die unaufgeräumte Höhle für einen nicht hinnehmbaren. Das geht auch anders: Wir definieren ab sofort aufgeräumt als »ideal« und unaufgeräumt als »normal«. Erst wenn das Ungeziefer zwischen den ungelesenen Büchern hervorkriecht, ist es wirklich »schlimm« und muss verändert werden, zumindest mal Richtung »normal«.

Dasselbe Prinzip lässt sich auf ungewaschene Autos übertragen, auf Wetter, Hunde, Partner oder Politik. Sobald wir Chaos als Normalzustand akzeptieren, bekommen rare Ereignisse wie Lächeln und Sonnenstrahl, kein Hundehaufen vor der Tür oder eine kluge politische Entscheidung plötzlich unbändigen Charme. Bliebe da nur ein kleines Problem: Die Mitmenschen sollten die Welt ab sofort bitte auch so sehen.

Tapfer passe ich also meine Erwartungen an. Nur bei Lego nicht. Ob zu Weihnachten oder Geburtstag, stets investieren wir ein Vermögen, damit Hans eine tolle Feuerwache, eine Hafenanlage oder das dreiundfünfzigste Star-Wars-Raumschiff voller Hingabe zusammenbaut, um es fortan still zu bewundern, aber auf keinen Fall mehr zu berühren. Gucken ist ja auch eine Form von Spielen, gedanklich halt. Dummerweise bricht gleich nach dem Aufbau ein Flügel ab oder die komplexe Krankonstruktion zusammen.

Gern hätte ich dem Kind die Schuld gegeben. Aber wir hatten es vielmehr mit einem Grundsatzproblem zu tun: Ziselierte Raumschiffe lassen sich zwar gut zeichnen, aber auch von den kreativsten Ingenieuren nicht haltbar in Legosteinen nachbauen, schon gar nicht so stabil, dass normaler Spielbetrieb möglich wäre. Darum geht es ja auch gar nicht: Das Abenteuer besteht erstens im Zusammenbau und zweitens im Beobachten des Zerfalls. In dieser Phase sind wir ständig: Keine zwei Wochen nach dem Zusammenbau steht ein trauriges graues Gerippe auf dem Schrank. Auch mit viel Fantasie ist keinerlei Ähnlichkeit mit dem Fluggerät auf der Packung zu entdecken, die Hans mit viel Klebeband an die Zimmertür gepappt hat. »Kann man reparieren«, sagt der Kleine tapfer. Aber wie? Längst haben sich die Einzelteile ja vermischt mit den Überresten aus Polizeistation, Hubschrauber, Drachenburg. Drei Topagenten müssten wochenlang wühlen, um die winzigen karminroten Spezialsteine wiederzufinden, die das Raumschiff im Innersten zusammenhalten. Hat es irgendeinen pädagogischen Wert, stundenlang in Steinhaufen zu wühlen? Immerhin lernt das Kind Frustrationstoleranz. Der Junge wird auf eine Karriere in Archäologie oder Reststofftrennen vorbereitet.

Leider ist den Jungs nicht begreiflich zu machen, dass jede Anschaffung Geld kostet, das wiederum durch die Arbeit der Eltern herangeschafft wird. Wahrscheinlich liegt es am bargeldlosen Bezahlen: Tankstelle, Supermarkt, Boutique – immer wird eine abgeschabte Plastikkarte hervorgezogen, die in den Augen der Kinder eine magische Funktion hat: Sie ist nie leer. Geld muss den Jungs als eine schier endlose Ressource vorkommen. Wenn wir zur Mäßigung mahnen, können also keine ökonomischen Gründe vorliegen, sondern nur die Bösartigkeit von Vater und Mutter.

Wie jeden Samstag steckte neulich wieder jene Reklamesendung im Briefkasten, die ich stets mit Folie ins Altpapier werfe. Ich wünsche mir, ein ökologisches Leben zu führen, aber die Wirklichkeit bewirft mich jeden Samstag mit Papier in Folie. Plötzlich stand Hans mit dem Heftchen vor mir und guckte vorwurfsvoll. Ich fühlte mich als Ökoferkel ertappt. Aber diesmal ging es gar nicht um Mülltrennung. »Du hast Gutscheine weggeworfen, Papa«, sagte mein Sohn und präsentierte mir eine Seite voller Alles-für-fast-umsonst-Coupons. Der kleine Mann glaubt tatsächlich, dass Firmen reich werden, indem sie Produkte verschenken.

Ein Unternehmen, das es durch den Verkauf von Bulette in Schrippe zu fantastischem Reichtum gebracht hatte, bot mehrere Pfund Hackfleisch plus eimerweise Zuckerbrause zu Komplettpreisen feil. Leider waren die Fresspakete dreimal so groß wie ein Bärenhunger. »Wir sparen ganz viel«, erklärte Hans in einem unüblichen Anfall von Haushaltsdisziplin. »Unsinn«, entgegnete ich und erklärte das Prinzip Überflussmarktwirtschaft: »Wir geben ganz viel aus für Dinge, die wir gar nicht brauchen. Unser Sparkonto wird davon nicht dicker, aber unser Bauch. Nicht alles, was wir uns wünschen, müssen wir auch wirklich bekommen.« Hans protestierte: »Da steht, dass wir 50 Prozent sparen.« Ich erklärte: »Aber erst beim dritten Monsterburger, den wir eh nicht mehr schaffen.« Hans überlegte: »Den nehmen wir mit nach Hause für Mama.« Super Idee. Über lauwarme Matsche wird sich die Chefin bestimmt ganz doll freuen. »Bitte, Papa«, flehte mein Sohn mit diesem heimtückisch herzschmelzenden Welpenblick, dem ich leider nie was entgegenzusetzen habe. Also gut, aber nur mit pädagogischem Anspruch. »Wir fahren Sonntag zum Drive-in und kaufen zwei Menüs: einmal das, was wir wirklich wollen, und einmal irgendein Sparpaket. Und dann gucken wir, was wirklich billiger ist.«

Die Sonntagssonne war noch nicht aufgegangen, als Hans in mein Bett gesprungen kam. »Wir wollten doch sparen«, krähte mein Sohn. Wozu bringt man den Kindern eigentlich so früh wie möglich den Gebrauch der Fernbedienung bei? Gegen halb acht hatte Hans das dritte Mal an mir gerüttelt. Mein Magen heulte. Fleischklopse mit Cola – so stellt man sich das perfekte Familienfrühstück vor.

»Wo wollt ihr hin?«, fragte die Chefin lauernd, als wir uns aus der Wohnung stahlen. »Brötchen holen«, sagte Hans. Das sei keine Lüge, hatte ich ihm erklärt, denn ein Burger ist ja schließlich ein Brötchen, eben nur mit was drin.

Zwischen dehydrierten Nachtschwärmern bahnten wir uns den Weg zum Tresen. Hans hatte die Coupons sorgfältig ausgeschnitten und die Produktnamen auswendig gelernt. Die Fast-Food-Fachverkäuferin winkte ab. »Det gilt erst ab Montag. Wolln Se wat anderes?« Verzweifelter Blick meines Sohnes. »Nä«, sagte ich rigoros, »wir gehen.« Hans nickte gegen seine Überzeugung.

Wir haben dann Croissants gekauft, mit viel Schokolade drin, aus einem Berliner Handwerksbetrieb. »Wenn Se zehn kaufen, kriegen Se eins umsonst«, warb die Verkäuferin. Hans' Augen leuchteten: »Da können wir richtig was sparen, Papa.«

Komisch, denke ich, überall sparen wir und haben trotzdem kein Geld. Irgendwas ist faul mit Gutscheinen, Rabatten und vor allem Sammelalben, wie sie alle zwei Jahre zur Fußball-WM oder -EM scheinbar großzügig verschenkt werden.

»Die Bilder gibt's kostenlos«, erklärte unser Sparfuchs Hans, »wir müssen nur in einem anderen Supermarkt einkaufen.« Dummerweise liegt das nächste Lebensmittelgeschäft mit Gratisbildchen eine gute halbe Autostunde entfernt. Wir sagten alle Wochenendverabredungen ab, um uns auf das Album-Projekt zu konzentrieren.

Eigentlich brauchten wir nur Milch, Joghurt und Gemüse für die Chefin. »Pro zehn Euro gibt es ein Bild«, erklärte Hans. 30 Bilder bedeuten 300 Euro Einkauf, sofern keine doppelten dabei sind. Na gut, Kaffee kann man immer gebrauchen, ein neuer Grill wäre auch schön und obendrauf ein Sixpack Champagner, dazu Campingdecke und Kühltruhe fürs Picknick. Die Chefin wird sich freuen. Wer ein volles Album will, darf nicht knausern.

An der Kasse erfuhren wir, dass die Bilder ausgegangen seien. Aus Gründen des Sozialprestiges verzichtete ich darauf, Grill und Champagner zurück ins Regal zu schleppen. In Spandau gebe es einen Laden, der eventuell noch Bilder habe, wisperte die Kassiererin. Allerdings seien schon andere Kunden auf dem Weg. Auf der vollen Stadtautobahn schlichen ausschließlich Fahrzeuge, in denen Kinder von der Rückbank mit leeren Alben wedelten. Ich wechselte auf den Standstreifen. Notfall, klare Sache.

In der Spandauer Filiale lauerten mindestens zwei Kader Knirpse an der Kasse, um jedem Kunden seine Bilder abzuschwatzen. Ich versuchte Hans dazwischenzuschieben, doch eine übermotivierte Mutter setzte zur Blutgrätsche an. Als wir mit dem neuen Staubsauger, einem Werkzeugset und 14 Kilogramm exquisiten Badesalzes für die Chefin zur Kasse kamen, war die Bettlerschar verschwunden – Bilder alle.

Hans weinte. »Wir fahren nach Nauen, da soll es noch welche geben«, sagte ich, während im Radio gebeten wurde, Nauen großräumig zu umfahren. Ich werde Urlaub nehmen, um vor einem Lebensmittelmarkt im südlichen Sachsen-Anhalt zu kampieren, dessen genaue Lage ich natürlich nicht verrate. Wir können gern die WM vergeigen. Aber dieses Album wird bis aufs letzte Bild gefüllt.

Gut, dass ich für dieses Wochenende Eintopf gekocht habe. Der stärkt uns nach dem anstrengenden Einkaufssamstag und macht uns fit für kommende Irrfahrten durch Supermärkte im nahen und fernen Umland.

22. Loslassen vs Festhalten

Zu den härtesten Übungen für Eltern gehört die Kunst des Loslassens. Klar, die Kleinen sollen ihre eigenen Erfahrungen machen. Man will ja nicht als Helikopter-Dad verschrien werden. Andererseits: Die Jungs sind doch noch so klein. Sie brauchen mich. Und ich sie. Wen soll ich denn sonst betüdeln?

An manchen Sonntagabenden ist es angenehm leise. Dann ist Karl auf einer Exkursion und Hans auf Klassenfahrt. Die Chefin bestellt zuverlässig Fisch, also einen kompletten, nicht die Formpressvariante. Ich kaufe im Fischfachhandel eine Lachsforelle. Dazu Meersalz für den Mantel und kostspieligen Wein.

So ein Abend zu zweit will genossen sein. Ist aber nicht so leicht. Denn entweder denken wir an jene märchenhafte Zeit namens »früher«. Keine Ahnung, was wir damals mit all unserer freien, kinderlosen Zeit gemacht haben. Oder wir reden von »später«, eine ebenfalls unvorstellbare Lebensphase, wenn die Jungs aus dem Haus sind, eigenes Geld verdienen und hoffentlich nicht sofort Enkel produzieren. Weil: Wer passt drauf auf? Eben.

Kinder sind wie Malaria. Wenn man sie sich einmal eingehandelt hat, heißt das Urteil »lebenslänglich«. Aber man kann damit leben. Gleichwohl müssen wir die Jungs eines Tages loslassen. Davon haben wir jahrelang geträumt. Wenn es aber so weit ist, fangen wir an zu heulen. Es lebe der Widerspruch.

Die Chefin hat ein heiteres Sommerkleid und elegantes Schuhwerk angelegt. Verheißung und Drohung zugleich. Es muss ein schöner Abend werden. Ich habe die Werkzeugkiste geholt, um die verdammte Salzkruste aufzuhacken. Wenige Minuten später sieht die Küche aus wie Utah. Die Chefin lächelt. Kann ja mal passieren. Kaum sind die Kinder weg, entspannen wir uns, wahrscheinlich, weil wir nicht mehr Vorbild sein müssen. Um Gesprächen über das »hier und jetzt« zu entgehen, reden wir von »früher« oder »später«. »Weißt du noch ...?«, beginnt die Chefin. Und dann folgt ein Evergreen, also eine jener Familiengeschichten, die erst durch wieder- und wiederholtes Erzählen so richtig schön werden, auch deswegen, weil sie in der Rückschau genauso belanglos klingen, wie sie in Wirklichkeit waren. Nur haben wir das damals nicht gemerkt.

Unser erster Versuch in Sachen Loslassen bestand in dem Unterfangen, einen Babysitter anzuheuern. »Weißt du noch ... Shanti?«, sagt die Chefin. Na klar. Shanti war 23, buddhistisch unterwegs, hatte angeblich eine pädagogische Ausbildung abgebrochen und besaß einen Hund. Hans interessierte sich für die drei Nasenringe und überlegte, ob er seine Männchen aus dem Star-Wars-Raumschiff vom Küchenschrankgriff bis zum Nasenflügel würde abseilen können. Zwölf Euro die Stunde erschien uns ein angemessenes Fachkräfte-Honorar. Wir hatten schon deutlich merkwürdigere Kandidatinnen erlebt. Drei Tage später sollte Shanti zum ersten Mal ihre Talente zeigen: spätnachmittägliches Abholen aus der Ganztagsschule, Transfer zum Schwimmen – lösbare Aufgaben. Aber eine halbe Stunde vor dem Einsatz schickte Shanti eine SMS, dass es ausgerechnet heute leider überhaupt nicht passe, rein karma-technisch.

Wer nicht die Oma um die Ecke wohnen hat und zudem noch selbstständig arbeitet, der hat ein dauerndes Betreuungsproblem. Wie soll man da Loslassen üben? Die Ambitionen der Politik, den Eltern-Triathlon Kinder, Beruf und Restleben zu ermöglichen, sind ja lobenswert. Aber Berufstätige brauchen weder Flyer noch Fensterreden, noch Funktionäre, die Projekttage andenken – Berufstätige brauchen eine Fachkraft, die zwischen 16 und 21 Uhr zuverlässig am Start ist und mehr bietet als gesunden Appetit, Smartphone-Sucht und ein gespaltenes Verhältnis zu Pünktlichkeit, zugegebenermaßen total spießig. Nicht die mühsam herbeiverhandelten Symbolsiege der Politik erleichtern Eltern das Leben, sondern die schlichte Gewissheit, dass der Nachwuchs zwei Abende die Woche zufrieden und pünktlich im Bett ist, auch wenn 60 Euro Lohn plus Heimfahrt im Taxi erst mal verdient sein wollen.

Internetportale für Kinderbetreuer gibt es reichlich, dazu Agenturen und schwarze Bretter. Nein, wir wollen keine Philharmonikerin, viersprachig, Olympiahoffnung mit Nobelpreisaussicht – wir wollen einen Menschen, den unser Kind mag, dem wir unseren Wohnungsschlüssel anvertrauen, der seine Aufgaben erfüllt, und zwar so, dass sich weder Vater noch Mutter die Fingernägel im Büro blutig kauen, ob heute wieder die Schule anruft, weil der kleine Hans als Letzter und ganz allein im Aufenthaltsraum hockt und tapfer gegen die Tränen kämpft. Was gegen diesen Fachkräftemangel zu tun ist? Ganz einfach: den Job aufwerten. Erlasst guten Kinderbetreuern ein Wartesemester für den Traumstudienplatz, spendiert ihnen eine Aufenthaltsgenehmigung oder eine Urkunde für die Bewerbungsmappe. Und Hans malt noch ein prima Bild dazu.

Zum Glück gibt es Feriencamps, auch wenn die meisten nicht lang genug sind. Kaum hat man sich an die neue Freiheit gewöhnt, stehen die Nervensägen schon wieder auf der Matte.

»Weißt du noch …, das erste Mal?«, fragt die Chefin. Aber klar. Das erste Mal, als wir Hans wegschickten. Monatelang hatten wir uns auf diesen ersten Freitag der Ferien vorbereitet, da uns unser kleiner Sonnenschein, leider, leider, verlassen würde. 14 Tage Spiel- und Sportcamp im Mecklenburgischen, zwei satte Autostunden Sicherheitsabstand – unsere Gebete wurden erhört. Einziges Problem: Worüber sollten die Chefin und ich die ganze Zeit reden?

Wir hatten Hans akribisch vorbereitet, um den Abschiedsschmerz zu mildern. Die Chefin hatte ein kleines Quiz ausgearbeitet. Frage 1: Warum steckt im Kulturbeutel ein Stück Seife? A) Um damit in der Dusche zu kicken? B) Zum täglichen Reinigen des gesamten Körpers? C) Was ist ein Kulturbeutel? Hans grübelte. B fiel schon mal aus, weil er in der Schule gelernt hat, dass Wasser knapp ist und nicht für Nebensächlichkeiten verschwendet werden sollte. A, das merkte der kleine Schlauberger sofort, beinhaltete einen Fallstrick. Denn um in der Dusche mit Seife zu kicken, muss man ja erst mal in die Dusche gehen. Folglich entschied sich das Kind für C. Da geben wir mal einen halben Punkt, dachte ich, immerhin war er ehrlich gewesen.

Noch ein Versuch: Was geschieht mit Popeln? A) Die schnäuzt man ohne Getöse in ein Taschentuch. B) Zu kleinen harten Kügelchen rollen und dem Betreuer in den Hagebuttentee schnipsen. C) Aufessen. Da A ein Taschentuch voraussetzte und C von den Eltern schon mehrfach verboten worden war, blieb nur B, was aber wenig überzeugend klang. »Keine Antwort ist richtig«, stellte unser Wunderkind fest. Diesmal würde ich einen ganzen Punkt vergeben, weil er zumindest die zwei falschen Antworten nicht gegeben hat. Wir brachen die Schulung ab. »Und was ist, wenn ich Heimweh bekomme?«, jammerte der Kleine. »Ausgeschlossen«, antwortete ich, »Heimweh ist verboten.«

Der junge Mann quittierte weitere Erziehungsversuche mit Taubstellen und ziellosem Starren bei stark gedrosselter Hirndatenübertragungsrate, obgleich wir noch ein sehr schönes Thema anschneiden wollten. Briefeschreiben. Denn die Betreuer hatten striktes Handyverbot verhängt und stattdessen Papier und Umschläge angefordert. Ist doch toll, wenn Zehnjährige aus lauter Liebe ein nettes Bild und ein paar heitere Verse hintupfen. »Da freuen sich Mama und Papa ganz doll«, bettelte ich. Nach einer Viertelstunde Adresse-Üben regten wir an, dass Hans die Briefe, so er sie überhaupt schreiben würde, einfach mit nach Hause bringt. Es sei denn, bei der Post arbeiten Hieroglyphenexperten.

Am Treffpunkt wunderten wir uns, wo die anderen Kinder wohl ihr Kopfkissen, die Kuscheldecke, Stofftiere, Bücher, den Helm, Knieschoner, die Reiseapotheke und vor allem die Essensvorräte untergebracht hatten. Und das gerahmte Hochzeitsfoto von den Eltern. Wir hatten Probleme gehabt, das Nötigste in drei Rollkoffern und einer Kühltruhe unterzubringen.

Unser Sohn hielt merklich Distanz zu uns. Ja, so zeigen sie in dem Alter halt ihre Zuneigung. Zum Abschied hob Hans die Hand nur knapp über Hüfthöhe, als er in den Bus kletterte. Auch okay, ich hatte sowieso gerade keine Hand frei. Im linken Arm hielt ich die unter Heulkrämpfen zuckende Chefin, mit der Rechten filmte ich, wie alle anderen. Ich hob ein Bein zum Winken. Der Bus fuhr ab.

Augenblicklich versiegten die Tränen. Wir fielen wildfremden Eltern um den Hals, führten Freudentänze auf, Champagnerkorken knallten. Alle schalteten die Handys aus. Das Leben mit Kindern ist großartig, deswegen teilen wir diese tolle Erfahrung mit den Betreuern. Mal sehen, was für ein Wesen wir in zwei Wochen zurückbekommen würden.

Genau hier liegt der Unterschied zwischen großen und kleinen Kindern. Die Kleinen kommen zuverlässig zurück. Bei Karl war das nicht so sicher. Wie alle Abiturienten wollte der junge Mann »Work and Travel« versuchen, eine Chiffre für Chillen, und zwar am anderen Ende der Welt.

»Weißt du noch …?«, fragt die Chefin und wischt sich eine Träne weg. Ich knicke die Gräten, fege das Salz vom Tisch und beuge mich zum Mülleimer, damit mich Mona nicht dabei erwischt, wie ich ebenfalls heule – es war so traurig, als der Junge uns damals verließ.

Eigentlich kein Problem. Wir sind eine erwachsene Familie, zumindest die männlichen Mitglieder. Übermäßige Emotionen sind nicht unsere, sondern Frauensache. Das war schon in der Steinzeit so. Die Jungs gehen mit entschlossenem Blick in die weite Welt, um Mammuts zu jagen, während Mutti vor Abschiedsschmerz heult und sich in der warmen Höhle aus den Knochen vom letzten Tier Trostschmuck schnitzt.

Aber damals war ich auch Mutti. Ich saß in der Höhle und überlegte, wie ich diesen Kloß im Hals loswürde. Würde ich heulen? Bestimmt. Es ist so grausam, dieses Elternsein, eine Geschichte des Scheiterns und Verzweifelns und Alleingelassenwerdens.

Was war passiert? In jener sachlichen Kühle, wie sie außer Urologinnen nur Abiturienten verströmen, hatte unser Großer erklärt, dass er seinen Abflug auf Mitte August terminiert hätte. Na endlich, war mein erster Gedanke. Der Bengel wollte für ein halbes Jahr in die weite Welt, wo er hoffentlich dreierlei lernen würde: erstens arbeiten, zweitens mit selbst verdientem Geld umgehen und drittens, wie gut er es zu Hause hat. Sorgen? Ach wo. Einzige Befürchtung: Er wäre nicht weit genug weg und käme einmal die Woche zum Wäschewaschen nach Hause. Über Skype wären wir global und live miteinander verbunden, hätten aber trotzdem ein Zimmer mehr. Prächtig.

Meine Idee, ein Au-pair-Mädchen aus einer patriarchalischen Kultur aufzunehmen, das es gewohnt ist, den Herrn im Hause angemessen zu verehren, wurde von der Chefin ohne Debatte abgelehnt. Na gut, richteten wir eben ein Herrenzimmer dort ein, gelüftet wurde eh nur selten. Drei schwere Ledersessel, eine exquisit sortierte Hausbar mit Zapfanlage, vielleicht einen Grill auf den Balkon, auf jeden Fall aber acht Quadratmeter Flachbildschirm – und, schwupp, die Geschlechtertrennung würde funktionieren. Doch die Chefin war nicht amüsiert. Sie dachte eher an ein pastellgetöntes Gästezimmer mit Yoga-Matten. Ich hustete. Meine Räucherstäbchen-Allergie war schlimmer geworden.

Am liebsten hätte Mona gar nicht über das Zimmer gesprochen. Ist es wirklich pietätlos, über die Verwendung von Räumen zu reden, solange der Bewohner noch unter uns weilt? Nein. Seien wir ehrlich: Der Bengel würde ein Mädchen treffen, das in Guatemala wohnt. Bekäme er überhaupt einen Studienplatz, dann was mit Medien in Auckland. Oder er würde ein Start-up in Ulan Bator gründen. Egal, was er machen würde, er würde dieses Zimmer nie wieder dauerhaft bewohnen. Er würde gehen. Für irgendwie ganz schön fast immer.

20 gemeinsame Jahre im Schnelldurchlauf: schwanger, Sandkasten, Wanderungen am Kliff, das Ausbüxen mitten in der Nacht, Schultheater, Orchester, große sportliche Triumphe, Torkeln, Schwindeln, Knutschen. Manches wirklich gut hingekriegt. Einiges nicht ganz so wie gedacht: zu wenig Zeit füreinander gehabt, zu viel gehetzt. Zu wenig gelobt, zu viele Banalitäten bemeckert. Und vor allem: viel zu wenig gelacht.

Fast alles im Leben lässt sich korrigieren, zur Not mit Anwalt oder Chirurgie oder Geld. An der Kind-Eltern-Balance ist nichts zu korrigieren. Projekt abgeschlossen.

Tapfer kämpfte ich gegen die Tränen, als der Junge in Tegel ins Flugzeug kletterte. Die Chefin heulte natürlich. Ich steckte ihm noch einen Schein zu, damit er sich die 27 Stunden Flug bis Neuseeland wie ein Mann mit Bier vertreiben konnte. Am anderen Ende der Welt begann der Winter. Er würde sich erkälten beim Kiwi-Pflücken. Warum gleich ein halbes Jahr? Zwei Wochen hätten doch gereicht, im Sauerland zum Beispiel. Da ist auch nichts los. »Er muss flügge werden«, erklärte die Chefin zwischen zwei Heulkrämpfen. »Klar«, schluchzte ich. Elternsein heißt, dass die Vernunft immer verliert gegen Emotionen. Loslassen, sagte unser innerer Erziehungsberater, während ich mich dem Jungen an den Hals warf und ihm ein »Bleib doch bitte« ins Ohr wimmern wollte.

Mit mühsam gespielter Gelassenheit hatten wir gemeinsam sein Zimmer ausgeräumt: große Staubmäuse und noch größere Erinnerungen. Er wolle nach seiner Rückkehr in eine WG ziehen, hatte er erklärt. »Aber du hast es doch gut bei uns«, flehte ich. Er lüpfte eine Augenbraue. Kinder können so brutal sein. Klaglos habe ich ihm den Hintern gewischt und war sogar auf Elternabenden. Und jetzt weg, einfach so. Was habe ich dir getan, mein Sohn, warum lässt du uns allein? Man kann als Student sehr wohl zu Hause wohnen. Mutti wäscht die Socken, Vati berät in den zentralen Fragen des Lebens, vom Zen der Partnerschaft bis zu bierbasierter Ernährung. »Wir sind auch nach dem Abitur ausgezogen«, sagte die Chefin.

Früher, früher, immer früher. Da waren Eltern ja auch lästig. Wir dagegen sind sehr verständnisvoll. Haben wir uns aufgeregt, wenn er morgens um vier nach Hause getorkelt kam und sich dann vor den Rechner hockte? »Ja, haben wir«, sagte die Chefin. Na gut, aber ich wollte bestimmt nicht häufiger als dreimal mit dem Beil diesen Computer zerteilen, in den er starrte, statt dem besorgten Ernährer eine Antwort zu geben, die über »Hmm« oder »Nee« oder »Mal gucken« hinausreichte. Haben uns die Berge von Schmutzwäsche gestört? »Und wie«, sagte die Chefin. Mich nicht. Ich habe meine einfach dazugelegt. Und zum Damenbesuch waren wir auch nett. Die jungen Dinger haben bestimmt nicht gemerkt, dass ich unter dem Vorwand von Hausarbeit am frühen Sonntag stundenlang in der Küche gelauert habe. »Guten Morgen«, rief ich in jugendlicher Frische, wenn der Besuch sich endlich zeigte, »Kaffee?« Komisch, sie haben sich meist wortlos verkrümelt.

Kinder zu kriegen ist schlimm genug, aber Kinder loszulassen noch viel schlimmer. Über wen sollte ich mich nun aufregen? Wer würde mir sagen, welche Musik ich hören sollte oder dass die Jeans »voll peinlich« wäre? Zum Glück hatten wir noch den Kleinen. Er würde umziehen dürfen, wenn die Bude seines großen Bruders durchsaniert wäre. Endlich ein Zimmer mit Fenster. »Da können wir toll spielen, wenn wir die Hausaufgaben gemacht haben«, hatte ich Hans versprochen. Er hatte skeptisch geguckt und sich nach dem Schlüssel für die Tür erkundigt.

Gestern habe ich Hans erwischt, wie er ein Reiseheft über Australien durchgeblättert hat. »Wollen wir da mal hinfahren?«, fragte ich erwartungsfroh. »Nee«, hat er gesagt, »da fahre ich allein hin, nach der Schule.«

Er wüsste noch nicht so genau, wann er zurückkomme, hatte unser großer Sohn beim Abschied in unser Schluchzen hinein gesagt. Eigentlich wüsste er nicht einmal, ob er überhaupt zurückkäme.

An einem Wochenende meldete unser Schnuffelhäschen überraschend ein Videotelefonat an. Die Chefin saß beim

Frisör, während zwei Mails auf einmal eintrafen. In der ersten wurde die unendliche Liebe zu den Eltern beschworen, in der zweiten folgte Klartext: Jenes Finanzierungskonzept, das beim Abflug als wetterfest präsentiert worden war, hatte offenbar nur EU-Qualität. Der Bengel war pleite wie Griechenland und ich und die Kanzlerin. Grundsatzfrage: Sollte gutes deutsches Geld das neuseeländische Gebrauchtwagen-Gewerbe stützen?

»Er wird verhungern«, jammerte die Chefin. Mit Merkel-Gesicht erinnerte ich an die Grundregeln guter Haushaltsführung: mehr verdienen, weniger ausgeben. Ich sei herzlos, sagte die Chefin. Der Junge habe abgemagert ausgesehen. Das sei nur das verzerrte Computerbild gewesen, erklärte ich. Die Chefin wollte ein metallisches Scheppern gehört haben, wahrscheinlich vom Blechnapf, mit dem das Kind um Reiskörner bettelte. Na und, entgegnete ich, wir hatten es auch nicht leicht früher. Müsste er eben mehr Kiwis pflücken. Oder Schafe jagen. Sollte ich etwa das nächste halbe Jahr Abenteuerferien finanzieren? Im Übrigen: Wenn einer urlaubsreif war, dann war ich das ja wohl.

Es folgte die unvermeidliche pädagogische Grundsatzdebatte. Die Gattin argumentierte mit sozialer Verantwortung, ich mit der Pflicht zur Selbsthilfe. Lehrjahre sind nun mal keine Herrentorten. Mangel macht kreativ. Außerdem erhöht Kohldampf das Ansehen der Eltern.

Am nächsten Tag fehlte ein nicht unbedeutender Betrag auf unserem, leider, gemeinsamen Konto. Die weichherzige Mutter hatte eine Notblitzüberweisung veranlasst – Rettungspaket I. Immerhin: Der junge Herr hatte inzwischen auf einer Farm angeheuert, um eine bislang unbekannte Kulturtechnik namens Arbeit auszuprobieren. Prima. Vielleicht könnten wir Rettungspaket II wenigstens hinauszögern. Kinder sind wie Griechenland: Früher als gedacht ist die nächste Notüberweisung fällig.

Das hat natürlich nicht geklappt. Und weil man Loslassen nicht oft genug üben kann, haben wir es ein paar Monate später noch mal wiederholt. Karl war lebendig aus Neuseeland zurückgekehrt, um sich gleich darauf schon wieder zu verabschieden, zum »Studieren«, wie er es nannte.

Es war ein trüber Herbsttag, wir standen auf dem Bahnhof und schwiegen uns an. Der Junge wollte in die Einöde Baden-Württembergs, zu den Bildungsbestien. Wir hatten ihm ein Fresspaket zurechtgemacht mit Buletten. Die kann man auch kalt essen. Von Döner und Currywurst hatten wir Bilder dazugelegt. Der Dreierpack frischer Unterhosen, den die Chefin besorgt hatte, war vom Jungen skeptisch beäugt worden. Hans hatte ein Bild für seinen großen Bruder gemalt, mit Blau, einer Halbkugel und gelbem Stock, zur Erinnerung an Spree, Reichstag, Goldelse.

Und kaum ist der eine aus dem Haus, macht sich der andere auch bereit. Denn bei Hans sind erste Signale einer Veränderung zu beobachten, die ich eigentlich verboten hatte. Bei uns gibt es keine Pubertät. Diese komische Phase, über die andere Eltern ausdauernd klagen, ist vermutlich nur eine Ausrede, weil sie die Kontrolle über ihre Kinder verloren haben. Pubertät ist einfach nur ein anderes Wort für mangelnde Konsequenz, nennen wir es ruhig Erziehungsversagen. Es ist doch völlig normal, dass sich Hans mit seinen elf Jahren öfter mal zurückzieht, weil er seine Ruhe haben will. Dass dabei gelegentlich die Türen knallen, zeigt doch nur, dass er mit seiner Kraft nicht so gut umgehen kann. Er hat zwar hörbar »doof« und »Papa« gebrummelt, aber sicher nicht in einem Zusammenhang. Ausgeschlossen bei meinem Goldstück, dessen Ultraschallbild ich im Portemonnaie trage, das uns immer so schöne Bilder gemalt und so gern Adventsplätzchen ausgestochen hat.

Eine der gnädigsten Hirnfunktionen des Menschen ist das Vergessen, das bei mir deutlich stärker ausgeprägt ist als bei der Chefin. »Erinnere dich mal an Karl«, mahnt sie. Versuche ich ja. Aber das ist lange her. Der Große ist 22, da ist man doch erwachsen, also fast. Immer mit den ganz großen Fragen des Lebens beschäftigt, aber mit den alltäglichen Sachen wie Schmutzwäsche leicht überfordert. »Und die Widerworte«, raunt Mona, »ein sicheres Zeichen.« Aber bestimmt nicht für Pubertät. Die verdränge ich schon deswegen, weil ich an meine eigene nicht erinnert werden will. Meine Mutter hatte immer lachend geklagt, dass ich damals ein unerträglicher, maulfauler Stinkstiefel gewesen sei, auf den nur in einem Punkt Verlass gewesen sei, immer das Gegenteil dessen zu tun, was meine Eltern anordneten. Ich nenne es lieber Wachstum. Wenn man die Pubertät ignoriert, ist sie auch nicht da.

Das Ignorieren fällt allerdings zunehmend schwerer. Neulich baute sich Hans vor mir auf und sagte: »Papa, ich habe dir schon tausendmal gesagt, dass ich meine Schultasche alleine packen kann.« Dabei schaute er mich wie einen begriffsstutzigen Waldschrat an. Ich hatte doch nur gefragt, ob Hefte und Stifte vollständig anwesend seien. Der Brief aus der Schule hatte nun mal »unvollständiges Arbeitsmaterial« bemängelt. »Alle sind gegen mich«, greinte der Kleine plötzlich. »Stimmungsschwankungen …«, merkte die Chefin an. Unsinn, dachte ich. Ist doch schön, wenn Jungs Gefühle zeigen können. Leider öfter mal die falschen.

Eine Mischung aus Größenwahn und Selbstzweifeln kennzeichne die Pubertät, sagt das Internet. Ach was. Bei Politikern ist das völlig normal. Die können doch nicht alle in der Pubertät sein. Obwohl: Beweist Horst Seehofer nicht täglich das Gegenteil?

In einem Fachbuch fand ich die Einteilung in Tanner-Stadien. Vor fast 50 Jahren hat der britische Kinderarzt James Tanner das Fortschreiten der Pubertät anhand des Haarwuchses definiert. Tanner 1 ist an feinem, fast unsichtbarem Flaumhaar zu erkennen, Tanner 3 an dunklerem Kräuselhaar, Tanner 5 schließlich an festem Haar auf dem Oberschenkel. Unauffällig fahnde ich nach Haarwuchs an Hans, was nicht ganz leicht ist, da das Kind seinen einstmals unbefangenen Umgang mit Nacktheit abgelegt hat. Neulich wollte er mit Badehose in die Wanne. Die Chefin grinste wieder mal besserwisserisch. »Hast du gekräuselte Haare am Oberschenkel?«, fragte ich, weil wir Männer über so was offen reden können. Hans guckte gar nicht erst nach, schüttelte aber den Kopf. Beim Frühstück inspizierte ich seine Oberlippe. Die Milchtropfen vom Morgenmüsli sammelten sich definitiv in Flaumartigem, auch wenn die Zahnpastareste eine aussagekräftige Diagnose erschwerten. Von Bartwuchs jedenfalls keine Spur. Definitiv frühes Tanner 1, was eine ebenso gute (puuh, dauert zum Glück noch) wie schlechte (uff, dauert leider noch) Nachricht bedeutet.

Ist Augenrollen ein Pubertätssignal? Hans verdreht ständig die Augen. Manchmal genügt schon ein »Guten Morgen«. Hans liegt zwar noch in den Kissen vergraben, aber ich spüre, dass er sogar im Halbschlaf mit den Augen rollt. Früher hat er in ganzen Sätzen geantwortet. Inzwischen erfolgt seine Kommunikation überwiegend via Tätowierungen, die er sich mit Filzstiften auf den Arm malt. Ich versuche, das lustig zu finden, individuell halt. So sind sie, die Kinder. Pubertät ist das ganz bestimmt nicht. Das würde ja bedeuten, dass wir den Anfang vom zweiten Abschied erleben.

Klar, die Kinder verlassen eines Tages endgültig das Nest. Bis zum 30. Geburtstag sollten sie selbstständig sein, ein Spiegelei zubereiten und womöglich sogar ein Bett beziehen können. Aber wer denkt eigentlich an die Eltern? 20 Jahre erzieht man vor sich hin, verflucht die Brut exakt einmal weniger, als man sie wieder ins Herz schließt. Und kaum hat man sich an das Leben mit ihnen gewöhnt, hauen sie schon wieder ab.

Karl hatte sich bei seinem Abschied ein Dutzend Mal umgeschaut, ob zufällig Bekannte in der Nähe sind, die beobachten, wie zwei mittelalte und ein kleinerer Mensch an ihm herumnesteln. Die Chefin strangulierte ihn wiederholt mit dem Schal, als ob er an die Ostfront müsste, Vater versuchte mit sportlichen Knüffen eine Bro-Ebene zu schaffen, Hans fragte zum hundertsten Mal, wann der Große wiederkäme.

Alle paar Wochen, antworteten wir in stiller Hoffnung. Fast. Zu Weihnachten kam Karl tatsächlich nach Hause, aber nicht in unsere Wohnung, sondern in die ranzigen Nester irgendwelcher Kumpels. Immerhin haben wir ihn mehrfach gesehen, als er Klamotten in unsere Waschmaschine stopfte. Grundsatzfrage: Sollen ausgezogene Kinder den Wohnungsschlüssel ihrer Eltern behalten dürfen? Es kam sogar zu Gesprächen. »Wie ist es denn?«, fragte ich zum Beispiel, ohne aufdringlich wirken zu wollen. »Gut«, antwortete der Sohn. Aha. Schön, dass man so viel Neues erfährt.

Dann kam die Klausurenzeit. Karl rief öfter an: Er sitze in der Bibliothek und benötige dringend Fachbücher. Im Hintergrund war Gläserklirren zu hören und Gejohle. Interessante Bibliothek. Konnte man Bücher früher nicht ausleihen? »Das Kind braucht Geld«, schluchzte die Chefin. »Buch oder Bier?«, fragte ich und wühlte in den Kellerkisten meiner Erinnerung: Hatten wir früher jemals Geld für Bücher ausgegeben? Nur gut, dass das Kind inzwischen aufgrund Fach- und Uni-Wechsels wieder bei uns wohnt.

Sehnsucht macht aus Eltern willenlose Weichtiere. Einmal wollte die Chefin übers Wochenende mit Putzeimer und Care-Paket zu ihm, mal eben 600 Kilometer gen Südwesten. »Das wäre ihm peinlich«, erklärte ich tapfer, während ich die Fahrzeit ausrechnete. »Aber es würde uns helfen«, entgegnete die Chefin. Womit wir mal wieder bei der großen Frage des Elternseins sind: Wofür hat man eigentlich jemals Kinder bekommen? Fürs eigene Glück natürlich. Danke dafür, Jungs.